III\ 见识城邦

更新知识地图　拓展认知边界

讲给大家的中国历史

—02—

文明的基因

杨 照－著

中信出版集团 · 北京

图书在版编目（CIP）数据

讲给大家的中国历史.2，文明的基因 / 杨照著.
北京：中信出版社，2018.12 (2025.12重印)
ISBN 978-7-5086-8873-2

Ⅰ.①讲… Ⅱ.①杨… Ⅲ.①中国历史－通俗读物
Ⅳ.① K209

中国版本图书馆 CIP 数据核字 (2018) 第 077809 号

本书仅限中国大陆地区发行销售

讲给大家的中国历史 02：文明的基因

著　　者：杨　照
出版发行：中信出版集团股份有限公司
（北京市朝阳区东三环北路27号嘉铭中心　邮编　100020）
承 印 者：北京通州皇家印刷厂

开　　本：880mm×1230mm　1/32　　印　　张：13.5　　字　　数：300 千字
版　　次：2018 年 12 月第 1 版　　印　　次：2025 年 12 月第12次印刷
书　　号：ISBN 978-7-5086-8873-2
定　　价：48.00 元

服务热线：400-600-8099
投稿邮箱：author@citicpub.com

目 录

第二讲　中国古文法的基础

第三讲　中国文字与中国语言

第五讲 从封建到诸国

第六讲 王官学与诸子学

第七讲　重新认识孔子（一）

第八讲　重新认识孔子（二）

第十讲 重读《庄子》

总　　序

重新认识中国历史

01

钱穆（宾四）先生自学出身，没有学历，没有师承，很长一段时间在小学教书，然而他认真阅读并整理了古书中几乎所有春秋、战国时期相关史料，写成了《先秦诸子系年》一书。钱穆之所以写这样一本考据大书，很重要的刺激来自名噪一时的《古史辨》。钱穆认为，以顾颉刚为首的这群学者“疑古太过”，带着先入为主的有色眼光看中国古代史料，处处寻觅伪造作假的痕迹，没有平心静气尽量客观做好查考比对文献的基本功夫。功夫中的功夫、基本中的基本，是弄清楚这些被他们拿来“疑古辨伪”的材料究竟形成于什么时代。他们不愿做不能做，以至于许多推论必定流于意气、草率，于是钱穆便以一己之力从根做起，竟然达成将大部分史料精确排比到可以“编年”的成就。

很明显，《先秦诸子系年》的成就直接打击了《古史辨》的可信度。当时任职燕京大学，在中国学术界意气风发引领风骚的顾颉刚读了《先秦诸子系年》，也立刻理解了钱穆的用意，他的反应是什么？他立刻推荐钱穆到广州中山大学教书，还邀请钱穆为《燕京学报》写稿。中山大学钱穆没有去，倒是替《燕京学报》写了《刘向歆父子年谱》，钱穆说：“此文不啻特与颉刚诤议，颉刚不介意，既刊余文，又特推荐余在燕京任教。”

这是个“民国传奇”。里面牵涉那个时代学者对于知识学问的热情执着，也牵涉那个时代学者的真正风范，还牵涉那个时代学院重视学识高于重视学历的开放氛围。没有学历的钱穆在那样的环境中，单靠学问折服了潜在的论敌，得以进入当时的最高学府任教。

这个传奇还有后续。钱穆后来从燕京大学转往北大。“中国通史”是当时政府规定的大学历史系必修课，北大历史系惯常的做法，是让系里每个老师轮流排课，将自己擅长的时代或领域浓缩在几堂课中教授，用这种方式来构成“中国通史”课程。换句话说，大家理所当然地认为“中国通史”就是由古至今不同断代的中国历史接续起来，顶多再加上一些跨时代的专史。

可是，被派去教授“中国通史”课堂秦汉一段历史的钱穆，不同意这个做法。他公开对学生表达了质疑：不知道前面的老师说了什么，也不知道后面的老师要说什么，每个老师来给学生片断的知识，怎么可能让学生贯通地理解中国历史？学生被钱穆说服了，也是那个时代的精神。学生认为既然不合理就该要求改，系里也同意既然批评反对得有道理就该改。

怎么改？那就将“中国通史”整合起来，上学期由钱穆教，下学期则由系里的中古史大学者陈寅恪教。这样很好吧？问了钱穆，钱穆却说不好，而且明白表示，他希望自己一个人教，而且有把握可以自己一个人教。

这是何等狂傲的态度？本来只是个小学教员，靠顾颉刚提拔才破格到北大历史系任职的钱穆，竟然敢排挤数不清精通多少种语言、已经是中古史权威的大学者陈寅恪，自己一个人独揽教“中国通史”的工作。他凭什么？他有资格吗？

至少那个年代的北大历史系觉得钱穆有资格，依从他的意思，让他自己一个人教“中国通史”。钱穆累积了在北大教“中国通史”的经验，后来在抗战中随西南联大避居昆明时，埋首写出了经典史著《国史大纲》。

02

由《国史大纲》的内容及写法回推，我们可以明白钱穆坚持一个人教“中国通史”，以及北大历史系让他教的理由。那不是他的狂傲，而是他对于什么是“通史”提出了当时系里其他人没想到的深刻认识。

用原来的方式教的，是“简化版中国历史”，不是“中国通史”。“中国通史”的关键，当然是在“通”字，而这个“通”字显然来自太史公司马迁的“通古今之变”。司马迁的《史记》包纳了两千多年，如此漫长的时间中发生过那么多的事，对于一个史家最大的挑战，不在于如何收集两千多年来留下来的种种资料，而在于如何从庞大的资料中进行有意义的选择，从中选择什么，又放弃什么。

关键在于“有意义”。只是将所有材料排比出来，呈现的势必是偶然的混乱。许多发生过的事，不巧没有留下记录；留下记录可供后世了解的，往往琐碎零散。更重要的是，这些偶然记录下来的人与事，彼此之间有什么关联呢？如果记录是偶然的，人与人、事与事之间也没有什么关联，那为什么要知道过去发生了什么？

史家的根本职责就在于有意识地进行选择，并且排比、串联所选择的史料。最简单、最基本的串联是因果解释，从过去发生的事情中去挖掘、去探索“因为／所以”：前面有了这样的现象，以至于后来有了那样的发展；前面做了这样的决定，以至于后来有了那样的结果。排出“因为／所以”来，历史就不再是一堆混乱的现象与事件，人们阅读历史也就能够借此理解时间变化的法则，学习自然或人事因果的规律。

“通古今之变”，就是要从规模上将历史的因果解释放到最大。之所以需要像《史记》那样从文明初始写到当今现实，是因为这是人类经验的最大值，也就提供了从过往经验中寻找出意义与智慧的最大可能性。我们能从古往今来的漫长时间中找出什么贯通原则或普遍主题呢？或者通过消化漫长时间中的种种记录，我们如何回答那些只有放在历史长河里才能回答的关键问题呢？

这是司马迁最早提出的“通古今之变”理想，应该也是钱穆先生坚持一个人从头到尾教“中国通史”的根本精神价值来源。“通史”之“通”在于建立一个有意义的观点，帮助学生、读者从中国历史中看出一些特殊的贯通变化。这是众多可能观点中的一个，借由历史的叙述与分析能够尽量表达清楚，因而也必然是“一家之言”。不一样的人研究历史会看到、凸显不同的重点，提出不同的解释。如果是不同时代、不同主题就换不同人从不同观点来讲，那么追求一贯“通古今之变”的理想与精神就无处着落了。

03

这也是我明显不自量力一个人讲述、写作一部中国历史的勇气来源。我要说的，是我所见到的中国历史，从接近无穷多的历史材料中，有意识、有原则地选择出其中一部分，讲述如何认识中国历史的一个故事。我说的，只是众多中国历史可能说法中的一个，有我如此述说、如此建立“通古今之变”因果模式的道理。

一言以蔽之，这个道理是“重新认识”。通过学校教育、普遍阅读或大众传媒，一些读者对中国历史有了一些基本常识和刻板印象。我试图做的，是邀请这样的读者来“重新认识”中国历史，来检验一下你以为的中国历史和事实史料及史学研究所呈现的，有多大的差距。

在选择中国历史叙述重点时，我会优先考虑那些史料或史学研究上扎实可信，却和一般常识、刻板印象不相合甚至相违背的部分。这个立场所根据的，是过去百年来，“新史学”、西方史学诸方法被引进并运用到研究中国历史中所累积的丰富成果。但很奇怪也很不幸的是，这些精彩、有趣、突破性的历史知识与看法，却迟迟没有进入教育体系、没有进入一般人的历史常识中，以至于21世纪的大部分人对中国历史的认识，竟然还依循一百多年前流通的传统说法。“重新认识”的一个目的，就是用这些新发现、新研究成果修正、挑战、取代传统旧说法。

“重新认识”的另一个目的，是回到“为什么学历史”的态度问题上，提供不同的思考。学历史到底在学什么？是学一大堆人名、地名、年代，背诵下来用于考试时答题？这样的历史知识一来在互联网上随时都能查得到，二来和我们的现实生活有什么关联？还是学用现代想法改编的古装历史故事、历史戏剧？这样的历史，固然有现实联结，方便我们投射感情入戏，然而对于我们了解过去、体会不同时代的特殊性，有什么帮助呢？

在这套书中，我的一贯信念是学历史最重要的不是学What——历史上发生了什么，而是要探究How和Why——去了解这些事是如何发生的，为什么会发生。没有What当然无从解释How和Why，历史不可能离开事实叙述只存在理论；然而历史也不可以、不应该只停留在事实叙述上。只叙述事实，不解释如何与为什么，无论将事实说得再怎么生动，也无助于我们从历史而认识人的行为多样性以及个体或集体行为逻辑。

借由述说漫长的中国历史，借由同时探究历史中的如何与为什么，我希望一方面能帮助读者梳理、思考当下的文明、社会是如何形成的，一方面能让读者确切感受到中国文明内在的多元样貌。在时间之流里，中国绝对不是单一不变的，中国人、中国社会、中国文明曾经有过太多不一样的面貌。这些历史上曾经存在的种种面貌，加起来才是中国。在没有如实认识中国历史的丰富变化之前，先别将任何关于中国的看法及说法视为理所当然。

04

这是一套一边说中国历史，一边解释历史知识如何可能的书。我的用心是希望读者不要只是被动地接受这些信息，将其当作斩钉截铁的事实，而是能够在阅读中去好奇、去思考：我们怎么能知道过去发生了什么，又如何去评断该相信什么、怀疑什么？历史知识的来历常常和历史本身同样曲折复杂，甚至更加曲折复杂。

这套书一共分成 13 册，能够成书的最主要原因是台湾“敏隆讲堂”和“趋势讲堂”让我两度完整地讲授中国通史课程，每一次课程前后横跨五个年头。换句话说，从 2007 年第一讲算起，我花了超过十年的时间。在十年备课及授课过程中，我的大部分时间都用于消化关于中国历史的研究的各种论文及专著，并努力吸收这些研究的发现与论点，尽量有机地编组进我的历史叙述与讨论中。明白地说，我将自己的角色设定为一个勤劳、忠实、不轻信不妥协的二手研究整合者，而不是进入原始材料提出独特成果的人。只有放弃自己的原创研究冲动，虚心地站在前辈及同辈学者的庞大学术基础上，才有可能处理中国通史题材，才能找出一点点“通”的心得。

这套书有将近两百万字的篇幅，时间范围涵盖从新石器时代到辛亥革命。这样一套书，一定不可避免地夹杂了许多错误。我只能期望能够将单纯知识事实上的“硬伤”降到最低，至于论理与解释带有疑义的部分就当作“抛砖引玉”，请专家读者不吝提出指正意见，得以将中国历史的认识推到更广且更深的境界。

第一讲

中国古地理的基础

01

百年来中国历史研究的硕果

我读历史系，学历史出身，当然带着这种背景给我的偏见。我的偏见之一，是一向认为在过去百年间，若问中国的学术知识研究工作中，哪一个领域有最多突破，有最丰富的收获，又有最多独立成家的人才，用这三个标准去衡量，排名第一的，只能是中国历史的领域。

勉强能和中国历史的丰富研究成果相比的，真的不多。也许可以提抗战期间的基础科学，它曾有过很好的发展。在西南联大，有像吴大猷这样的老师，带着杨振宁和更年轻的李政道，他们两人后来得了诺贝尔物理学奖。另外在数学上，培养了后来在数理哲学上大放光彩的王浩；纯数理领域的陈省身，也有很大的成就。但如果将时间拉长，不只看那一二十年，而是以百年的尺度看，那么物理和数学的发展就没有那么全面而持续了。

相对而言，在中国历史的研究上，过去一百年，几乎每十年都有重要的学者做出突破性的研究成果。最早有罗振玉、王国维那一代，以他们的考据学根底，结合对古金石学的重新探究，改变了看待中国古代史的方式。接下来有胡适、傅斯年那一辈接棒，运用从西方学得的“科学方法”，让原来的考据更加严密，不仅有新的研究成果，更重要的是建立了稳固的史学方法基础。

抗战前，新成立的史语所进行了安阳殷墟的考掘，由此迅速培养了一批杰出的考古人才，他们有知识，有经验，也有技术。这批人以及他们带出来的学生，在之后的几十年间，挖出了一个过去无法想象的中国古代文明图像来。

抗日战争期间，有钱穆、陈寅恪、雷海宗等历史学家。西南联大也许不是像鹿桥《未央歌》里写的那种纯真的天堂，但从教育与学术的环境上看，那还真的接近一个奇迹。在西南联大历史系，三年中有三位不同的老师教中国通史，教的内容都不一样，不一样到前面一年上过中国通史课的学生，看到后一年中国通史课的考题会傻眼，根本不知该如何回答，因为三位老师的观点不一样，选择不一样。

那是个创造观点的新时代。那一辈的研究者对中国古籍的掌握仍然惊人，却不再受制于传统的观点。他们大胆地从流传了上千年的文献中，读出新重点、新意义来。而且他们的野心比上一代更大，开始探讨“大问题”。他们不仅要解释历史上的某个人物、某个事件，还勇于碰触“中国文化是什么”“中国历史的特色是什么”“中国和西方有根本差别吗”这一类大问题，并提出初步的答案，至少是寻求答案的方向。

随之就是1949年的剧变。中华人民共和国成立后，在大陆，主要依据马克思主义唯物史观对中国历史的各个阶段进行研究和解释。拿着这支新火把，一二十年间，一批勤勤恳恳的史学研究者，在中国旧史料里照见了许多过去被忽略的角落，看到了许多过去被隐蔽了的历史面貌。在原有的文人大传统图像上，补了农民、底层的小传统部分，也重新整理了中国经济史和社会史的资料，对中国历史发展有了进一步的认识。

还有大陆以外地区的发展与成就。“中华民族花果飘零”（唐君毅语）的悲剧命运，却将中国知识、历史中国的关怀带到了不同的地区。

在美国有一群人——萧公权、杨联陞和余英时等学者一脉相承。在台湾，有更庞大、更集中的“中央研究院”历史语言研究所，有台湾大学历史系，还有沈刚伯主导到处“点火”去成立的各大学历史系。在这里，一个过去中国文化的边陲地带，一个被日本人统治了50年，到处遗留日本文化影响的地方，竟然在历史的偶然中，成了中国历史研究的重镇。

02

百年来对中国历史的认识超过以往两千年

我在台湾大学读历史系，然后去了美国，在哈佛大学继续做历史研究。从在台湾的后期，我就开始大量阅读中国大陆的史学研究资料。很长一段时间，我认定我的人生目标，就是留在学院里，继续台湾的老师、美国的老师走出来的研究道路，在中国历史的理解上，努力做出突破来，然后将我的知识与技能教给下一代的历史系学生。

我在这条路上走得够久，却又没有太久。够久，让我能对于这是一个什么样的领域，领域里的 who's who（著名人物）和 what's what（事实真相）自信有一定的把握；没有太久，是因为我没有真正成为一个专业的历史学研究者。

我没有留在学院里，没有在大学里教书，也没有在史语所里做研究。我进去过，又出来了，这让我得以有不太一样的空间与自由。我如果留在史语所或大学的历史系里，就不得不按照机构的规矩，选择一个领域，做非常专精的一手研究，那么我就没有机会能够自在地浏览、碰触中国历史的不同领域，知道这么多优秀的研究者和他们的研究成果。

更重要的是，如果留在学院里，我势必无法像现在一样，自觉地选择做一个“二手研究者”。虽然我也读一些原始材料，但那通常是以阅读经典的心情来读的，我早早就放弃了进行严谨的一手研究的企图。我的知识、我的理解，来自大量阅读并整理别人已有的研究成果。在学院里，不做一手研究，很难存活下去。但容我说一声：做一手研究，真的不是研究的全部，甚至不必然是研究中最重要的一部分。

我的非典型路数——始终保持研究兴趣，却不是为写专业论文或专著而做研究——使我得以接触、欣赏并真心感激许多在中国历史领域中做出杰出贡献的人。我在阅读、整理他们的著作中，得到了真切的快乐。也因此，站在他们提供的知识基础上，我才有可能试着以一己之力将中国历史从古至今好好完整地说一次。

在这一点上，我和我的一位朋友焦元溥有非常类似的地方。焦元溥喜爱古典音乐，尤其喜爱钢琴音乐，但他没有成为一位钢琴家。从一个角度看，这让人很遗憾，他对于钢琴音乐的理解和掌握，远超过大部分职业钢琴家。但从另一个角度看，这或许就是西方人说的blessing in disguise（变装了的福气）吧。没有成为钢琴家，焦元溥反而能够有那样的视野，也有那样的时间，走遍全世界去访问顶尖的钢琴家，探访他们对于音乐、对于钢琴最深刻的体会，传抄记录下来，让我们都能看到。

正因为我没有在那个圈里，没有以史学研究作为我的职业，才能更自在地优游这个广大的天地，不带功利地欣赏这里的美景。在这片天地间，这一百年，多么美好！

中国的历史意识存在了至少三千年，累积了超过三千年的历史知识，是个史学高度发达的地方。然而从 1900 年算起，到 2000 年，放眼看去，中国历史三四千年的过程中发生的事，我们知道了许多，改变了很多原有的看法。对于中国历史，一方面我们知道得更细更密，另一方面我们又知道得更广更宽。

在《讲给大家的中国历史 1：中国是怎么出现的》中，我仔细说明了从新石器时代晚期到夏、商乃至商周之际的发展。这些发生在距今三四千年前的事，一百年前没有任何人知道。神奇的是，一百年后，我们对这么古远的事知道那么多，而且不是想象出来的，是有实凭实据，依照证据推论出来的。我们可以不同意推论的结果，可以继续争议该如何推论，但这些证据无法被取消，这些证据需要被解释的事实，不可能被推翻。

关于这段古远的历史，这一百年来我们增加的认识，超过了过去两千年的总和。但许多人仍理所当然地认为中国历史的开端应该从黄帝讲起，三皇五帝、尧、舜、禹、汤……人们对中国历史的理解，仍然深受过去见解的影响。我站在特殊的边界上，转头一边看中国历史的学术研究，再转另一边看社会常识上的高度落差，因而产生了特殊的勇气，来自使命感的勇气。

我写的，是一本介绍百年来中国历史突破和改变的通史。它必然会写得很长、很啰唆。我没办法长话短说，没办法言简意赅，因为我不只要介绍，对于一段一段的中国历史，我们现在知道了什么，我还需要不断来回对照，新知识、新见解，和大家存留的旧认识、旧见解有什么差异，铺排差异，并说明新知识、新见解是怎么来的，以及为什么我们应该让新知识、新见解取代旧知识、旧见解。

还有一个原因是，百年来中国历史研究中的新鲜事儿实在太多了。我像是去了远方富丽城市的旅人，比如说去了圣彼得堡，亲历了圣彼得堡的美好，发现圣彼得堡有那么多值得大家欣赏和享受的美好，我当然要用一百张乃至两百张幻灯片，将圣彼得堡介绍给还没有去过的人。

03

百年来中国古代史的关键点

让我尽可能用最简要的方式，整理一下百年来中国古代史的关键新知识。

中国历史从哪里开始？这个问题牵涉中国文明的起源。但当我们问“中国历史”“中国文明”如何如何时，这个问法本身很容易就预设了一个“中国”的存在，将我们导向于去寻找某个单一的地方、某个单一的因素，作为中国历史和中国文明的开端。

百年之前，人们是用这种态度回答历史起点的。百年之中的研究与发现，却告诉我们：必须先调整并搁置单一的中国的假定，才有办法真正追索、明了中国是怎么来的。

中国不是从一个点上发展出来的。这片后来被称为“中国”的土地上，从新石器时代到约公元前 1000 年，各个不同区域存在着不同的文化。这些区域文化各自形成，经过了漫长的过程，才逐渐接触、互动，彼此影响。换句话说，中国文明的起源是多元的。再换句话说，我们要探讨、要寻找的，不再是中国文明从哪里开始，而是多元的地区文化，如何抟合成一个具有高度同构性[1]的中国文明。

在新的理解中，夏、商、周有两种意义。它们是中国文明抟合过程中最早出现的三个前后相续的共主，有时间先后，夏最早，商取代了夏作为共主，后来周又打败了商，接任共主。但除了时间先后的意义外，夏、商、周也是分布在不同地区的三种不同的文化。夏文化在中间，商文化偏东，周文化偏西。它们作为共主的时间先后相续，但作为地区文化，它们存在发展的时间，有很大部分是重叠的。

夏人为共主时，东方早已有商人与商文化。夏人失去了共主地位，取而代之的商人并没有消灭夏人与夏文化，夏仍然存在。商人为共主时，周人也就在西方崛起了。他们彼此之间的共时关系，和他们作为共主的历时关系，同样真实，同等重要。

商文化和周文化大相径庭，也就和后世以周文化为基底建立起的中国文明大不相同。商文化是一种人与鬼神密切共居的文化。

[1] 同构性，英文为 isomorphism，常用于数学、生物学和化学等自然科学领域，指的是事物具有相同或相似的系统结构。它用于人文和艺术领域时，指的是历史或艺术品的精神、观念、形式等方面具有的相同或相似的内在结构。见《讲给大家的中国历史 1：中国是怎么出现的》第一讲注释。——编者注

在他们的社会组织中，拥有最大权力的人，是“巫”，是有能力沟通人与鬼神领域的人。商人的统治阶级相信可以让自己灵魂出窍，感应鬼神信息。商王就是最大的“巫”。

商人相信死后世界，相信有神有鬼，他们甚至不觉得活人和死人的世界有绝对和明确的划分。他们活在认定神、鬼可以随时参与日常生活的环境中。

一两千年的时间中，这样的商人、商文化图像，在中国消失了。也就是说，一两千年来的中国人，不知道也不认识商文化的样貌，他们将商简单地视为一个一般的朝代，即在周朝之前的商朝。

因为那一两千年间，中国文明定型了，有了自己明确的性格。在那样的性格对照下，商文化如此异质、古怪，古怪到人们无从理解商文化究竟是怎么回事。

这引发了一个重大问题：为什么商人创建的文化，没有成为中国文明的主流？那么，中国文明的主流又是怎么来的？为什么会有这样一个强大主流取代甚至压抑了商文化，以至于商朝的历史面貌必须等到 20 世纪才得以被重新认识？

04

中国文明的主流来自周文化

中国文明的主流，来自周人与周文化。我们今天认定的中国文明的主要元素，几乎都来自周人。由商到周，当然不是单纯的改朝换代，绝对不能用改朝换代的眼光来看待。那时并没有后来意义上的朝代，只有共主结构，此其一。更重要的是，周人带来了很不一样的文化，在这个文化基础上建立了很不一样的政治制度。由商到周，是全面的剧变，是两种文化的此消彼长，也是文明典范的戏剧性转移。

周人翦商，发生在公元前11世纪。假设那个时候有一位具备宏观意识的历史学家亲身观察了这个历史事件，他会如何评价，如何解释？最有可能的是，他会将此事视为两大部族间的重要冲突，冲突之后，周人的势力胜过了商人。周人有自己的一套文化，和商人不一样，但这应该不会让那位历史学家感到意外。在那个时代，他周围有许多不一样的部族，有不一样的文化，商人作为共主，不可能在文化上统合其他部族，不可能取消周人的自有文化。

同理可证，他应该会如此假设，在周人之后，也会有新的部族兴起，有一天将压过周人，他们的文化又会在共主地位上，压过、取代周人的文化。这是当时历史变化的基本形态。

但这次他错了。不同部族的不同文化递变的情况，到周人之后，就停止了。在周人的努力与影响下，周文化的核心、关键部分从此留了下来。这些部分的中国文明，就像是被冻结了似的，后来一两千年，历经自然、民族、政治、经济上的种种变化，一直神奇地保留着，而且一直发挥着实质性的作用。

一直到 19 世纪中叶，欧洲人借由坚船利炮带来的新文明，才真正动摇了这套核心主流。从公元前 11 世纪到公元 19 世纪，长达三千年的时间，涵盖中国如此广袤的空间，文化的一些基本价值、基本元素，维持不变。这是周人建立的惊人成就。在他们崛起之前，中国是一个多元错落的文化领域；在他们崛起之后，这块土地被转化为近乎单一的文明系统。

当然，这并不意味着中国在周人建立核心主流后，就没有变化了。如果那样，也就无从说中国历史了。中国有许多变动，在这块土地上继续发生着各式各样的新鲜事，不过有个基调由周人制定下来，并流传下去。围绕这个基调有不同的表现形式，基调内部元素有不同排列组合，不同时代仍然变化着，于是创造出中国历史、中国文明的丰富成就来。不论是政治、思想、文学、艺术……中国文明的成就中，都只能以这个基调为背景来生发、演变。这是三千年历史中无可否认的特色。

05

周人的遗产之一

——世界观

周人建立的基调，第一条主旋律，是“天”的观念与“天”的信仰。

商人深深相信的终极权威，是自己的祖先，死了成为鬼神的祖先。他们相信鬼神有自己的世界，高于人间，而且具备干预和改变人间事务的超越能力。人的世界与鬼神的世界之间，有暧昧的信道，只有少数拥有特异功能的人可以来回穿越。能够这样“通天地”的人，就能够操控鬼神的超越能力，因而得以在人间威服众人。会通天地的人，能够从鬼神那里得到别人得不到的能力与智慧，还能不时要求鬼神听从他们的请求，在人间降福降祸。

为了通天地，要有工具，青铜器、问卜、文字……这些都是商人用来通天地、取得鬼神信息的关键工具。

商人崇奉“帝”。“帝”是鬼神世界的最高权威，是祖先中最厉害的。周人却崇奉“天”。“天”和“帝”大不相同。商人无法理解周人的“天”，和周人关系紧张时，商人自然地将“天”想象成另一个鬼神主宰，一个人化人形，居住在天上。但周人的“天”最特别的地方就在于它不是拟人的，而是抽象的。

商人的鬼神是拟人的，也就有着和人一样的倾向——鬼神总是护着自己人的。我的祖先帮助我，你的祖先也一定帮助你，因此我们两个打架谁输谁赢，除了看我们谁力气大，还要看谁的祖先比较强。如果我能够证明我的祖先比较厉害，在另外一边可以压倒你的祖先，那么就算你相信自己的力气比我大，也不敢跟我打架，必须服从我。

周人不信这个。他们信的是普遍性的“天”。意思是“天”是公平的超越评判力量，君临所有人，不属于周人，也不会独厚周人。“天”有其规律，有从其规律中生出来的规矩原则。行事符合“天”的规矩原则，“天”就会保佑、帮助你；相反，行事违背了“天”的规矩原则，就会被“天”惩罚降祸。

“天”的信仰产生了“天”和“人”的关系，也就是周人的天人观。人要服从“天”，也就是服从“天”的规矩原则。在和商人的长期紧张冲突中，在对商人的敌对观察中，进一步在调整和商人的对应模式中，周人有了“天命”的概念，也就是天人关系中最重要的一环。

周人相信，“天”给予人最大的奖励，是统治管理他人的权力。如果你行事依照“天”，“天”就会将“天命”给你，让你依凭"天命"成为统治者。但既然统治的根本权力来自"天","天"能给你的,必要时"天"也会拿走。

如果你行事违离了"天"的规矩原则,"天命"就会被从你身上拿走,交给更符合"天"的标准的人。

周人的这种观念,不只和商人大不相同,从世界文明的宏观比较上来看,我们都必须惊讶,其中有着如此少见的强烈人文中心精神。

德国哲学家雅斯贝斯[1]曾以"轴心时代"来称呼世界文明史上一段灿烂的人文醒觉历史。在古希腊、古印度和中国,差不多同时出现了重新定义"人"的深刻哲学思想。而中国"轴心时代"的人文醒觉,其实源自周人的"天""天人"思想。早在公元前11世纪建立王朝之时,周人就已经初步完成这个醒觉转变了。

表面上看起来信仰的是"天",然而"天"并没有主观意志。"天行健",意味着"天"最重要的特性就在于其自然运作,不管在任何情况下都维持规律,不会改变。"天"不任性,不会乱发脾气。信仰这样的"天"实际上是信仰抽象的行为原则。依照"天"彰示、反映的原则来行事,来规范自己,那么人的行为就有了可以预期的后果。

中国人相信好心有好报,相信你有怎样的居心,做了怎样的事,相应就会得到怎样的结果。为什么好心可以有好报?因为有

---

[1] 雅斯贝斯(Karl Theodor Jaspers,1883—1969),德国哲学家,现代存在主义哲学的主要奠基人之一。——编者注

天的中介，人在做，天在看，有一个公平的、只认原则的老天爷随时在评断。

“天”不是一个有意志、有脾气的超越力量。“天”不是商人的“帝”，也不是犹太人的“上帝”。耶和华有意志，还有不可测的脾气。他看你是个在世间的义人，做的都是好的事、对的事，他不必然因此奖赏你。他的想法来了，他就要试探你可以正直到什么程度；更可怕的，他也许还要试探你信仰上帝到什么程度。

如果你觉得好心有好报或好人有好报，那就不是对上帝真正的信仰。你觉得你可以猜到上帝会如何对待你。上帝不是人可以猜测的，上帝更不是人可以试验的。上帝的意志、上帝的道理超越人的理解，和人不在同一个等级上。所以，不能以上帝之名发誓，怎么可以叫上帝帮你做保人？你违背了誓言，上帝就照着惩罚你，那岂不变成了你在控制上帝，叫上帝为你服务？

犹太人的上帝，是彻底超越的。人在上帝面前，只能诚惶诚恐地信奉、崇拜，他的超越性就在于他不给予任何人间规律。人害怕上帝，人非害怕上帝不可。

然而，从周朝开始，人从来不怕“天”，不觉得“天”是什么可怕的东西，会任性地、不预期地作弄人。人必须敬畏“天”，那是因为“天”是一套规律，不为任何人而改变。你不能跟“天”套交情，不会因为你是王，“天”就扭曲他的规律来配合你，纵容你。

“大邑商”多了不起、多有成就，然而一旦他们的行为偏离了“天”的规范，就遭到了“天”的惩罚，将“天命”从他们身上拿走，交给小小的周。没有“天命”，就连小小的周都能打败大邑商。

“天命”怎么会交给小小的周？不是“天”偏心独厚周人，而是因为周人一直遵守“天”的规律行事，从来不敢有所违背。周是“好人”，在“天”的公平性中，好人就得到了好报。

周人最早的观念，是简单的好人有好报，或者说得更直接——好的行为会带来好的结果。“天”就是好行为会带来好结果的保障。但后来好人有好报微妙地变成了好心有好报，中间关键的变量，就是孔子。

孔子为什么如此重要？其中一部分理由就在于他真诚地面对了周人立国信仰崩坏的危机。他所处的春秋时代，那么多人公然违背大家认定的“天”的道理行事，有弑君的，有悖德的，有贪婪的，有阴险的……做了坏事的人，却继续过着好日子；然而，明显做了许多好的事、对的事的好人，却得不到好报。

这种时代，还有天理吗？人还要相信“天”吗？孔子面对“天”的信仰在乱世的动摇，认真地重新思考并建立了一套道德原则，其中关键的一项就在于分别道德的行为与道德的动机。在现实条件制约下，一个人或许没有能力做出好事来，但没有任何一个人，在任何最糟的情况下，不能有好心。能不能有好事的结果或许操之在人，但好心绝对操之在我，也就成了人无从逃避、无从推卸的责任。有好心，比外表上看能做好人更基本，更重要。

你没有能力救助路上的每一只流浪狗，但你在路上看到了一只烂了毛、在冷风中颤抖的狗，你不可能没有能力对它表示同情。

那样的不忍，完全在你自己的掌握中，没有任何人能逼你取消，除非你自己要。后来孟子更进一步，将这样的“恻隐之心”视为“天”一般的权威存在，是人的本性中最关键、最核心的部分。

这是儒家道德思想发展的大纲大目，从周人原有的“天”的信仰上一脉相承，后面还有机会仔细说明。

06

周人的遗产之二

——宗法封建制

周人留在中国文明中的第二个长久印记，是宗法，是对于亲族的重视。

宗法和封建紧密相连。封建是周人设计出的一套全新政治系统，取代了夏、商原有的共主形式。周武王在出兵翦商时，并没有野心，更不可能有信心打败他们心目中势力庞大的商人。之所以出兵，是因为被商人压迫得忍无可忍，必须有所反抗。很有可能连西伯昌，也就是最受周人爱戴的大家长，都死在商人之手。武王基于为父报仇的愤恨，第一次出兵，但到了孟津，还是没有把握地退回去了。

第二次出兵，在牧野一天之内击溃商军，接着冒险进击朝歌竟然又获得胜利，周人惊讶、无准备地发现自己彻底打败大邑商了。

他们没有准备，所以只做了简单的安排，就又退回西方宗周去了。但没多久，发生了管叔、蔡叔发动的内乱，周公、召公不得不进行二次东征。二次东征成功后，真正最艰难的挑战刚开始。他们的态度，依旧是戒慎恐惧的，“如临深渊，如履薄冰”，自觉要到一片陌生的、未知的，甚至是充满敌意的地方去。

戒慎恐惧而非自信满满，使他们采取了封建的方法：第一，他们不假设周遭的人会自然对他们友善；第二，他们不假设当地人的力量比自己小。所以，要做好充分的准备和安排。

封建是周人不得已设计出来的。他们本来只要压服商人，派少数势力看管商人就好，然而情势所逼，“管蔡之乱”证明了此法不可行，要保有翦商的成果，一定得东进。那他们能依靠什么？他们找到的最坚实的依靠，是亲族纽带带来的信任感。因为你是我兄弟，我可以信任你；因为你是我弟弟的儿子，我可以信任你；因为你是我弟弟的儿子的亲家，我可以信任你。

周人借封建扩展，在扩展的过程中，将原本仍然呈现多元文化状况的中国地区逐步同化。封建的实质，是派出一支又一支武装殖民部队，部队的主力由周人的亲族组成，围着主力，有周人带去的其他合作部族。用这种方式，周人的文化散布到了广阔的地区。

封建是一种扩张与统治的手段，然而封建留下来的最强大的影响，是亲族系统，是以亲族系统为原则构建的社会形态。

周朝之后，两三千年时间中，中国的基本社会人际组织，是以亲族关系为主的同心圆模式。一个人处在社会中，必然被置放在一层层的亲族关系里。这井然有序的一层层关系，在《礼记》中

被清楚地规定为“五服”，两千多年之后，仍然写在现代民法中，规定为一等亲、二等亲、三等亲等。❶

这个同心圆的圆心是我自己，“五服”或几等亲，决定了其他人和我的距离，亲等越近的，越值得信任，也必然在生活上和我有比较紧密的互动。在这种模式中，不同亲等的人之间有不同的行为模式、不一样的交情、不一样的权利义务期待。

封建靠亲族系统方能成立，随着封建的开展，周人也就发明、设计了后来成为中国文明关键内容的种种礼仪制度。

“五服”的“服”指的是“丧服”。丧礼是确立亲族关系的重要场合，不同关系的人穿不一样的丧服。换个角度看，在丧礼的场合中，在亲族系统中人与人的关系距离也就一目了然，提醒每个人自己的位置。不同亲等的人穿不同丧服，也就有因应的不同行为要求，而且这种特殊行为，称为“服丧”的，又随着你和死者关系的亲疏远近，而有不同的时间规定。

一切环绕着亲族，只有亲族算数。在今天的生活中，我们会看到丧礼有治丧委员会，挂名当主任委员的，可能是高官，可能是死者的老朋友。高官、老朋友？这在传统的丧礼里是不会出现的，因为他们不在亲族关系之中。

---

❶ 大陆地区法律无此区分，台湾地区的法律沿用“中华民国”时期的民法，有相关规定。“中华民国”民法第968条规定：血亲亲等之计算，直系血亲，从己身上下数，以一世为一亲等；旁系血亲，从己身数至同源之直系血亲，再由同源之直系血亲，数至与之计算亲等之血亲，以其总世数为亲等之数。——编者注

在那样的社会里，没有前女友，没有生意伙伴。在以亲族为原则的架构中，没有这些关系存在的空间。这个女人，如果还留在你的生活中，和你有联系，那必然要是你的堂妹或表姐。这个人，可以跟你一起做生意做很久，彼此信赖，那么从一开始你选择和他合作，必定因为他是你堂哥，至少是你堂哥的亲家。如果没有这样的亲属联结，你干吗找他一起做生意？

如此的关系与思维模式，从周朝之后，就深入中国社会，决定了传统中国人如何看待、如何安排人与人之间的互动。

07

周人的遗产之三

——非表音文字

周人带给中国文明的第三个不灭影响，是文字与语言之间的关系。

中文是全世界独一无二的非表音的文字系统。所有其他能够流传下来，实际在大型社会中运用的文字，都是表音的。只有中国人，加上少数受中国影响，处于汉字文化圈里的人，才用非表音文字。

看看韩国的变化最清楚。他们原来也属于汉字文化圈，以汉字为书写文字。然而，在现代化过程中，韩国明确地放弃了汉字，另外建立新的文字系统。新的韩文，表面留下了方块的形状，乍看有点儿像汉字，但实际上完全不一样。现代韩文是表音的，由一个个声符拼起来，看那些符号，就能将那个字的发音念出来。

废汉字改现代韩文，除了民族主义的立场之外，更重要的是普及的考虑。改用现代韩文，可以快速提升韩国人的识字率。这就触及了关键——非表音文字很不方便，无法直接和语言对应上，也就没办法让会使用语言的人快速懂得如何使用文字。

从运用的便利上看，表音文字是正确的设计，所以其他语言系统最后都发展出了表音文字。那为什么中国会成为这样的例外？

这就牵涉了商文化与周文化的关系，以及商周之际发生的变化了。这套文字为何不是表音的？这很容易解释——因为这原本是商人用来记录与鬼神交接的秘密符码。在发明这套符码时，没有记录语言的需要；或更广泛地说，没有明确的表音动机。

我们不确定甲骨文上的每个符号是否都有固定的声音，但我们知道这些符号在功能上，不是为了对应、记录语言的。在商文化中，文字是神秘的工具，是 secret codes（暗码），只有少数几个与鬼神沟通的人才能接触，才看得懂。懂得运用这套暗码，是他们的特殊能力，也就相应地为他们带来了特殊地位与特殊权力。这样的符号，不需要考虑方便使用，甚至相反，不能太方便使用，太方便就减损了符号具备的神秘性和隔绝性了。

周人从商人那里学来了这套系统，却将之用在了不一样的地方。在这个过程中，周人聪明地发明了一种文字和语言的对应法则，那就是后来“六书”（象形、指事、会意、形声、转注、假借）中说的“形声”法则。形声是将原有的字用来当作声符，配上一个代表意义的偏旁而构成。例如“诚”字，取“成”的声音，加上“言”字偏旁，所以我们知道这个字对应的，是语言中形容说真话的意思。

从甲骨文到金文，我们看到最大的差异发展，就在形声字上。靠大量形声字的出现，本来和语言关系松散的文字，获得了更贴近记录语言的功能。接下来，有像《诗经》这样的文献的出现，那应该是个自觉的、庞大的计划，将本来只存留在口语上的诗歌内容记录下来。这个计划的关键，就在于让文字彻底转化为能够和语言对应的系统；从相反方向看，同时也就可以借由这些容易诵记的诗歌语言，让人理解文字在记录声音上的基本规则。

从此，原本着眼于视觉理解的文字，有了和听觉联系上的办法。这套文字由商人发明，却要到周人手中，才变成了如此神奇的文明成就。这套文字和语言之间，有着若即若离、不即不离的关系，一方面可以反映、跟随部分语言变化，另一方面却又不完全受语言快速变化现象控制，可以独立于语言之外而存在。没有这样神奇的语言，像中国这么大的区域，要维持这么久的政治、社会、文化统合，绝对是无法想象的。

表音文字受到语言高度的牵制。我们学英语的时候会发现，英语里有一些单词的拼法很奇怪，和单词的发音对不上。在英语世界，几十年没有中断过的热门讨论，就是要不要改掉这些“不合理”的单词。几十年没中断，是因为几十年的讨论还是没有真正得到普遍改变。怎么会这样？因为一个论点始终很有力量，即使是“改正派”也无法忽视，那就是如果真要都按照发音来拼单词，也就是让英语彻底表音，那么不同地区不一样的发音，必然会导致同一个单词有不同的拼法，那样很有可能使英语分崩离析，不再是一个跨越地区的统合文字。

英语现在所处的地位，就有点儿像历史上的中文。英语散布得很广，散布得越广就意味着有越多地区性的差异。美国人、英国人、澳大利亚人、印度人和新加坡人，甚至香港地区的人讲的英语不会都一样。如果大家都按照自己的发音方式来拼写英语单词，那么每个地方的英语也就有了差别。久而久之，这套文字就失去了共通性，英语也就不再有能够充当世界语言的功能了。维持英语的统一稳定，不受地区性发音影响，也就是不纯粹表音，成了英语能有世界语言优势的前提条件。

08

周人的遗产之四

——中国文明核心地理区域

周人给予中国文明的第四个长远遗产，是决定了中国的基本地理环境。

人如何决定地理环境，不是应该倒过来，地理环境决定人吗?稍微准确些说，是周人从他们赖以兴起的那个区域的地理条件中培养、树立起的习惯，后来长期决定了中国的生产方式，以及中国的经济价值观。

看一下大家熟悉的中国地图，中国文明核心区域的北边和西北边，如今多是草原和沙漠。核心区域在黄河流域，有黄土高原，而周人就在黄土高原的晋南发源，然后向西迁移，移居到渭水流域。

黄土高原由原生黄土构成。因为北方、西北方都是极干燥的地区，从更新世后期开始，几万年来，大量风沙不断从北方、西北方吹过来，风力减弱之后，就沉积在这里。黄土高原的原生黄土是风成的，越往东边，沙粒就越细，显然是由风带过来，粗一点儿的落在较西北边的地方，细一点儿、轻一点儿的，则可以靠风吹到更东边才落地。

另外，黄土高原上所有的山，西坡都比东坡高且长，这又是风成地形的特色。黄土高原以东，仍然是黄土，但就不是原生黄土了，而是次生黄土构成的。次生黄土的意思是由河川的力量，带着本来的黄土再往东冲刷，堆出冲积土来。今天河北东部到山东这一带，主要是由黄河带来的冲积土堆成的。

这样的地形，从历史上看，有什么特殊的重要性？最重要的，这显然不是一个最适合农耕发展的地理环境。在解释中国文明发展上，地理决定论不怎么适用。新石器时代农业开始在中国这块区域上多元冒发时，黄土高原上农耕文化的发展，密度低于其他地方。东北的红山文化、东南的河姆渡文化，农耕的自然条件，看起来都优于黄土高原。

然而早期中国文明的中心，不在红山文化区，也不在河姆渡文化区，而在农耕条件相对较差的黄土高原。黄土高原相对没有那么理想的环境，所以逼着在那里生活的人必须多加努力，多克服一些挑战，也就多了一些人文上的本事。

黄土高原森林覆盖率有限，降雨量长期不足，能够种植的都是干旱型的作物。干旱型作物在谷类的糖类转换率上相对较低。在这种环境中发展起来的农业，基本上无法自然守成，不能等在那里靠大自然来养活。

在热带、亚热带的环境中，光是蔬果的自然收获，就能提供人生存的基本需要。养活自己不需要太多的努力。这是可以自然守成的环境。但黄土高原绝对不是。为了取得足够的糖类和蛋白质，人得辛苦努力。努力的一个重点，是不断试验驯化干旱型谷类作物。

大约从公元前5000年开始，这个区域的人就不断和稷、粟、麦等几种作物周旋，对于如何选种、何时播种、如何种植，进行了长期的试验与改良。而且黄土高原不可能有简单、容易的灌溉资源，在无法保障充分水量的情况下，试验与改良的空间很有限，必须格外注意，也就格外辛苦。

在这个环境中历练出来的周人，带着一种黄土高原的刻苦性格。这种性格中包括几个关键元素，其中之一是高度不信任自然。这听起来很吊诡，在他们的观念中，自然没有那么自然，没有那么理所当然。之所以如此强调地发展出“天”和“人”，也就是自然和人之间的关系，就是因为长期的经验使他们无法忽视自然，不可能不注意自然，不思索、不探讨自然与人的基本生存之间的关系。

这种性格的另一方面是对人的能力的认知。黄土高原上没有太多比人更庞大、更凶猛的大型动物。在少植被的环境中，不太担心豺狼虎豹跑出来伤害人。在这里，人有相对优势。靠农业上的试验与勤劳耕种，人获得了对自我能力的信心。然而，大自然既是人的依靠，也是人最主要的对手，不会总是对人友善。在这种情况下，有了周人对于“天”的想象，对于“天”与“人”关系的思考。

人必须了解“天”的律则，而且必须遵守“天”的律则。不了解、不遵守“天”的律则，会带来最可怕的灾难，会让自己陷入活不下去的穷途末路。今天有东西吃，并不表示明天也有同样的日子可以过。农业需要时间，黄土高原的农业有太多不利变量。这样的地理条件，通过周人，塑造了中国文明中的忧患人生观。

09

古代中国的人文地理

历史地理学家陈正祥先生曾经仔细搜集中国古籍中和人口有关的资料，做出了详细的人口分布图。[1]从中国人口的分布变迁，可以清楚地看出周人与周文化在中国地理上的深远影响。

历史性的人口分布图，从西汉开始，《汉书·地理志》提供了最早的资料。从西汉的人口分布，我们可以清楚地看出，中国古代史的人口重心其实不是黄河流域，而是渭水流域。这就是周人的起源地。

相对地，靠东靠南的淮河流域，从自然条件上看，有更肥沃的

[1] 上述内容参考陈正祥的《中国文化地理》（三联书店香港分社 1981 年版，三联书店 1983 年版）插图。——编者注

冲积土，也有较充分的雨量，其人口密度却迟迟无法和农业条件较差的西北部相比。这里有一个特殊变量，是黄河下游泛滥，高泥沙的黄河在出海口附近，形成一大块洪区。淮河河道也在黄河洪区范围内，黄河不规律的洪泛，提高了这一带居住的风险，也就抑制了这一带的人口增长。这也是中国文明在黄河中上游发展比下游更快更顺利的重要原因之一。

西汉时，长江流域，包括江北的区域，都还没怎么开发，人口更少。

陈正祥先生在《中国文化地理》一书中还整理了史书上查得到的西汉三公九卿，也就是那些地位最高、权力最大的人的出身来历。和整体人口分布密度比较，清楚显示渭水流域、长安一带，出三公九卿的概率，明显高过平均人口密度。这个地方——周人的起源地，后来一路作为中国政治中心，自然的生产条件并不是最好，在农业生产上其实落后于东部区域，却一直保持了人才中心的特殊地位。

还可以看看陈正祥先生整理的唐朝人口分布图。汉、唐相比，第一个突出的变化，是巴蜀的兴盛。巴蜀（今四川、重庆）这一带，西汉时人口少得可怜，然而到了唐朝，已经成为重要的人口集中区了。另一个新兴的人口集中区，是长江流域，尤其是长江北岸。到了唐朝，巴蜀和长江北岸的人口密度，都已经超过渭水流域了。

然而这样的普遍人口分布，和唐朝诗人的分布就大有差别了。从诗人出生地的分布上看，渭水流域仍然占有极高的地位，这个地方出诗人的概率远远超过其一般人口比例。

除了诗人之外，进士也是唐朝文化的重要指标，所以还可以同时看一下进士的出身背景。在进士的分布上，渭水流域的优势更明显，大多数进士都来自渭水流域与黄河两岸相交叉的部分，也就是北方的旧文明区。这样的分布趋势，呼应了诗是唐朝新兴的文化代表形式。进士考试除了诗之外，还有其他既有的传统知识，因而进士出身反映的地理分布，就比诗人出身更古老些，黄土高原老文明区占了更大的比例。

后来到了近世时期[1]，人口分布有了新的变化。南方的两湖流域人口密度快速增长，更南方沿海的福州、泉州，也成了新的人口中心。从人口分布上，明显看出来，中国的地理重心不断往南移。和人口变化相应发展的，就是钱穆在《国史大纲》中最早指出的中国经济生产南移的现象。

经济、人口重心先往南移了，政治的中心才随之变动。到北宋，巴蜀和长江下游的人口密度已经超越黄河流域了。看北宋的人口分布，我们一定会注意到另一个重点，那就是城市的兴起。

在陈正祥整理的分布图中，特别用圈圈的大小，来表示城市人口的数量。我们可以一目了然地看出这个时代人口的集中程度。开封是个超级大城，聚集了惊人的人口。宋朝以降的中国近世史，和前面的其他历史时期区分开来的特性之一，就是都市的发展。

---

[1] 根据近代一些学者和日本学者观点，宋代以后的社会被称为“近世”，与当今常用的“近代”并不是一回事。本系列著作第八册将详细讨论这个问题。——编者注

人口高度集中，商业繁盛，这样的城市现象，宋朝之前并未出现，却是宋朝、明朝历史变化的关键。

词是宋朝最主要的新兴文类，也是宋朝异于前代的新流行。反映在地理上，我们可以看到渭水流域的衰微。出身渭水流域的词人，少得可怜；相反，词人在南方的分布就要密集多了。

这似乎是和人口、经济、政治重心南移同步且必然的变化趋势。但是若改用其他标准看，图像就改变了。

诗是一个比词古老的文类，于是在分布上，诗人就比词人更广。在诗人数量分布上，北方比起南方并不逊色。再到政治的领域里，我们会发现，要做宰相，要能在政治体制中上升到最高地位，北方人还是比南方人强。

南方在经济上的领先发展，到宋朝已经影响并反映在新兴的艺术成就上，但要再等几百年，才能真正累积为全面的优势。到了明朝，通过陈正祥整理的进士科举考试前三名出身的分布图，我们可以看出，他们明显集中在东南沿海地区。

10

古代中国自然环境与人文生活的互动

看这一系列的人文地理资料，我们能够快速地掌握中国文明的基本动向。最早以西北边的黄土高原为核心，朝东方开展，继而往南方开拓。之后南方较为优越的经济生产条件，保障了长期南优于北的发展速度。随着时间发展，中国文明地理的重心也就不断地朝东南方推移。

可是，这股推移的力量，还有内在的细节差异。在经济上，推移改变得最快；相对地，政治、文化就慢得多。中国的文明地理范围持续扩张，照理说随着重心的推移，整体中国文明的性格应该随之改变。然而我们看到的历史事实，却是最早因西北黄土高原环境产生的许多文明因素，有着极其强悍的延续性，没那么容易被东方和南方的新兴力量取代。甚至经常倒过来，在地理扩张的过程中，旧有的文明因素被带到东南方不同的地理环境中，罩盖在这些不一样的地理环境上，依然保有其正统高位。

最早在黄土高原产生的基本价值，尤其是对于大自然的不安全感，以及由此连带发展的生产制度、社会制度，奇特地并未在经济重心转移到生产条件相对优渥的东南方之后，就因之改变。两三千年来，它一直是中国文明无可动摇的底蕴。

周人创造的文化，原先是和他们起源的黄土高原地理环境密切相关的。然而这样一套生活价值，后来就具备了高度的人文性。随着人的迁徙，这套生活价值就跟着迁徙，进入不同的自然环境，只做了地方性的调整，而不是依照当地的自然环境，变化为不同的系统。

这是中国文明高度延续性特征的根底。从这个特别强韧的延续性现象，我们可以问，也应该问两个问题。第一，也就是本书试图探触和回答的：周人究竟是用怎样的方式建构起这一套人文系统，并给予其如何坚韧的质地，能够抵抗时间，抵抗环境变化带来的压力？

第二，也就是往后整个通史内容不断回头探问的：中国历史上的自然环境和人文生活之间如何进行互动？比如说，从黄土高原起源的系统进入了两湖流域，进入了东南沿海，在完全不同的地理条件冲击下，到底发生了什么事，又刺激并发展出怎样的东西来？

11

一位被忽视的地理学天才

借此机会，想附加几句话介绍一下陈正祥先生，一位太被忽略的人文地理学者。陈正祥 1922 年出生于温州，抗战期间就读于国立中央大学，1942 年毕业后留校当助教，1948 年到了台湾，在台大农经系教书。他在台湾待了十几年后，因政治的因素离开，转去香港，后来还一度定居在意大利。

陈正祥是一流的学者，著作的质与量都很卓越。他从 1936 年 14 岁时开始发表著作，第一篇文章写的是关于捷克和中欧的题材。1938 年，16 岁，他就发表了关于海南岛少数民族的现况报告及“新新疆”的地理概况。1939 年，17 岁，他写莫斯科与伏尔加河，还研究四川矿产的分布及开发途径。

1940 年，他发表了关于南洋地理与气候的研究，探讨中国边疆的土壤与植被。1941年，他发表的论文论述了缅甸的气候、云贵高原的气候、中国西北的畜牧问题和苏联亚洲区的地理特色。1942年，他写了《中国耕地与人口》和《水利工业透视图绘法》。当时，他刚满20岁！

1943年，他研究河西走廊、甘肃、浙江、琉球、大戈壁、塔里木盆地。1944年，他写《气候与人生》《自然与人生》，写伊犁河谷，写祁连山的气候与植物带。1945年，他研究中国的霜期，画出全中国不同的降霜时间图来，这是很重要的地理学、气候学成果。1947年，他发表了最早的英文论文，在澳大利亚悉尼出版。1948年，他替台湾糖业公司进行了详密的研究，写出了《台湾气候对于甘蔗生产季节之影响》。他还帮台大农业地理研究室写了《柑橘的适度气候与中国柑橘地带》。他1949年的著作范围包括澳大利亚的地理、斐济岛的糖业、中国台湾地区的香蕉。

1950年，他研究华南蔗糖与中国甜菜区域，另外编了《台湾土地利用图集》。1951年，他在《地理学评论》(*Geographic Review*)上用英文写台湾的土地利用，还研究台湾嘉南大圳灌溉的轮作，研究台湾人口分布以及台北盆地的农家。1952年，他研究台湾人口地理，研究玉山的气候和天气。1953年，他写出《自然环境与农业生产》，研究稻米地理、棉花地理……

这还只是陈正祥刚满30岁时的成就，他后来基本上维持这样的研究产量，一直到80年代。他从地理学出发，后来又一度对中国历史地理产生了浓厚的兴趣。扎实的地理学背景，加上广泛的资料运用能力，使他不只有独特的观点，还能有效地呈现在这方面的发现。

接触过中国古籍史料的人就知道，光是我们提到的那些地图，就得费很多力气才能整理得出来。这些资料分散在许多地方，尤其是庞杂的地方志里。陈正祥先生之前做中国地理研究时已经熟悉了这些材料，否则连如何着手的头绪都找不到。

通过他整理出来的历史地图，我们一下子就能掌握中国人文地理的变迁倾向。但很可惜的是，即使是中国历史的研究者，听过陈正祥名字的都很少，能够深入运用他的研究成果的当然就更少了。这是被忽略、被遗忘的宝藏，我真的希望有更多人能知道，能珍惜，还能将之吸收并融入我们的中国历史知识系统中。

第二讲

中国古文法的基础

01

与时间对抗的不朽文字

从商到周，中国经历了文明的剧变。许多表面上看起来类似的、连续的现象，在商文化和周文化高度差异的架构中，有着很不一样的功能及意义。最明显的，一是青铜器，二是文字。我们不能理所当然地用后来固定下来的概念回头想象这些事物在商朝的作用。

文字在商人的文化中，比较接近于后来的道符。那是一套鬼神符号，来自超越上界而非人间的信息，不是要记录人间事务，而是要证明超越上界对人间的有效干预。这样一种非人间信息，周朝以后仍然存在，但就不再是文字运用的主流了。例如到了汉朝，一度流行谶纬。"谶"和"纬"其实是两种不同的东西。"谶"是像谜语般的短句，乍看不知所云，却具备预示未来的力量。"谶"被视为来自超越领域的暗示，告诉人们未来会发生什么事，尤其是关于帝王权力消长的变化。显然，人们认定“谶”的来源，是某个不可知的超越上界。

但在汉朝，文字运用的主流毕竟是经书，而不会是谶纬；一时流行之后，谶纬到东汉也就逐渐没落并消逝了。从周朝开始，文字的意义就从与超越上界的关系，被改造为与时间对抗的关系。对周人来说，文字的功能，主要来自可以固定不变，至少比语言固定得多了。

文字将许多变动不居、稍纵即逝的现象和信息凝结起来。周人最早接触到的文字，是商人写在甲骨文上，或铸刻在青铜器上的。甲骨不容易毁坏，青铜器更不容易毁坏。文字和甲骨、青铜联系在一起，更加强了抗拒时间变化的印象。于是在周人心中有了明确的动机：为什么要用文字？什么时候需动用文字？有了值得长长久久存留的信息或意念，就用文字写下来，保护着不被时间改变、销蚀。

文字是抗拒时间、抗拒变化的。因此被赋予这种功能的文字系统本身，当然不能任意变化，中国文字从此成了社会与文明中相对最稳定、变动最慢的一个领域。

02

生生不息的中国文字系统

另外一个同等重要的变化是，在周人手中，文字运用的场合扩大了。文字被从神巫的手里解放出来，进入了人的世界，开始记录人事。文字和人的生活有了更普遍、更紧密的联结，也就大有助于这套文字系统的长期传留。

对照地看，人类文明史上曾经发明过，后来却彻底消失的文字，不计其数。历史上最早的文字，大部分都消失了。两河流域最早的文字是楔形文字，因为是用芦苇削尖了之后在泥板上刻写出来的，其字体笔画固定会有挖凹的小三角形，所以称为楔形文字。这套文字存在没多久，就彻底消失了。

古埃及最早的文字，是象形文字。画出精美的图像来，开始时以图像传意，后来转变为以特定图像作为声符运用，发展与使用的时间比楔形文字更长久，但后来也还是绝迹了。楔形文字和古埃及象形文字都失传一两千年，要到 18、19 世纪，靠欧洲发达的古文字学研究，才一步步找出了能够理解其意义的办法。

从周朝赋予了文字这种对抗时间的特殊意义之后，中文在中国文明中始终小心翼翼地保护文字的持续性，一直到今天。文字的基本形式，在商人手中确立了，但甲骨文还很难明确地被称为一套文字系统。首先是其间字形与排列的方式，还有很多变化，并未统一固定下来。更重要的是，文字符号和语言间的关系，也还没有建立起来。要到周人手中，中国文字系统才正式建立起来，而且周人将这套系统建立为可以传承将近三千年没有消失的历史奇迹。

刘兆玄先生说过一个故事。他第一次去湖南长沙参观马王堆汉墓文物，第一次看到在马王堆出土的帛书《老子》。在他旁边有一对英国夫妇，他们一方面赞叹两千多年前的文物如此精美，一方面好奇两千多年前的书籍上到底写了什么内容。刘兆玄就转过头，热心地用英语将展览翻开的那页帛书《老子》中的字句说给那对夫妇听。

英国夫妇的第一个反应是："哦，原来这本书不是展览品啊！"刘兆玄告诉他们那当然是展览品，是不折不扣从古墓中挖掘出来的珍品。英国夫妇接下来的反应是："你是历史学家？"刘兆玄笑了，他不是历史学家，他是学化学的啊！

那对英国夫妇会有这种反应，可以理解。从他们的文化背景完全无法想象，一个没受过长久、艰难的专业学术训练的人，能够一眼看懂两千多年前的古文字。因而他们认定：要么那不是古文字，要么刘兆玄是专业的学术研究者。

但对刘兆玄，对我们这辈在台湾受教育的人来说，我们读的文字，和两千多年前的文字没有太大的差异；还有，我们学习的文言文文法，也和两千多年前的文法没有太大的差异。第一次接触两千多年前的古文本，一眼能够大致理解其内容，不是件困难的事。

那不是刘兆玄的本事，不是我们的本事，而是中国文字的特色。中国文字在周朝固定了字形，也固定了文法，就此维持了两千多年不变。

03

中国文字的造字原则

前面提过，至今我们无法确认中国文字最早是怎么诞生的。到目前还未有充分的甲骨文前身证据材料。这样的材料就算有，可能也都压在几十米、几百米的黄河下游冲积土层下，无从挖掘。

但至少我们知道，中国文字是不可能用什么方式诞生的。不可能是一个聪明的人，叫仓颉的人，发明的。那是神话，尤其是说仓颉发明了文字以至于“天雨粟”，凸显文字发明的惊人突破性那一段，是精彩的神话，但那绝对不可能是历史事实。

另外，我们大致可以知道并整理出文字产生的基本机制。从商到周，如何由原本一个个符号形成了一个系统，系统里产生了逻辑道理，就可以按照这样的道理变化出更多的文字符号来。

传统上将中文造字原理整理为“六书”，即六种不同的方式——象形、指事、会意、形声、转注、假借。六书的说法存在已久，固定下来为现成的答案。然而回到古文字的事实现象上来看，我们恐怕不能如此理所当然不经检验地接受六书的造字原则。

首先一定得澄清的是，如同中国文字不可能由一位圣明的仓颉独自发明一样，绝对不是先有人定好了六书的六种原则，然后再发展中国文字。也就是说，并不是每一个字都可以清楚地归属于六书的六种分类中的一种。先有了多样的文字，后人才从观察、探究这些既成文字中，后设地分出六书来。

而且，六书实在不是好的分类架构。其分类有很多模糊、重叠的地方，造成了我们回头认识中国文字的困扰。例如指事和会意两类，并没有明确的分别。“上”和“下”，以一个横杠为准，标示出上方和下方，传统上归为指事，但这样的方式，为什么不是会意？我们不就是以理会、知道意思的方式认定了这是“上”，这是“下”吗？

传统上分指事和会意的标准是——指事是直接的，会意是间接的；或说会意需要稍微转个弯，在意思的形成上比指事复杂些、难些。传统上最常见的会意例子是“武”字。“武”由两个字符合成，一个是“止”，一个是“戈”，“止戈为武”，停止使用武器才是“武”。这样的意义构成，和我们的常识直觉相反，所以是会意，意味着字形与字义之间有特殊的关系，表达了特殊的意念。

然而回到历史上，我们不得不说，这是天大的误会。这是上千年的以讹传讹，不能因为已经存在了上千年，我们就承认其正确。“武”字的确是由“止”和“戈”两个部分构成，然而“止”

的来源，是人的脚的样子。从甲骨文、金文看得再明白不过，“止”的原样是象形字，就是把人脚的模样画出来。这个代表人脚的“止”字后来才因同音而被假借用来表示“停止”的“止”。

因而，“武”字造字之初，是画出一只脚在“戈”的旁边，也就是一个人走到武器旁边去拿武器，所以代表要动武了。哪有什么“止戈为武”的复杂表示。

还原历史事实，“武”的造字原理，和“上”“下”没有根本的差别。换句话说，那就是指事。这提醒我们，在传统所谓的会意字中，其实有很多类似的误解。误会了字形与字义关联上的长期曲折演变，觉得用简单的指事说不通的，就放进会意里去，结果是乱会一气，发明了一堆类似“止戈为武”的说法，让人看不见，甚至不接受历史的事实。

此外，象形和指事有很多混淆。转注和假借也有很多混淆。最简单的字，比如“日”，指天上的太阳，原型是圆圈中有一点，这是象形还是指事？或“月”，一个弯月圈加中间一点，是象形还是指事？从汉朝开始，六书被视为权威，许慎的《说文解字》被视为权威。在上千年的时间中，中国人智识中的逻辑不发达，就死记六书原理，奉《说文解字》中的解释为不可动摇的标准答案。现在我们有机会用许慎看不到的更古老的文字来探讨文字起源与变化，实在没有道理继续死守死背六书和《说文解字》，应该有更现代、更合逻辑的认识。

04

中国文字分成三类

从历史的角度来看，容我借用陈梦家先生的说法，将中国文字做最简单的分类。回到甲骨文、金文的古老阶段，陈梦家将字分成三种——“文”“名”“字”。[1]

看到一个字，能够直接理会其指涉的，那是“文”。字形本身就显现了字义。像古老的“目”，画了一个眼睛，一看就知道指的是脸上的这个器官。像古老的“其”，画了一个畚箕的样子，一看就知道指的是日常用的那个工具。这叫作“文”。

然而在语言、文字的使用上，这种字形和字义直接关联的方

[1] 此处内容见陈梦家《中国文字学》第三章“汉字的结构”，中华书局，2011年。——编者注

式，范围有限。需要语言、文字沟通的绝大部分意思无法靠这种简单原则来显示。最常见的，要指特定的一个人，在一个特定的地方，就没办法把那个人画出来，也没办法把那个地方画出来。

怎么办呢？在语言上，我们会有特定的人名和特定的地名。于是相应地在文字上，就可以利用同音的原理，给予特定的符号。本来是画了一个畚箕的“其”字，拿去当作名字，指一个叫“箕子”的人，那就构成了“名”。

在陈梦家的分类中，“文”来自“望文生义”的意思。能够一眼看出意思的，就是“文”。那“字”呢？取自“待字闺中”成语中这个“字”的意思。代表“家”的宝盖头，加上一个代表孩子的“子”，指的就是“生小孩”，所以将还没出嫁的少女形容为“待字闺中”。

“字”是衍生出来的。原来画了一个畚箕的“其”，如果就代表畚箕，那是“文”；如果挪用去代表一个人，那是“名”；如果从这个符号衍生出“旗”“棋”“琪”“麒”……那就是“字”了。

陈梦家的“文”“名”“字”三分法，比六书简单、容易得多了。更重要的，它远比六书符合逻辑，在理解、分析上好用得多。从字形上，我们很容易判断并归类什么是“文”，什么是“字”。从文义运用上，我们也很容易可以分辨出“名”来。用这种方式整理，中国文字的发展过程就清楚多了。

这套非表音的文字如何成立？刚开始的时候，“文”有明确的对应对象，借由描摹、表现这个对象而有了初步的符号。如果语言上对于这个明确外物、现象有一个称呼，那么这个符号，也就同时取得了语言称呼的那个声音，也就同时具备了声符的功能。

于是进一步，这样的“文”可以用来当作“名”，指称同音的人、地等，有了专有名词的功能。再下来，又可以将不同的“文”予以搭配，衍生出其他的“字”来。这就是中国文字的发展梗概。

从“文”到“字”，最重要的衍生原则，是形声，也就是将本来有其形象意义的“文”予以声符化，然后配合另外一个代表意义的“文”，两者加起来衍生出一个新“字”，于是看到这个“字”就既得察其意思，又能念出其发音。

“其”加上“方”成为“旗”，发的是“其”的声音，带有的是“方”的意思。同样，“其”加上“鹿”，发的是“其”的声音，带有的是“鹿”的意思。如此，使中国的形象文字能和语言发生关系，不是直接表音的对应关系，而是一种若即若离的关系。

中国文字不是表音文字。但是，中国文字也绝对不是象形文字。中国文字的主体，是形声字，有形也有声，如此才能发挥功能。光靠象形是发挥不了文字的作用的，无法产生和语言之间的关联。

05

沿用至今的汉字文法

中国文字以形声方式衍生，是周人的重大成就。这样的发展，使文字系统可以快速扩张，产生许多新的字来，一方面记录语言，一方面配合新事物的出现。再者，任何新的字都不是被凭空创造出来的，而是原有的字互相结合形成的。

假设你从来没看过“期”这个字，我给你看了，然后说这个字念 gu，你的第一个反应一定是：“啊？对吗？”而且看过听过了，下次再看到，你还是不会记得它念 gu。但如果我给你看了这个字，然后问：“你觉得它怎么念？”那么几乎每个人都会回答：“念 qi。”不需要记忆背诵，你就觉得这个字念 qi。

不仅如此，这个新鲜的“期”字，旁边有个“月”，从这里可以预期它的字义和“月”有关。的确，这个字的字义是关于时间，指制定好的时间，而“月”就是古人认定最规律的时间计算预期，月亮圆缺变化从来不变，以月之朔望来订约，是最常见的做法。

到了清朝编《康熙字典》，一共收了47000多个字；现代一般流通的字当然没那么多，但也总在七八千字之谱。生活中常见常用的，再少，也有两三千个字。不在这个文字系统里的人听到这种数字，必然瞠目结舌，不能想象要如何学会、记得这么多字。

我们知道，学中文，关键在于学会并内化形声原则，如此就能快速辨认过去没见过的字，也能够通过固定规则的联想，立即感觉到字的声音和意义。我们不是一个字一个字学了几千个字，而是前面学的每一个字，都成为你后面学习其他更多字的基础，以一种联想的系统过程学会中国字。

另外，在运用上，文字不是一个个单独存在的。文字总是连在一起出现的。多数的文字放在一起，就有了文序或语序；用一定的规则来安排文序或语序，那规则就成了文法或语法。

在表音文字的情况中，文法一般源自语法，先有了人与人之间固定沟通的规则，按照规则说话别人才听得懂。文字记录语言，于是自然地，语法就被翻版为文法。在这点上，中文又很不一样。中文从一开始就不是单纯照抄语言的，和语言之间的关系没有那么直接。因而就需要一种文字自身的文法，和语言之间也同样存在着若即若离的关系。

中国的文法也是在周朝奠定的，具备了令人惊讶的稳定性。中文文法最根本的规则是固定字序，比如主词—动词—受词（近似于英语语法中的“主—谓—宾”结构)，如此排列。从古代《论语》里的“子见南子”到今天小学生作文里的“你打我”，都是主词—动词—受词的固定排列顺序。

另外，否定用语放在动词前面。“子见南子，子路不说。”“子路”是主词，“说”是动词，“不”就放在“说”前面。今天我们写“我不高兴”，“不”也是放在“我”和“高兴”中间。

再来，副词可以放在动词前面或动词后面。“子在齐闻韶，三月不知肉味。”“在”是地点副词，“三月”是时间副词。前半句是主词—副词—动词—受词，后半句是副词—否定—动词—受词，都是同样的、固定的次序。

即使我们今天写一个复杂的长句——“你读了杨照的书，从此再也不要相信中国古代青铜器来自西方”——稍微用心分析一下，就会知道其内在的文法次序，仍然是同样的、固定的。

从大约三千年前开始，中国文法就固定了三种基本形式，一直传流至今。每种文字当然都有其文法，英文有英文的文法，但认真研究比对过就知道，英文文法比中文文法复杂得多，其变化的范围比中文大得多。

“我是老师，我很了不起，所以我打你。”中文文法可以归纳在如此简单的三句话中。“我是老师”，主词—属动词—受词，主词是名词，受词也是名词，属动词也就是英文中的 be 动词。这是以属动词联系的一种基本句型。

“我很了不起。”这稍微复杂一点，因为中间省略了属动词。完整地说，是“我是很了不起的”，文法次序是：主词—属动词—

副词—形容词。为了区别属动词后面接的是名词还是形容词，中文的习惯是在形容词后面加“的”，不过又经常将属动词和“的”一并省略。没有属动词，就不会造成名词和形容词的混淆。“很”是程度副词，用来修饰形容词“了不起”，所以就放在形容词前面。

“所以我打你”，“所以”是因果副词，放在表达因果的两个句子中间，我们就知道前面是“因”，后面是“果”。“我打你”则是最简单的主词—动词—受词形式，主词和受词也都是名词。

很神奇，如此简单、基本的文法结构，保存了两三千年，没有改变。

06

文法没变，为什么我们还是看不懂古书？

中文的基本文法两三千年神奇地没有改变，那为什么今天还是有人读不懂古代的书？

其中一个因素是：文法没变，但字的用法改变了。中文中有些字，从周朝到现在，方方面面经历了那么多变化，连文字的运用都经过了白话文革命，但一直维持着同样的意思。例如说“之”字，简单的虚字，两千多年来一直都是这样的字形，这样的字义。别以为“之乎者也”都只用在文言文里，白话文成为主流那么多年了，我们还是淘汰不掉“之”字。小学三年级的学生一定会用到“之”，不是在语文课上，而是在数学课上。“二分之一”“三分之一”不可能代换为“二分的一”“三分的一”，再过一百年，应该还是一样。

“于”“既”“虽”“则”“如”“若”……这些用作语句转折连接的字，两三千年都维持着一样的意思。但今天在白话文里，我们不这样用了，我们惯常的用法是“于是”“既然”“虽然”“否则”“如果”“若是”……两三千年间一个大的趋势与倾向，是让中文从以字为单位，将字连缀成文，逐渐转化为以词为单位。一字一音的规律，使中文里有太多同音字，光是听到一个字的字音，我们无从立即、准确判断究竟是哪个字。为了避免同音造成的混淆，于是将单字增长为两个音或三个音，甚至更多音的词，如此就能大幅降低同音带来的困扰。

字增为词，在不同时代有不同的方式。有些改变的方式后来不用了，就造成了后人在阅读和理解上的阻碍。例如说先秦的文献里，有时不说“商”“周”，而是写成“有商”“有周”。这“有”字，是把“商”“周”加长，从字变成更易辨认的词的词头，本身并没有意义。但到了后代，“有”字用来指“所有格”，谁有什么东西的用法越来越普遍，回头看到“有商”“有周”很容易将虚格的“有”字读成有意义的“有”，就读不通了。

古书中的“有”很少被用作“有没有”的意思。看到“有”的一种情况是夹在数字中间，“十有五”，这样的“有”和“又”，是为了让人清楚地知道说的是数字、数量；另一种情况是加在专有名词前面，那就是词头的功能。

古文中用加词头将字变成词，后来的语言里比较常见的则是加词尾把字变成词。“车”变成了“车子”，“儿”变成了“儿子”。“儿子”的“子”和“有商”的“有”一样，是没有意义的虚格，不能当作有意义的字来读，不然“儿子”理解为“儿之子”，那就是“孙”，差了一辈。

还有一个有趣的词尾，将“头”拿来当尾。“骨头”“馒头”，这里的“头”字也是没有实质意义的词尾。

在《诗经》里，我们会读到这样的句子：“言告师氏，言告言归。”八个字里就有三个“言”字。如果将“言”理解为“说话”的话，那这短短八个字中，还真累赘。三个“言”加两个“告”，岂不是一直说，一直说。其实这里的“言”也不是实字，而是一个词头，作用是标示让人知道，跟在“言”字后面的字，是个动词。这是用来显示动词的词头，有文法的作用，本身没有意思。还原了“言”字的功能，这句话就变得很简单了：“告师氏，归。”如此而已。加了“言”字，除了让动词的词性清楚之外，可以整齐声音，创造出声音的韵律。“言告师氏，言告言归”当然比“告师氏，归”好听多了。

同样是在《诗经》里，有“汉有游女，不可求思”，什么意思？文从字顺地读，就连语文老师都会解读成“汉有游女，不可以对之有追求的想法”。那就是将“思”理所当然地理解成了“想”或“想法”。然而在《诗经》的用法中，“思”也是语词，放在语尾，本身没有意思。“求思”就只是“求”，“归思”就只是“归”，而不是“回家的念头”。“汉之广矣，不可泳思”，指的就是汉水太宽广了，不能游泳。

还有一些原来没有意义的语词，经常制造困扰，如“止”和“其”。《诗经》中，“止”也是加在动词语尾的虚字，“其”则是加在形容词前面的虚字，“北风其凉，雨雪其雱”。

两三千年来，词头、词尾有很大变化，因为这是和语言关系最密切，反映当时语言习惯的。现代语中有很多当词尾的“子”“儿”，“一下子”“一会儿”，但就在我们这一代，“儿”快速减少了，现在几乎没有人会写出“一会儿”这种词，因为很多地区通用的语言里不卷舌，不加“儿”了。

07

中国语文独特之处

——数词和量词

从古文法中，我们整理出中国语言文字系统的另一个独特之处，那就是数词和量词的发展。

早从西周起，中文文法的数词就是一个数加一个名词，比如“三皇”“五帝”“六艺”“六经”。从最早古文数词发展的一些微妙变化中，就可以看出周人对于数的清晰概念，清楚分辨数的可加与不可加的区分。

例如，从很早起，中文里的“二”和“两”就是分开了的，有不同的用法。“两个人”是“两”，“二十个人”却是“二”；不能说“两十个人”，也不太会说“二个人”。今天我们弄不清楚了，但在古文中，什么时候用“二”，什么时候用“两”，有很明确的区分。

天生成对的，叫作“两”；单纯是一、二、三等数量序列中的一个，可以加也可以减的，则是“二”。在《中庸》里，孔子说：“执其两端，用其中于民，其斯以为舜乎！”一定是“两端”，不能改成“二端”。因为孔子指的是同一样东西的两头，这一端和那一端。每样东西都有两头，逻辑道理是必然配对的，一对，就是“两”。

用这个规则，说“两个人吃饭”，和说“二个人吃饭”，意思就完全不同。“两个人吃饭”，就是这两个人，一对夫妻、情侣或朋友，说好了一起吃饭，就他们两人，不多也不少。那么“二个人吃饭”则是客满的饭馆里拼桌，一个单客和另一个单客尴尬地在同一桌吃饭，随时会有一个起身走人，随时还会有别人同样拼桌加进来。

数字在中文里少有抽象的存在，作为数的本身存在，几乎都要带着关系的意义。如此我们才能理解为什么量词在中文里如此发达。中文里有大批量词，是外国人学中文时最头疼的。一“个”字、一“篇”文章、一“句”话、一“间”房子、一“座”教堂、一“列”火车，可以一直这样列下去，各个不同。

译成英文的话，这一列就成了 a word、an article、a sentence、a house、a church、a train，统统一样，没有区别，就是一个简单的不定冠词 a（an）。英文里只有不可数名词要变为可数名词时，需要加量词，例如 a cup of water（一杯水）或 a sheet of paper（一张纸）。然而，从三千年前开始，中文量词就不断发展、不断累积，进而让量词改变了名词的关系与名词的意义。

我们说“一张纸”，于是反过来，单字的“纸”变成词，就是“纸张”。“一匹马”，所以“马”就可以说“马匹”。“一辆车”，所以就有“车辆”。“一间房”，就有“房间”。“一块煤”，就有“煤块”。偶尔也有行不通的例子，比如“一头牛”不能变成“牛头”，“牛头”不是“牛”。

除了少数例外，通则是量词同时可以拿来当作单字变成词的词尾。加了这种词尾，每个名词就都有自身清楚的单位，各个不同。由此反映出中国古代“数”的概念，“数”是具体的，不是抽象的。不同量词的东西，有不同的单位，也就有各自的特性，不能够任意相加减。用现代科学哲学的术语说，中国语文中到处显现着不可共量性——纸、马、车、房、煤……在称呼上就带着自己的数量单位，拒绝和别的东西共量。

量词的高度发展，数与具体的物紧密相连，当然影响了中国数学，或广泛地说中国数的概念的发展。一天到晚讲的是“一辆车”“一块煤”“一个人”“一间房子”的文明里面，就不容易产生0.5的概念。语言文字中有“半”，但“半”还是具体从“一”衍生而来的，不是抽象的0.5，没有0.5带有的5个0.1或0.2+0.3的意义。

“一”是起点，是一切的基础。“一”后面永远带着和某个物连接的量词，这样的语文习惯，让中国人总是看到一个个具体的东西，相对看不到，也不容易看到离开了具体的物的抽象的“一”，“一”作为一个数学上的概念、数学上的功能。

从另一个角度看，中文的习惯会特别凸显出物体的独立性、独特性。语文自然赋予了关于物的一种“本质性”的眼光。“一辆车”不等于“一匹马”，不会因为都是“一”就被放在一起等同起来，而且“一辆车”和“一匹马”是“不可共量”的。还有“一匹马”不等于“马”，没有量词的“马”有种不安定的存在，集合的、抽象的“马”和有量词的、具体的“马”感觉上就很不一样，因而到了战国时期，“白马非马”会成为名家对于语言运用检讨时的关键重点论证对象。

语言、文字与思想、哲学是密不可分的。

08

中文文法的内在简约性

中国古文法中，强调量词，每样东西有其特殊的单位；相对地，不那么重视单数、复数的区分。古文法中没有明白的“我们”、“你们”和“他们”。文句中人称经常可以省略，更没有一定要表明是单数或复数。

对照英文文法就很清楚这项特色。在英文中，任何一个名词要么是单数，要么是复数。中文说“墙上有钟”，英文就不能这样说，要分辨清楚墙上是一座钟还是好几座钟。要么是 a clock，要么是 clocks，没有冠词也没有复数字尾，光溜溜的 clock 在英文文法中是不被允许的。

中国人说英语会犯一些固定的、常见的错误，会说“there have clock”。这不对，应该是“there is a clock”或“there are clocks”。这种错误很明显地源自中文，将脑中想的中文直接译成英文。中文的“有”，和英文的 have 其实不是同一回事。另外，中文里没有非弄明白钟究竟是一座还是多座的要求。

中文重视量词的另一个表现，就在于分别“钟”和“一座钟”。侦探推理小说中会有这样的情节，警察问目击者：“你怎么知道事件发生时，是 10 点 15 分？”目击者回答：“因为办公室的墙上有钟。”这时说话的重点，是“钟”，钟显示了准确的时间，钟的数量不重要，因而不会说，也不用说“因为办公室的墙上有一座钟”。

换一个情境，有人问：“那家钟表店的橱窗长什么样子？”回答时会说：“有一座老爷钟和三座现代的圆钟。”这里加了“一座”“三座”，因为数量对于我们了解、想象那个橱窗很关键。

中文文法之所以能从三千年前奠基之后一路流传，是因为其内在的简约特性。这套文法最根本的准则是：不啰唆，能省则省，不必讲的就不要讲。发言的人是我，听的人、看的人知道这些话是我说的，那就可以将第一人称省略，不必每句都有主词，一直“我”“我”“我”。只有在主词从“我”移走了，移到别的人、别的东西身上，才放置主词。换句话说，句子不必然非要主词不可。

同样地，需要表白数量，才出现数词。只是要知道对象是什么，就不需要数词。但是要表现数量，就得加上量词，凸显这样东西独特的性质。

到了东周之后，省略主词“我”，进而有了敬语的作用。至今，有些人在正式场合说话时都自然回避用“我”。他会说：“楚瑜二十年前去美国……”这是将自己，将本来的第一人称“我”，变成第三人称。这样的文法习惯，去除自我中心，来表现谦卑敬意。从这样的习惯，也就很自然地会产生生活上根深蒂固的价值判断，认定凸显自我、标榜自我是粗野不文的表现。

另外一个经常被省略的词语，是“你”。既然我对着你讲话，就不用一直说“你”“你”“你”。类似地，到后来，省略“你”也带有了尊敬的意味。如果在说话或行文（例如书信）中要直接提到对方，也都不用第二人称了，而以正式的头衔取代。不说“你上回写来的信”，而说“先生前次赐函”；不说“你刚刚说……”，而说“主席刚刚说……”。

不称你，而称头衔，表示我和你不是对等的，是下对上的姿态。更进一步，就发展成我不只和你不对等，就连和你的地位、头衔都不对等。不能对皇帝说“你”，甚至也不能对皇帝说“皇帝”，而要说“陛下”。这是什么意思？意思是我不够资格直接跟你说话，只能对着你所在的台座台阶说话。

这些都早早就进入中文的文法运用里，内在于中文，并随着中文长远影响使用中文的中国人的基本价值观。

09

中文文法没有明确的时态变化

中文文法的另外一个简约特性表现在时态上。中文动词从来没有明确的时态变化。古文里所描述的，究竟是说话当下的现在、过去、未来发生的事，不是那么清楚。

现代中文受西方语法的影响，在动词时态上做了重要的修正和补充。我们用“了”来表达过去式或完成式。“他出发了。”“他写了遗书。”我们用“着”来表达现在进行式。“我正读着你的来信。”“她看着我。”我们用“要”来表达未来式。“天要亮了。”“快要吃饭了。”

古文中没有这些功用明确的语词，来锁定动词的时态。从今天的角度回头看，最麻烦的是古文中简单现在式与简单过去式，在形式上几乎完全一样，没有分别。要判断是现在式还是过去式，基本上要靠上下文脉络，不会表示在文法形式差异上。这个特点的影响或许更加深远，因为它牵涉中国人看待时间的方式。

语言、文字是思想的基础。思想无法离开语言、文字而独立存在。不严格区分现在与过去的语言、文字习惯，连带产生不严格区分现在与过去的思想。受语法、文法的制约，要去严格区分现在与过去，会很困难。在这种思想中，会倾向于将过去与现在视为一体，至少是视为一个没有明白断裂界限的连续体，内化相信现实离不开历史。反过来，随时意识到历史和现实的密切关系的思想，又会进一步保留甚至强化不区分现在式与过去式的文法规则。

中国文字最早的成熟运用，是甲骨文。商朝甲骨文的功能，是沟通、记录来自祖先鬼神世界的信息。那是人世之外的另一个想象空间，而且也是另外一个与人世不同的时间领域。祖先活在过去，所以称其为祖先。以前存在过的人死了，才进入另一个领域，变成祖先。很自然地，祖先身上带着的，是过去的时间。现在的人通过巫诅之术和祖先沟通时，也就必然将过去的时间，形成了现实时间与过往时间的迷离重叠现象。

或许就是这样的起源因素，使中国文字文法不讲究判别现在与过去。现在与过去在文法中同属于一个暧昧的混杂时间领域。

语法文法中对于时态的不强调、不讲究，必然影响中国人看待人生、人世的眼光。我们对于孔子的理解，不能不注意到他信持的时间观。他深深相信过去，相信人在现实中能做的最大努力，就是把大家带回以前的黄金年代。这种向后看、以过去为准则的价值观，背后有语言文字的法则作为支撑。

还是用英文来对比。大家在学英文的过程中，应该都跟假设句奋斗过吧？我猜很多人到今天都没有把握如何正确使用在假设句中的动词时态。If I were you...If I had been to Taichung，he would not have die...这种句子特别的地方在哪里？从文法上就表明：这是不会发生、没有发生的假设。换句话说，使用假设句时，英文文法要求说话的人判断：这件事会不会发生，有没有发生。可能发生的和不可能发生的必须清楚区隔开来。

中文没有这种区别。“如果我去了，他不会死。”这个句子里没有过去、现在或未来，也没有可能发生或不可能发生的判断。这是我们说话、写作的方式，难怪我们弄不懂、学不会英文的假设句。

在英文文法所构成的思想世界里，不会出现像孔子那样的人。每次说到过去，说到周公，说到制礼作乐，文法上都要求必须以和现实不同的过去式来表达；每次提起回归到过去的情境、状态，文法上都要求必须以认定为不可能逆转时间的假设句来表达。文法上已经使这种目标、这种梦想看来如此有距离，如此不可能。

10

中文文法影响中国人的思维方式

中国文字与文法的基础，在西周时就出现了，逐渐固定下来，接着就流传、影响了超过两千年的时间。更重要的，这不仅是一套文法，而且是由文法连带发展了中国的文明特色。

看待时间、看待人际关系的态度，都包含在这套文法中，牢牢地规范了后来的中国人如何思考、如何行事，以及中国人如何认定是非对错。迟至东周，这样一种不讲究时态的文法，相应地刺激出了坚实的信念，认定所有重要的道理都是没有时间性的，是超越时间的。

如果大家有兴趣进一步接触古书，从文法的角度来了解古籍，我特别推荐先看看王力先生的《汉语史稿》。这又是一部里程碑式的历史学著作，在研究中国古代语法上有突破性的贡献。

不是要追求语言学专业认识的一般读者，可以从《汉语史稿》的第三章开始读起。前面两章讲语音变化，需要有语音表示法做基础，第三章讲的是语法变化。王力罗列了大量例子，呈现名词如何改变，动词如何改变，量词如何改变，人称如何改变，形容词和副词又如何改变。

我相信绝大部分人不曾用这种方式学过中文。首先，我们没系统地学过中文文法，甚至没有意识到中文也有文法。其次，我们用课本选文来学中文，选文的标准与排列，不会照顾到历史性。这里一篇《论语》，那里一篇苏东坡，接下来可能放了梁启超和鲁迅。这样学，我们不可能对不同时代的中文有概念。

学习中国古文，其实和学英文一样，要学文法，有系统地了解基本文法结构。中国古文文法，一方面比英文文法简单得多，另一方面又可以和现代白话语法呼应，学起来真的很快。学会了《汉语史稿》中整理出的古文变化规则，你回头就会发现过去看起来很陌生、很艰难的古文变得容易了。你会赫然发现你也可以像刘兆玄那样，面对两三千年前的文献，凭直觉便知道文字在讲什么。

你也就能够直接面对古人、面对历史，得到一种令人过瘾的历史现场感了。

战国时代的算表

第三讲

中国文字与中国语言

01

从海伦·凯勒学习语言说起

很多人知道，海伦·凯勒又聋又盲，却成功学会了文字，成为一名作家。

简单地从头说起。海伦·凯勒在14个月大时，因发高烧而失去了听觉和视觉。14个月大不足以让她留下视觉和听觉的记忆，因此她就一直活在纯然静寂而黑暗的世界里。有一段时间，她脾气极度暴躁，随时又哭又闹，人们都拿她没有办法。6岁时，她的生命中出现了一个神奇的人——安妮·苏利文（Anne Sullivan，1866—1936）老师。

听过海伦·凯勒的人，大概也都知道这位苏利文老师，然而绝大部分人应该不知道，苏利文本身的视力也有问题。用今天的医学知识来说，她早早就有了视网膜剥落的病症，这使得她的视力极弱，只比全盲好一点点而已。去担任海伦·凯勒的家庭教师时，她已经不太看得到外面的世界了。苏利文来自美国北方的明尼苏达州，海伦·凯勒的家在南方的亚拉巴马州。它们之间有着很长的距离。

从那么远的地方找了一个半盲的老师来教海伦·凯勒，这是一件很不寻常的事。之所以发生这样的事，是因为实在没有老师愿意并且能够教狂暴的海伦·凯勒，而且她又聋又盲，一般老师根本无法和她沟通，更不要说教她了。

很少有人意识到苏利文是半盲，因为大家几乎都是通过电影知道海伦·凯勒的故事的。电影里隐去了苏利文的视觉问题。电影中给观众留下最深刻印象的经典画面，是海伦·凯勒 6 岁时在水井前打出水来，触觉感受到了水，老师苏利文发疯般地在她的小手上反复地写着 water（水）这个词。那是启发海伦·凯伦认字的灵光片刻。

人们怎么会知道海伦·凯勒 6 岁时发生了什么事。因为她从 12 岁开始，就在苏利文的鼓励下写《我的生活》，记录她不凡的成长过程。到她 19 岁那年，这本书出版了，出版社的宣传语说："一个看不见、听不见的女孩，12 岁，以自己的力量写下的奇迹之书。"宣传语里夸大了一个不是事实的重点——"以自己的力量"。光靠海伦·凯勒自己是写不出这样一本书的。除了苏利文从头到尾在旁指导、协助外，出版社还找了一位特约编辑，花了很长时间和海伦·凯勒密切工作，才编成了后来轰动全美的畅销书。这位特约编辑后来娶了苏利文，也搬过来和海伦·凯勒住在一起，可以想见当时他多用心编这本书了。

书出版之后，很快就获得畅销。但使这本书大卖的原因，不完全是正面的。这本书引发了很大争议，很多人质疑一个又聋又盲的小孩怎么可能写出这样的文字内容，很多人甚至根本不相信一个又聋又盲的小孩能够学会写字。

别把海伦·凯勒的故事视为理所当然。顺着历史上的争议、质疑，让我们问问自己，你能想象海伦·凯勒如何学会写字、写文章吗？在海伦·凯勒的世界里，一般人的五感只剩下触觉、味觉、嗅觉这三感。她没有看过任何东西，没有听过任何声音。在我们的生活中，视觉、听觉远比其他三感重要多了，感冒时我们暂时失去嗅觉，三五天，你都能正常上班，正常过日子；但别说是三五天，就连一天没有听觉你都正常不了，一天没有视觉你恐怕连房门都出不了。

海伦·凯勒不只丧失了五分之二的感官能力，而且少掉的是最重要、最关键的两种。她对于视觉、听觉又都没有任何记忆。苏利文和海伦·凯勒的不同之处，在于她拥有丰富的视觉记忆。她不是天生视障，而是成年后病变才失去视觉的。这样的海伦·凯勒，要如何理解 square（正方形）？她可以触摸桌子，但要如何让她了解"正方形"不是那张具体的桌子，而是一种抽象的"形状"？更何况要学好语言文字，她还得了解 square 这个词的其他意思，例如说一个人"方方正正"，那不是在形容他的外表，而是指他的 character（品格）是 square 的。没有视觉、没有视觉经验与记忆的人，要如何掌握这一切？

难怪《我的生活》出版时，会引来那么多质疑。事实上，正因为预见到质疑，出版社宣传时才需要特别强调“以自己的力量”。还好，这本书不是在海伦·凯勒12岁时出版的，出版时她已经19岁，可以让别人目睹并见证她的能力。她成功地进入了当时美国最优秀的女子学院拉德克利夫学院（Radcliffe College），这个女子学院后来被并入了哈佛大学。苏利文陪着她到了大学，给予帮助，但她的教授、她的同学都看到了她自身的课业能力与成就。

之后，海伦·凯勒又写了其他的书，她甚至还勉力地克服更大的困难，成为一个杰出的演说者。她听不见，但她能说话，更神奇的是，她还能跟别人交谈。一个历史性的场景，是海伦·凯勒和马克·吐温会面，谈了一个多小时。若是发生在别人身上，这是两个了不起的名人相会，但牵涉海伦·凯勒，就多了一个传奇：“谈”了一个多小时，怎么“谈”的？

他们的会谈，和一般人没什么两样，海伦·凯勒说话，马克·吐温说话。唯一不同之处，是在马克·吐温说话时，海伦·凯勒会将手指放在他的嘴唇上，借由碰触他的嘴唇，辨认他说了什么。

这真是神奇而敏锐的触觉功夫，我们谁也做不到吧？试试让你的朋友不要发出声音说话，你闭起眼睛把手指贴在他的嘴唇上，看能不能猜得出他在说什么。

海伦·凯勒用硬背舌头和嘴唇方位的方式，学着发音，发出她自己听不到的声音。经过反复练习，经过苏利文在旁边反复纠正，她竟然能在完全听不见的情况下，掌握说话的能力。

02

文字创造新世界

这真的是神奇的成就。海伦·凯勒后来写了一本书，叫作《我生活的世界》(*The World I Live In*)。在这本书中，她试图让读者了解她所在的那个黑暗、沉默的世界，了解她生活的世界和我们生活的世界究竟有多大差别。

这本书在美国产生的影响力，恐怕比《我的生活》还要大。马克·吐温就是在读了这本书后，给海伦·凯勒写了一封长信，才有了两人聚谈的事情。除了马克·吐温，还有另外一个人在读过书之后，给海伦·凯勒写了封长信，那个人是威廉·詹姆斯(William James)。

威廉·詹姆斯是当时美国首屈一指的心理学家，或称为"心理哲学家"。他还是美国经典小说家亨利·詹姆斯的哥哥。他们这一家的两位詹姆斯，对于美国在19、20世纪的文化发展和提升，有很大贡献。

写信给海伦·凯勒时，威廉·詹姆斯已经73岁了，但在信中仍然能看出他的激动心情。他说："当我开始读这本书（《我生活的世界》）时，我以为你要描述一个我完全不知道、完全无法体会的黑暗及沉默的世界，然而读完之后，我却如此惊讶地发现，更惊讶于我自己彻底被你说服——你活着的世界、你感受的世界，和我的世界并没有两样。"

威廉·詹姆斯进一步说："让我最惊讶的，是在没有视觉与听觉的协助下，你竟然能如此精确地写出你想要描述的现象。我能够得到的唯一解释是——你精确、真实地感受了你要描述的现象……读完你的书，我特别在祈祷时向上帝要求，请他多给我几年时间。你让我找到了下一个值得积极努力去研究的题目，那就是语言、文字与感官间的关系。如果你在书中记录的感受是可信的——我找不出任何理由怀疑其可信度——那显然意味着：尽管没有听觉和视觉，但通过文字，通过大量的文字阅读，你已然弥补了因失去听觉与视觉而被剥夺了的感受。"[1]

威廉·詹姆斯的这封信，精准地点出了海伦·凯勒的重要性。海伦·凯勒以她的生命经历示范了一件事，那就是文字的功能，远远超过我们原本认知、想象的功能。文字不仅记录、转达曾经存

[1] 此处内容见William James to Helen Keller, 1908, *The Correspondence of William James*, Vol. 12。——编者注

在过的感受、经验，从海伦·凯勒的例子可以看出，文字还能够创造本来不存在的感受、经验。詹姆斯试图指出，从来不曾有过视觉与听觉的海伦·凯勒，因为阅读，借助文字，获得了视觉与听觉的感受。如果没有那样的视觉、听觉感受，她不可能写出那些作品来。

说得更直接些：文字、阅读，在一个没有视觉、听觉的人的身体里，创造了视觉与听觉感受。

很可惜，上帝显然没有接收到威廉·詹姆斯的祈祷。给海伦·凯勒写了长信后的第二年，他就过世了。不过，他察觉的这个研究题目——语言、文字与感官间的关系，在 20 世纪由心理学家和语言学家联手探讨，有许多重大发现。

03

语言和文字决定思考

我们都是习惯于使用语言、文字，以至于将语言、文字视为理所当然的人。我们需要从不同角度，例如从海伦·凯勒的角度，被提醒几件重要的事。

语言、文字系统和现实世界之间，并不是简单的对应关系。一个名词就对应一样实际存在的东西，一个动词就对应一个实际的动作。语言、文字不是这样，而是一套系统，所谓“系统”就表示其总和大于各部分加起来之和。

海伦·凯勒能够神奇地从文字中获取视觉、听觉的感受，是因为文字系统内部的复杂关系。她通过触觉知道了“水”，然后可以借由文字的系统衍生，理会、知觉“水”的种种相关变貌：冷水、热水，多的水、少的水，平静的水、流动的水。没有视觉，她看不到湖泊、海洋，但她可以在文字描述的协助下，想象大量的水齐聚的样子，如此在心中有了湖泊、海洋的概念。也是通过文字来扩充的想象，她才能有超过触觉能体验的广袤面积的概念与感受。

文字有 denotation（字面意思）——直接指涉的意义，又有 connotation（暗示意思）——暗示、隐含、牵连的意义，经由庞大的无法确记的文字网络，原本来自视觉、听觉的感受，就可以在先天缺乏视觉、听觉的海伦·凯勒身上产生印象。

海伦·凯勒依赖文字为她建立了视觉与听觉经验，这是极端的例子。回推过来，在具备视觉与听觉的“正常人”生活中，其实文字也一直在发挥类似的创造功能，只是我们不容易认知、察觉罢了。你看到什么、听到什么，往往不是由外界客观的对象所决定的，而是取决于你的内在价值选择。你不会看到所有的光影，不会听见所有的声音，只有部分光影和声音能够进入你的意识里。那是一个不自觉的选择过程，语言、文字，是塑造这个特殊选择标准的关键因素。

举一个很有名的例子，我们知道因纽特人眼中看到的雪，和我们很不一样。我们看到的雪，就是雪，我们将雪当作同一种现象。然而，在因纽特人的语言中，雪有几十种不同的分辨用词，他们会如此使用语言；相应地，他们也就必然以语言中所表示的复杂眼光，随时看到不一样的雪，我们看不到的雪的细微变貌。语言影响视觉，决定视觉。你不必强求能看出几十种不同的雪，你做不到，因为你没有那种语言背景，帮助你分类记录不同的雪，光靠视觉是存不了那么多分项的。

要有语言帮你记录下来，那样的分类经验才能驻留，才变得真实。我们的记忆、我们的思考，都和语言、文字分不开。在日常生活中，我们思想的绝大部分内容是语言。思想基本上就是内在的自己与自己对话。还有很多记忆，同样是用自己与自己对话的内在独白方式留下来。

你活在一个什么样的语言环境中，你运用什么样的语言，就决定你如何思考以及你能够思考什么。语言、文字系统所带的价值，不断地从最根本的地方影响你，甚至训练你如何去看如何去听，看见什么，听见什么。

04

语言和文字，哪个更重要？

在我的本名中，有一个“骏”字，马字旁。这是现代人认识的少数几个属于“马”字旁的字。骑、驰、驾、驻，勉强加上驭，还有什么？

如果能够找到依部首分类的字典，翻到“马”字旁，你会惊讶中文里原来有那么多马字旁的字。其中绝大多数是计算机字盘里找不到的字。每一个字都和马有关。

“马”字旁加上“羽”，意思是后腿全白的马。“马”字旁加上“匡”，意思是马耳朵弯曲。“马”字旁加上“戎”，意思是体高八尺的马。“马”字旁加上“吉”，指的是一种马的特别颜色。“马”字旁加上“光”，指的是马肥壮的样子。“马”字旁加上“兆”，指的是两岁大的马……

光是形容马跑得很快，就有超过十个不同的字；光是用来指跑得很快的马，又有超过十个不同的字。

现代人看这些马字旁的字，只能频频摇头，不认识，看不懂。在这些字里，记录了中国人的生活中曾经和马如此接近的历史。那个时候的中国人看马，就和因纽特人看雪一样，不会就是“马”，而是一眼看去必然看出马的种种不同、种种特性。肥马、瘦马、少马、老马、适合拉车的马、适合快跑送邮件的马、给人骑的马、放在马车前头外边的马……用这种复杂的眼光看马，就会用复杂的文字来予以记录；反过来，习惯使用多样的文字，也就同样会习惯用多样的眼光来看马。

语言、文字不只是我们使用的表达工具，从另一个角度看，语言、文字在主宰着我们，决定我们如何思考，甚至决定我们和外在世界接触时，看到什么，听到什么。我们随时在“使用”语言、文字，很容易产生错觉，以为我们自己是主人，语言、文字是仆人，是服务于我们的。事实上，大部分时候，情况完全相反，语言、文字在操控你，指使你去看到什么、听到什么，还决定了你认为什么是对的，什么是错的。

这个影响力内在于语言、文字，早在我们出生之前就有了。在我们的成长过程中，很大一部分就是在学习、吸收这套系统，不只是其表达的功能，也包括其根深蒂固的内在价值观。

用什么样的语言、文字，使你成为什么样的人。扩大来看，用什么样的语言、文字，也就塑造了什么样的社会、什么样的文明。中国的文字，不是单纯表音的，和语言之间没有从属关系，如此凸显了一项关键性质——中国文字的极高独立性。

表音文字是用来记录语言的。读表音文字的基本方式，就是依照规律将文字念出来，还原为语言，然后我们就知道文字里讲什么了。能看懂文字，是因为已经先知道了语言的意思，把文字还原为语言，通过原本对于语言的理解，也就理解了文字。

在这样的过程中，很明显的，语言是母体、语言是主，文字是衍生的。更进一步可以推论，既然语言是主，文字只是对语言的记录，那么语言才是"本体"，文字是语言"本体"的一种堕落。这个意思是，文字顶多只能将语言"如实"记录下来，但绝大多数情况下，文字和原来的语言有差距，有些东西、有些信息在从语到文的传抄过程中丧失了、扭曲了。于是我们不能将文字视为"真实的"，必须想办法从文字回溯，还原"本体"。语言和文字之间的这种关系，深刻地影响了西方哲学，一贯以追究"本体"为其核心问题。

到了20世纪，法国哲学家德里达（Jacques Derrida，1930—2004）提出了logocentralism[❶]的理论。我们勉强将其翻译为"言说中心论"，或者"言说中心主义"。德里达主张：整个西方哲学的源头，就在于语言和文字的对照，语言是本，文字是从语言衍伸出来的不精确抄本。语言会消失，无法传流，只有抄写成文字才

---

❶ logocentralism又译为"逻各斯中心主义"。德里达认为，西方哲学的传统是以逻各斯或人为中心寻找真理，他在《论文字学》一书中反对这种立场。见《讲给大家的中国历史1：中国是怎么出现的》第十讲注释。——编者注

能固定下来，抗拒时间，超越空间。“真正的”语言随存随亡、方生方死，能留下来的，只有二手的文字。很像是原件被毁了，我们手上能得到的，永远只是一台破旧复印机印下来的复印件。

看到手上的模糊复印件，必然的反应是：努力从这样的复印件里试图还原原件——真本或正本——的模样。这就构成了西方思想的终极冲动。在言说中心主义影响下，将能够看到、能够碰触到的，都视为二手的、不精确的，经常怀疑在这表面之下或背后，藏着真实。不能信任，更不能依赖表面所能掌握的，而要将能掌握的都看作模糊的复印件，追究其背后的“本体”。

德里达用这种方式，将西方从古希腊柏拉图理型说（idealism，又译为“理念论”）以降的哲学传统和语言、文字的主从关系牵连上，或者说，以语言、文字间的关系，来说明为什么西方哲学如此执着于追求本体，如此重本体而轻现象。

德里达的想法，一度风靡于西方哲学界。他主张逆转本体与现象位阶，转而重现象轻本体的解构主义，一度成为流行显学。在中文世界里，也有很多人转述、套用解构，但相对地，往往都忽视了作为解构源头的言说中心主义，或对言说中心主义解释得不够清楚。一个原因就在于：德里达所描述的语言为主体，文字为衍生，重语言轻文字的状况，从来不曾在中国历史上发生过。从一开始，中国的语文关系就刚好是倒过来的。一直到今天，受中文教育的人都很难理解，也很难想象：怎么会是语言重于文字呢？

05

文字在中国拥有更高的权威

德里达的言说中心主义绝对不适用于理解中国思想。不过，德里达的理论提醒我们：中国特殊的语文关系，一定也会从根本上影响中国人的思维模式。这绝对是个重要的历史课题。

从一开始，在商人的文化中，就赋予了文字以高度的神圣性。周人继承这套文字之后，一方面瓦解了商人原来在上面附加的神圣性，另一方面却又换上了另一种不同的神圣性。

周人没有继承商人对于祖先鬼神超越世界的信仰，连带的也就不将文字视为从那个超越世界传来的特殊信息。但是，周人看重文字恒常不变的特性。在他们的价值观中，能够抗拒时间、维持不变，是真理的一个关键特性。文字不变，因此就比语言，比其他许多人为的事物，更接近真理。

在周朝留下来的文献中，《易经》的语法最接近出土的商朝甲骨文。这里指的是《易经》里最原始的卦辞、爻辞。至于《易传》，那是另外一回事。《易传》包括“彖传”、“象传”和“系辞”等，那是后来才写成的，在语法上已经和卦辞、爻辞有了相当距离。

卦辞、爻辞显示卦、爻的意义，直接与占卦结合在一起。换句话说，那是占卦的指示，告诉你如果占到此卦，表示会有怎样的吉凶预言，又会有怎样的过程。卦辞、爻辞显现的，是预言，是天意，而不是现实的、发生过的人事。以文字来彰显不可捉摸的天意，这样的功能最接近商人使用甲骨文的方式。其中仍然带有神秘性，所以在语法上也就最接近甲骨文。

中国文字的发明与发展，是从鬼神到天再到人。这样的起源保障了文字的特殊权威，尤其是语言所不具备的神圣权威。迟至东周，有了仓颉造字的神话。《淮南子·本经训》中说：“昔者仓颉作书，而天雨粟，鬼夜哭。”从神话追溯文字的起源，还是明白地将文字和天，和鬼神联系在一起。文字帮助人超越了原本的限制，取得了原本属于天和鬼神的力量，才会引来“天雨粟，鬼夜哭”的异象。

神话中将文字的起源归于仓颉，也反映、强调了文字的超越性、神圣性。这样的东西不会是出于人手，而是由一个半人半神的“圣者”，如同希腊神话里的盗火者普罗米修斯一般，将超越界的圣物赐给人间。从文字起源的传说中，我们也可以清楚看出中国文字的地位高于语言。

从周朝开始，中国文化中就建立了一种特殊的时间观，后来一路延续下来。这种时间观认定：最美好的时代，已经过去了。最重要的事物，都出现、发生在过去的某个黄金时代里，历史、时间是走下坡路的；比起从前，现在是退步、堕落的结果。在这种根深蒂固的“历史退化论”概念中，美好的、重要的都存在于过去，自然也就抬高了能够将我们和过去联系上的管道。文字保留过去，也是通往过去的最佳管道。相较于文字，语言没有延续性，没有不被时间改变、磨灭的特质。

06

“文献中心主义”

中国的思想底蕴，不是“言说中心”，而是“文字中心”的，是从“文字中心”进而发展为“文献中心主义”。什么是“文献中心主义”？就是只有用文字记载的，才值得相信，才值得重视。

在中国历史上，文字产生了巨大的区隔作用。用文字写下来的和没有用文字写下来的，中间就有了一高一低的价值分野，就有了近乎绝对的区隔。

历史是什么？广义的历史，是人类曾经有过的活动经验的总和。只要是曾经有过的人类经验，都在这个广义历史的范围内。然而中国人很少，甚至从来不用这种广义的态度来看待历史。对于中国人来说，历史就是用文字写下来的记录。

从广义的角度看，有很多不同的形式会留下历史的痕迹；也就是说，可以提供我们探究、还原历史的“史料”，可以有各种不同形式。一代代口述流传的故事，是史料。建筑物，甚至建筑物的残遗，是史料。人骨与墓葬，是史料。甚至家里曾祖父购置的一张桌子，存留了百年，也是史料。不同的史料能够帮我们复原不同的历史经验与历史面貌。

然而在中国，看待历史与史料，却有一条明确的线，做了明确的区隔。那条线就是由文字画出来的。用文字记录下来的，才是值得被知道、被还原的历史。在各种不同形式的史料中，文字形式的史料价值最高，甚至只有用文字写成的记录，才被认为是有效、合格的史料，才有资格进入历史。

从宋朝以后，中国就有了金石学的传统，研究古代青铜器和石刻。然而几百年的时间中，金石学一直维持着文人雅好的基本性质，没有和“史”联系上。即便喜爱金石学的文人，心中都还是认定只有史书上写的，才是“史”；要谈历史，只能在史书记载里找。

换一个角度看，因为中国文字从起源上有这样的神圣性、中心地位，在文字的使用上，也就相应有了许多讲究。研究西方历史，历史学家可以取得账册、出生登记、教会记录、商业合约、行会规定等材料，从这些材料中重建比较普遍、全面的社会图像。相较之下，在中国历史研究上，就没有如此多元的史料可供运用。其中一个原因是：文字的神圣性使懂文字、会用文字的人，不习惯将文字用在这种比较世俗的功能上；另一个原因是，就算出于现实需求有了这样的文字记录，也不容易被留存下来。这样的东西不是文字的正当使用之处，只有临时的功能，没有长期保留的价值。

这些懂文字、能使用文字的人，内心有一套集体规范，决定什么事是值得被记载的，什么不是，也决定了什么样的记录值得留下来，什么不值得。

07

历史记录的“大传统”和“小传统”

1990年，钱穆先生在台湾过世。那时我在美国念书，深受冲击，大有感慨。在对中国历史的理解上，钱穆的庞大著作，是我知识上真正的根源。我能持续关心中国历史研究，能有一点点看法和心得，都是靠认真读钱穆著作打下的基础。

得知钱穆去世的消息后，我放下了手边所有其他课业，埋头在哈佛大学的燕京图书馆全面复习钱穆的史著，然后写成了一篇谈钱穆史学的长文。这是我对一位了不起的学者终极致敬的方式，认真重读他的著作，并诚恳地进行整理与评价。

诚恳，意味着不是歌功颂德，不是光挑优点，讲好话，而是从思想史与史学史的立场，给予钱穆及其作品以尽可能公平的定位。

长文中有一个观察。钱穆的《国史大纲》中“引论”一开头就说：

中国为世界上历史最完备之国家，举其特点有三。一者“悠久”。从黄帝传说以来约得四千六百余年。从古竹书纪年以来，约得三千七百余年（夏四七二，殷四九六，周武王至幽王二五七，自此以下至民国纪元二六八一），二者“无间断”。自周共和行政以下，明白有年可稽（史记十二诸侯年表从此始，下至民国纪元二七五二）。自鲁隐公元年以下，明白有月日可详（春秋编年从此始，下至民国纪元二六三三。鲁哀公卒，左传终，中间六十五年史文稍残缺。自周威烈王二十三年资治通鉴托始，至民国纪元凡二三一四年），三者“详密”。此指史书体裁言。要别有三：一曰编年（此本春秋），二曰纪传（此称正史，本史记），三曰纪事本末（此本尚书），其他不胜备举（可看四库书目史部之分类）。又中国史所包地域最广大，所含民族分子最复杂，因此益形成其繁富。若一民族文化之评价，与其历史之悠久博大成正比，则我华夏文化，与并世固当首屈一指。

钱穆特别强调中国历史资料的丰富性及完整性。在这里藏着钱穆史学最大的长处，以及最大的缺憾。钱穆最了不起的地方，就在于对中国传统史料的惊人掌握。他不是静态、被动地接受、转述，而是积极、主动地比对、考索，从中挖掘出别人没看到、看不到的意义。

然而，他始终忽略了一个事实——他认定的这些历史资料，都是用文字记录下来的。他认定这些资料所记录、所显现的，就是中国历史的全部。我们必须承认这些资料之丰富庞大，我们也必须承认光是整理、消化这些资料就是可怕的知识工程，然而我们还是不得不指出：将文字记录当作历史的全部，是大有问题的。

一个简单而明白的问题是，这些材料都出自社会上懂得运用文字的人之手。在任何时代，这群人都是社会上的特权者。他们身上带着这种地位所必然有的偏见，他们眼中的世界分成两个部分，一个是值得用文字记载的部分，另一个是不值得用文字记载的部分。而且，通过文字，这群人代代传袭，前代的看法影响并加强后代的看法，偏见就越来越牢不可破。

从这群人写下来的文字记录中，我们不可能看到中国社会的全貌。从人类学的观念来看，只有那种主流的“大传统”能够进入文字记录；相对地，地区性琐细多元变化的“小传统”往往就自生自灭，从来不曾被用这种方式记录下来。单纯从“大传统”的角度看到的中国社会、中国历史，和加入了“小传统”成分之后的中国社会、中国历史，当然很不一样。

文字只记录了中国历史经验中的一小部分。文字有其自身的规范，像一个渔网，随时在做筛选，只有符合其规范的，才能进得来。大部分社会经验、社会事件、社会习俗、社会信仰，都从文字的网孔中筛掉了。

我们今天绝对不可能去追索并还原这些散失了的“小传统”，绝对不可能如实重建历史的全貌。但是，如果我们意识到文人与文字的偏见，摆脱文字记录就是历史全部的看法，或许还有机会从许多不意的缝隙中，窥见被文字主观排除在外的其他中国历史面貌。

和留在文字里的“大传统”相比，“小传统”一来有高度的地域性差异，二来有高度的时代性差异。此地与彼地不同，即使是同一地，此时也与彼时不同。我们不能将在山东莒城看到的生活习俗，挪用来当作广东东莞的写照。我们也不能用 20 世纪中叶广东东莞的民间仪式，回推明朝广东东莞的生活。

然而，从 19、20 世纪离我们最近的文化记忆中，我们明明白白地看出来，中国民间有许多异于“大传统”的文化成分，不是“大传统”所能涵盖和解释的。我们也就能够了解过去的中国历史、中国文明，不会只是书籍中所记载的那些。

08

“文”与“言”的巨大差距

传统上，识字是一种特权，识字的人自然构成了一个特权阶层。一直到我们这一代，国民教育真正普及了，识字才不再是一种特权。

我们没有关于识字率的精确统计数字，不过一般估计，即使是在宋朝以后，城市化带来了许多方便和变化，是读书识字最普及的时代，当时全中国识字的人，大约也只占人口的15%左右。识字的人始终是少数，必须经过一定的教育过程，才能获得这样的能力。学会识字的教育过程，教的不会只是识字，会连带灌输一套价值观念，包括如何看待文字的观念。

虽然到今天，识字不再是少数人的特权，然而伴随着文字的价值观念却没有那么容易消失。对于说话和写字，我们一直有不同的标准。很长一段时间，我在云门舞集舞蹈教室担任顾问，每周到他们的总管理处开会。有一次，我们在会上讨论了一件有趣的事。舞蹈教室的老师遇到了一个困扰，那就是如何写联络簿。尤其是在学期结束前，老师要在每个孩子的联络簿上写几句建议或鼓励的话。几乎毫无例外，每次孩子带回期末联络簿，教室就会接到投诉电话。家长不满地抱怨："老师写的文字不通，连文字都写不通，要怎样教我家的孩子？"

认真想，这是挺奇怪，也挺好笑的。"云门教室"的理念是坚持家长要参与孩子的教育过程。在每间教室外，都安排了特别的"看课区"，让家长可以通过单面玻璃看到孩子上课的状态，而且每一堂"生活律动"课，也都有不少家长在那里看课。也就是说，家长认识老师，也都看过、听过老师怎么上课。他们当然知道老师教的是"律动"，老师的专业是舞蹈，是身体韵律，而且他们也都听过老师怎么讲话。

他们没有抱怨老师怎么讲话，平常也没有误认为老师应该什么都教。大部分老师写给孩子的期末评语，用的就是自己平时讲话的口气，然而变成了文字，家长看了就受不了。讲话可以，家长不会认为老师"讲话不通"，但写字就不行，那样写就变成了"文字不通"。

这是因为，对文字的标准没有消失，我们仍然相信文字有一种异于语言且高于语言的标准。一直到我们的下一代，在计算机和移动互联网中成长的这一代之前，人们其实从来没有真正相信"我手写我口"式的白话文，也不接受"我手写我口"的原则。写的，就是要和说的不一样。也因此面对现在的孩子写出来的文字，朝向真正“我手写我口”的方向发展，许多大人会觉得如此恐怖，如此令人无法接受。

每一个社会都有文字和语言的高下差距，但在中国社会中，受传统的影响，这样的差距特别大、特别明显。

09

何炳棣从“小传统”着手研究历史

20世纪另外一位杰出的历史学家何炳棣先生，出生于1917年，原本在清华大学念化学，因为上了刘崇鋐（1897—1990）老师的西方史课程，对历史产生了浓厚的兴趣。后来他参加了留学考试，得以用美国退还的庚子赔款去留学，考的就是西方史项目。

刚到美国哥伦比亚大学时，何炳棣的研究范围是英国史，主要探究19、20世纪之交的土地状况。他在哥伦比亚大学图书馆、美国国会图书馆，后来扩大到美国其他大学的主要图书馆，翻阅了大量相关史料。1952年，他获得了博士学位，博士论文题目是《英国土地问题与土地政策，1870—1914》。有意思的是，以英国史研究获得学位后，他就离开了英国史的研究领域，转攻中国历史。

西方史、英国史研究的背景，当然大大影响了何炳棣看待中国历史的角度。他曾经多次说过，他无法接受中国文献史料比西方文献史料丰富的说法。在写博士论文的过程中，他接触了一手的西方史料，直接感受到了西方史料的特性。

和中国相比，西方史料最突出的地方，在于其多样性。研究西方中世纪或文艺复兴时代历史的人，有那么多不同的史料可供运用：有教堂建筑，有教堂建筑上的壁画、彩绘，甚至彩玻璃上描绘的形象与故事；有教堂、教区的人口出生、结婚、死亡的琐细记录；有行会与贸易的记录——哪一个流浪工人，带了哪一个学徒，什么时候从哪个城市走到哪个城市，以什么样的条件受雇，一天或一个月赚了多少钱。他所在的这个城市，有哪一家商店留下了账册，可以看得出一磅肉卖多少钱，一盎司的油又卖多少钱。

在近代史方面，英国还有些特殊的史料，例如国会讨论的记录和各式各样的宣传小册子。穷乡僻壤的一个无聊人士写了一个小册子，呼吁抵制外来的马匹进入自己的小城。行文中，他对于那个城市有许多当下、一手的描述，触及了那个时代马匹运用与买卖的许多细节。

深入了解过这些史料，怎么还能主张中国的史料比人家的丰富、完整呢？在这一点上，何炳棣的态度就和钱穆大相径庭。

中国过去当然也有商业行为，但是在文字传统的偏见下，很难留下关于商业交易的细节描述。《史记·货殖列传》中就有关于各种行业，尤其是繁盛的新兴行业的描述，后来也有其他史料呈现了不同时代的城市生活，让我们能了解商业交易的主要场景。但是我们无法更深入地还原个别行业的实况，“坐贾”和“行商”的差别，一家店里有几个人，老板和伙计的主顾关系，基本的工资结构与支付方式，进货与运输的变量……这些细节，因为与使用文字的文人无关，也就不会留下文字记录。

对于中国传统史料有不一样的判断，何炳棣做出来的中国历史研究，也就必然有不同的路数。他早期的重要代表作，中文书名是《明清社会史论》，英文是 *The Ladder of Success in Imperial China*。这本书讲的是科举，分析科举在社会流动上的实际作用。

科举考试是社会流动的重要管道。它的影响一直持续到今天，一代代父母都希望自己的孩子会念书、会考试，也都明白地告诫孩子，会念书、会考试才有前途。考试是摆脱穷困的最佳途径，考试考好了，不只是个人，甚至整个家庭、整个家族都能因而改变命运。

这是中国社会根深蒂固的观念。受过西方史学训练的何炳棣在处理这个传统问题时，有了两个明显的突破。第一是援用了西方社会学的“社会流动”理论，不单从印象式的描述来处理，要想办法进行客观的衡量。第二则是用新的眼光、新的方式来运用一直都在那里的旧史料。

他用的史料是科举考试题名榜。乍一看，那是极为无聊的流水账，哪一年谁考上了，排名第几。一年又一年，无穷无尽的名单。然而面对这份名单，何炳棣敏感地察知了一件事：榜单上除了考生的名字之外，往往还有其出身三代资料。父亲是谁，祖父是谁，户籍在哪里，父亲或祖父有没有功名背景，都在上面。

于是何炳棣花费大量时间整理了明清两代的五万条资料，测量这两朝中通过科举从出身寒微到社会上层的比例有多高。整理完之后，我们现在可以引用他的研究，明确地描述，在明朝与清朝，科举是促进中国社会阶层流动的最主要力量。如果没有科举，穷人的孩子永远是穷人，做官的人的孩子长大了还是做官；但因为有了科举，中国的社会阶层构成变得彻底不一样，向上流动或向下流动的幅度与普遍性都增加了。科举让中国社会阶层结构不至于凝固僵化。

10

何炳棣的另一项研究

写完《明清社会史论》之后，何炳棣又找到了另一种史料，写了《明清会馆史稿》。会馆是什么？会馆是同乡在外地聚集互助的中心。在美国，华人聚集之处，就有华侨会馆。在北京，有江苏会馆，为到北京来的江苏人提供协助和服务。不只有江苏会馆，还有福建会馆、四川会馆和辽宁会馆等。

什么样的人到会馆去寻求协助和服务？一种就是考生。从江苏上京赶考的，第一次到北京，举目无亲，人地两疏，最自然的反应，就是找到江苏会馆，找到同乡之人。另一种则是商人。

通过研究考生，何炳棣接触到了各地会馆资料，又从会馆资料中得到了对于中国商人的理解。他看出了另一项特殊的中国社会脉动，那就是商人地位的不稳定。少数人可以借商业活动累积财富，但是商人的传统地位，在“士农工商”的等级观念中，永远笼罩着阴影。于是以商起家，却绝对不会长期以商持家。越是成功的商人，也就越会要求小孩不要继续从商，鼓励他们转而求取科考功名，至少转型成为地主。再加上“分家”的继承制度，家产由诸子平分，而不是由长子单独继承，商人家庭一来无法保持商业规模，二来又很快丧失从商动机，于是就很容易在一两代间瓦解了，是真正的“富不过三代”。

何炳棣的研究范例清楚地显示：有什么史料固然重要，但不要忘记，用什么眼光看待史料、用什么方式处理史料也很重要，甚至更加重要。科举榜单存在几百年了，那是中国传统文字系统中理所当然认定应该记录的，所以能够传留下来。而且考试上榜，在中国的宗族社会观念中，不是考生自己的事，更重要的是能够光宗耀祖。所以榜单上不能只写考生的名字，要有“宗”，要有“祖”，就是有考生的户籍、出身、父祖身份记录。

从传统的史学角度看，这样的名单如此理所当然，又如此琐碎，能干吗用？但何炳棣看出了这份名单和宏观社会流动变化之间的关系。会馆的资料亦复如是，从传统眼光看去，是庞杂的流水账，没有实质内容，没有重点。然而，何炳棣却看出了那里面难得地保留了中国商人的活动身影。

在西方史学领域里，要研究商人，找到相关材料并不难。要研究打铁匠、皮革匠、做奶酪的等，都有教会教区及行会的基本记录可供查考。那些材料都很琐碎，但因为其面向很广，也就比较容易拼出一幅社会的全貌来。相对地，中国的史料太集中在朝廷、官员、文人、士人身上，好处是我们能够对这些人有深入的认识，坏处当然就是我们很难形成比较完整、全面的社会史视野。

何炳棣的关键优势，就在于他在美国做研究，从一开始就下定决心不要做“汉学家”，而是要做一个“历史学家”。“汉学”的训练，专注于中国士人传统留下来的典籍。但是，往往离开这些典籍的限制，我们才有办法比较完整地探测中国历史与中国社会。

11

最古老的中国典籍

——《尚书》与《周易》

周朝早期留下来的文献，最重要的，是“六经”——《诗》《书》《易》《礼》《乐》《春秋》。《乐》或《乐经》已经亡佚了。关于《乐》，传统上有几种不同的说法。一种说法是，《乐》本来就和其他经书不一样，不是用文字写下来的。《乐》是音乐、乐曲，是一组实际可以演奏的乐曲，通过实作一代代传留下来，作为王官学教育中的一部分，贵族子弟们从父、兄那里习得音乐演奏或演唱的方式，后来再继续传给下一代。

还有一种说法是：《乐》没有真正消失，只是因为礼、乐的亲近相合，乐的使用都和礼的场合有关，所以后来《乐》的内容，就被并入《礼》里了。现存的《礼记》中有一篇《乐记》，说明音乐之本质与功用，那就是本来的《乐经》。

关于《乐》有三种说法：本来有文字记录，但没传留下来；本来就没有文字记录；没有亡佚，保留在《礼记》中。我们无从判断哪一个对，只能遗憾地说，《乐》只能存而不论，无法讨论。

其他几部经书，刚好代表了文字在取得特殊地位过程中的不同发展面向。

《易》和甲骨文有联结、传承关系。商人用卜来显现超越世界的信息，周人则用占卦。学会了商人所用的神秘符号，他们也用来记录自己的超越世界信息。这样的文字，当然也是具有神秘、神圣的地位。直到今天，还有很多人从数术、预演的角度看《易经》，推衍《易经》里的文字，相信其中有神秘、神圣的意义。

排在《易》之后，有《书》或《尚书》。《尚书》的"尚"，意思是时间上高古久远。《尚书》二字连用，说明了这本书的内容，是高古久远，几乎是中国最早留下来的资料。最早记录下来的，是什么样的资料呢？是周朝朝廷、政府的官方文件。

从商到周，尽管使用的文字符号高度重叠、雷同，但其根本精神改变了。周人书写的目的在于凝结、固定、传留意义。书写的行为，在商朝有着人世以外的神秘气息，到了周朝则呈现强烈的时间感，或说抗拒时间流逝的特性。

《尚书》就是最早显示周人这种书写性质的文献。为何书写？为了把有价值的信息或真理，借由文字固定下来，得以跨越岁月，让后人也能接收。这种书写原本和青铜器结合，然后回头传递到文字上。不只刻铸在青铜器上的文字会不朽，所有的文字都被周人视为恒久的，因而受到重视、尊崇。

《尚书》的语法和甲骨文还很接近。不过，和甲骨文、金文相比，《尚书》中的篇幅变长了。文字和时间、世系纵向联系，有着密切关系。为了保留这些关联，周人不辞辛劳地写下来。那就表示周人建立了一套新的标准，认为有些前人的所作所为具备特殊价值，不该随时间消逝，应该找到方法把它们留存下来。所以他们就挪用了本来商人发明用在记录非人事、超越世间信息的文字，改成如此用途。

相应地，也就产生了周人特殊的时间意识。相信最美好、最重要的时代，不是现在，不在未来，而在过去。过去的人的所作所为，记录在文字中，带有普遍乃至神圣的价值，我们要虚心学习。而且不是所有人都能学习，只有少数具备理解文字能力的人，才有资格从过去的神圣知识中获得智能。

周人不再相信祖先鬼神会随时干预人世，或随时给予人间警告或谕示。他们转而相信祖先们的神圣性在于他们留下来的智慧。那些智慧的教导，写在文字里，借文字而得以越过时空来帮助后人。文字，又是这种智慧传承形式的必要条件。

商朝在创制出甲骨文之前，先有“卜痕”，文字是附随在“卜痕”上，解释“卜痕”意义的。换句话说，最神秘、最根本的，是在“卜”的仪式中，借由烧炙而在甲骨表面产生的“卜痕”。“贞人”最大的本事，是从“卜痕”中读出想象中祖先鬼神要传达的信息，然后才用文字记录下来。“卜痕”比文字更神秘、更核心。

在周人的文化中，文字记录前人曾经做过的事、说过的话。文字仍然是衍生的。周公所言所行是记录的对象，没有周公所言所行，也就不会有这些文字记录。然而，周人知道、承认，周公不会回来了。周公不会用任何其他方式向后人显灵，他只存在于关于他所言所行的文字记录里。如此，文字带有的神圣性，比商朝更高了一层，这是《尚书》所代表的重大意义。

12

克服语言与文字之间的巨大落差

——《诗经》

传统上对于《诗经》内容的来源，有一种“采诗”之说。以我们今天对于西周封建成立过程的认识，可以这样解释“采诗”的意义。周人建立新的王朝，不是件容易的事。不是说今天打下了朝歌，商纣王死了，于是商人原本统治的区域，一股脑儿就改成归周人统治了。

首先，商人能够控制的范围其实并不广；其次，商人对这有限的范围内的控制强度也有限。那是一种联盟共主式的关系，而不是直接的疆域管辖。在周公、成王的时代，周人设计了新的方式，建立了新的统治模式。

这个新的模式，就是封建。封建的开端，是指定一位宗亲或功臣，将一块地方和一群人民“封”给他，要他带着这些人去封地，有时是征服，有时是开发。征服、开发之后，还要负责管理经营。那就变成了他和后世子子孙孙的封国。宗亲或功臣获得的封国，很可能是一个遥远、陌生的地方，要能有效领有这块封地，刚开始要靠武力，却不可能一直只靠武力。封建领主必须了解这里居住的是什么样的人，要认真地探访、了解当地民情，努力试着和他们好好相处。“采诗”，搜集当地民歌，从民歌中接近人民生活，是一种合理的手段。

这或许真是《诗经》内容的起源。并不是说《诗经》中的诗，都是如此采来的，而是说因为有这样的历史情境，周人早早建立了重视民歌、采集民歌的习惯，并将之视为一般贵族必须具备的常识。顺着这个逻辑，我们可以进一步推断，为什么原本具备神圣性的文字，到了周朝会被用来抄写、记录民间的歌词。因为其间牵涉了封建制度运作的功能，封建领主、封建贵族要在封国里安居，要能有效管理封国的子民，他们当然应该知道那里的人过着什么样的生活，做些什么，想些什么，并且将这些重要资料保存下来，供后世子孙持续学习和参考。

《诗经》里的大部分内容，先是以传唱的歌的形式存在的，其本质是声音。要将这些声音记录下来，这就对原本的文字系统产生了巨大的挑战。不是表音的文字，要用来记录声音。这套文字原本是独立于声音之外形成的，其功能也不在于配合语言，然而在没有任何录音设备的环境中，要将民歌内容留下来，别无选择，只能动用文字来传抄。

因而，《诗经》是周朝的一项了不起的成就，它找出了一种让这套非表音文字能够和语言、声音产生固定关系的办法来。或许就是"采诗"在封建新制开展上的关键重要地位，逼得周人不得不动用手中的这套非表音文字，在很短的时间内，找出方法让它能够有效记录语言、声音。

中国文字的发展，明显地与其他文字系统有很不一样的程序。表音文字一定要先确定每一个符号代表什么音，这套文字才能开始有效运作。符号无法关联已有的语言，表音文字就无法发挥功能。中国文字却不是如此，字符先存在，先有了其独立于声音之外的意义，然后在《诗经》成书的时代，才借由大量运用来记录语言、歌谣，逐步将字符和声音之间的对应关系固定下来。

如果没有在周朝经过这样的全面试验，让字符有了明确、固定的发音，我们可以想象，这样一套非表音的文字，恐怕很难一路传留下来。记录语言的需求一直在，文字要和语言对应的需求一直在，如果这套系统无法因应这样的需求，迟早会有另一套文字取而代之，那样的新文字，就必然和其他文明一样，是表音的。

《诗经》保留、见证了中国文字如何克服非表音障碍，扩张其表音功能的神奇转化，说明了为什么全世界只有中国留下了这套庞大、复杂的非表音文字。

13

维系宗法制度

——《周礼》

相对而言，和原始甲骨文距离较远的，是《礼》。现存的“三礼”——《周礼》《仪礼》和《礼记》——《周礼》真正的成书年代，不可能早于战国时期，绝对是后出伪托的。《仪礼》和《礼记》中保留了一些年代较古远的内容，不过再古，顶多也只到西周末年左右。

《礼》相对比较晚出，那是西周时开发出的新的文字运用领域。从记录“天意”到记录封建盟誓与制度，再到记录各地民间歌谣，文字进一步被用来记录宗法规矩。

宗法和封建密不可分，宗法是封建的基石。周人的社会组织，基本上就是亲族系统的扩大。人与人之间的关系，相应的对待方式，是由亲属位置来决定的。从家到宗到族再扩大到整个社会，这种亲属系统不是简单依靠人的日常互动、记忆就能处理的。你不会忘记你爸爸，不会不知道该如何对待你哥哥，然而你表哥的孙媳妇你有把握一定认得吗？你二姨婆的女婿的哥哥呢？在全面的宗法制度里，他们都是亲属，不能将他们视为不相干的路人，因而要区分他们和路人的差别，就要靠各式各样的礼，也就是各式各样的仪式。

宗法有多复杂，礼相应就有多复杂。复杂到一定程度，礼就不只有其行为，还有其原则与精神。没有人有办法完全记忆并掌握越来越复杂的礼，这时就必须动用最有效的记忆工具——文字。从跨文化的研究中，我们清楚了解，古代中国的亲属称谓是最丰富的。有一份调查甚至主张古代中国有超过四百种不同的亲属称谓。这么多不同的亲戚关系，谁记得住？记不住没关系，交给文字，由文字写成《礼》，从称谓到仪式到规矩到原则到精神，都记在那里面。

倒过来，也因为动用了文字来保留礼，礼得以维持其复杂性，也就能够维持庞大的亲属结构，周人以宗法来组织社会的办法，也才没有垮掉。从此之后，两三千年里，中国社会就是宗法社会，就是亲属社会。

从《礼》衍伸出来，到了中古，有了家谱，巨细靡遗地保留每个人家内部的亲属位置，每个人都在家谱有一个固定的位置，也就和家谱上记录的其他每一个人有明确的关系。这种对于礼、对于亲属关系记录的重视，一直到 20 世纪都还保留、呈现在讣闻上。

旧日的讣闻，只有前面一小段告知死者是谁，哪年哪月哪日去世，其他绝大部分篇幅，用来罗列他的子孙亲属名录。这也是肯定、维系亲属关系的一项重要功能。

第四讲

古代城市与城邦

01

拦在我们与历史之间的透镜

中国文字持续存在、持续使用超过两千年的时间，有其巨大的正面作用，当然也会带来负面的麻烦。一个麻烦是：文字的连续性经常使中国人失去历史的差距和差异感，误以为两千年来文字所代表和承载的意义都没改变。一个清朝的读书人读《论语》，书中的每一个字，几乎都还在他的日常生活中继续使用，他很自然地用当下的读法，来看待那些字。他就很不容易意识、察觉某些字在孔子那个时代的用法，和在清朝时的用法其实是不一样的。不加检验地以后来的字义来读古文献，会带来许多难以被纠正的误解。

这是我们在看中国历史，尤其看传统历史叙述时，需要放在心上的第一项提醒。还有第二项提醒。历史是人类过去经验的总和，但在那么庞大的总范围内，却只有很小一部分有机会被记录并留传下来。历史是经过筛选的，而且是一层一层、一次又一次不断的筛选。当下什么会被记录、什么不会，就是一个关键的筛选；除此之外，就算被记录、被留下来的，也都有可能在后世被忽略、被遗忘。另外，也有可能被用后世的眼光看待、改写，因而扭曲、失真了。

我们能看到的历史，经过了前人多次的改写和诠释。在不同的时代，人们会戴上不同的眼镜，从历史中看到不同的东西。人们会倾向于了解和自身环境相合的经验，对于和自身环境有较大差异的经验，则要么予以忽略，要么去除其陌生性，改造成自己能理解的面貌。

中国历史的变化发展，有一个关键的阶段，造成了古今理解上的大障碍。那就是公元前 221 年，秦统一六国，秦始皇将中国彻底改造成一个帝国。秦帝国的政治基础，是郡县制。什么是郡县制？很好理解，因为它和我们今天的现实制度基本上是一致的。郡县制就是将庞大的国土划分开来，底层小一点儿的单位，划出几百个“县”来，然后相邻一定数量的“县”，再合在一起形成“郡”。就像我们今天有“省”，“省”下面有“市”或“县”一样。而“郡”或“县”的管理者，都是由秦的朝廷统一派任，朝廷借由掌握郡、县首长的派任权，实质统领全局。

这一套政治管理，实行了两千多年，被视为理所当然。中央派任，由上而下的统领机制，成了政治的常态模式。这样的习惯，就形成了一个眼光、一个透镜，使人只能，也只会从这个透镜中去看历史。这样往往就看不清、看不到在郡县制设立之前，没有郡县制，只有封建制的那个时代是什么样子。

02

透镜的例子

——美国议会制与中国郡县制

具体谈中国古代史之前，容我先举美国的例子，说明什么样的政治事实会被郡县制的眼光误解、扭曲。

美国的政治基本架构，是三权分立——立法权、行政权、司法权各自独立，彼此监督制衡。立法权属于国会，行政权属于总统，司法权属于法院与法官。美国有两个国会——参议院和众议院。英国也有两个国会——上议院和下议院。但美国的两个国会安排，不是承袭、模仿英国而来的。

英国的上议院基本上是贵族院，里面的议员是由王室指派的；下议院则是人民代表，由各地区的人民指派或选举出来的。因其有这样的贵族社会起源，所以在名称上会有“上”“下”地位区别。然而进入现代民主运作中，选举出来的议员越来越重要，权力越来越大，从权力分配的角度看，其实就倒过来了，下议院才有实权，上议院越来越趋象征性，因而主张废除上议院的呼声不断升高。

英国可以废除上议院，对于现实政治运作，不会有什么冲击；美国却绝对不可能废除参议院，不可能将所有的立法权都交给众议院。美国众议院议员的产生方式很好理解，就是按照人口分区，每一区的人口数大致相同，从每一分区中选出一位众议员来，这位众议员就是这区人民的民意代表。但参议院呢？参议院一共一百位参议员，是由美国五十个州中，每一州选出两位而形成的。

众议院的权力逻辑很清楚，那就是个人权利的平等。每一个美国人在众议院中被代表的概率是一样的。但从这个原则看，参议院就很怪了。美国最大的州——加利福尼亚州，面积约 42.4 万平方公里，人口约 3 800 万（2005 年），选出两位参议员来；美国最小的州——罗得岛州——面积 3 144 平方公里，人口约 107 万（2006 年），也同样选出两位参议员。但在众议院，有五十三位众议员从加州选出，只有两位从罗得岛州选出。

参议院的组织原则，是州与州之间的平等，不管大州还是小州，在参议院都有同样大的代表权力。这样的安排，来自美国的联邦制，这个国家是由各州联合在一起所组成的，各州保有自己独立的政治地位。联邦政府不能直接管辖州内事务，而且联邦政府立法必须尊重各州立场。

美国的法律，有联邦法，还有州法。各州有权制定自己州内行使的法律，牵涉州以上范围，或牵涉州与州之间关系的事务，才制定联邦法律来管辖。即使是联邦法律，都要先由众议院通过，还要再经参议院通过。

另外一个难以理解的制度，是美国总统大选中的“选举人团制”。2000年美国总统大选，历经复杂的验票，最终算出来的结果，戈尔获得的总票数，比布什多了几十万票，但当选的不是戈尔，却是布什，因为戈尔得到的“选举人团票”少于布什的。“选举人团票”怎么计算的？以州为单位计算。

每一州在国会参众两院一共有多少席次——众议员人数加上两位参议员——就有多少张“选举人团票”。哪一位总统候选人在这一州得到了最多选民的支持，他就赢得了这一州的所有“选举人团票”。在竞争激烈的州，假设一个候选人获得了49%的选票，另一个获得了51%，结果后者拿走了全州所有的“选举人团票”，前者什么都没分到。那49%的选票，岂不等于都没有意义了？

为什么会有这种事？太不合理，也太不公平了吧？如果从一个由上而下划分的行政体系的角度看，这的确很不合理，很不公平。但美国的行政制度，不是由上而下划分的，是以州为主体联合构成的。美国的存在，最早是各自独立的十三个殖民地，彼此互相同意而组织起来的。我们今天翻译为“州”，但英文原文是state，其实也可以译为“国”，state是有主权的。因而在决定联邦事务时，就一直保留着以州为单位，必须尊重州的独立自主权的原则。

这样的组织，和我们最习惯的由上而下分层的郡县制模式，大不相同。想到政治权力运作，我们自然而然地想象是郡县制。中央之下，分为若干“郡”或“省”，“郡”或“省”以下设“市”，“市”以下设“县”“乡”或“镇”……如此层层隶属，“乡”归

“市”管，“市”归“省”管，“省”归中央管。这就是一种因郡县制沿袭了两千余年所形成的固定模式。

这样的固定看法，让我们不容易看清楚美国的政治制度，尤其经常误解美国联邦和州的关系。联邦不是管辖州的中央政府，州有州法，人民绝大部分的生活，比如教育、交通、商业、租税……都是由州法规范的领域，也就会有各州之间的差异。联邦管不到，也不能管。

这样的固定看法，也让我们不容易看清楚中国古代史。在郡县制设立之前，中国已经有了很长的一段历史——夏、商、周三代，中国都不是帝国，政治制度也都不是郡县制。夏朝、商朝的政治制度，我们知道得很少，难以构成清楚的图像，然而周朝有充分的史料，留下了关于封建制的记录。但后世上千年里，不断用郡县制的想象解读封建制，产生了许多误会和扭曲，以至于我们今天必须费功夫尽量消除误会和扭曲，才能趋近、恢复封建制的本来面貌。

03

另一个透镜

——系统化整理

德国哲学家雅斯贝斯提出“轴心时代”的观点，看出几个主要的古文明区都在相近的时代、相近的发展阶段，出现了“哲学冲动”，创造出哲学思想体系来，呈现了文明上的跳跃。

“哲学冲动”指的是，人不再安于理解、掌握一个个事物。不再安于这里学一种本事，那里懂一个道理，零星、个别、随机运用。人察觉到，或说人相信这些纷纭错乱的事物之间，应该有某种联系，因而发愤要去找到那种联系的方式或原则。希望找出本源的原则，将纷纭错乱的事物整理起来，于是只要了解、掌握这几个原则，就能知道这个世界是怎么回事，就能统理自己的生活。

从“轴心时代”的观念看，中国在“轴心时代”迸发出的“哲学冲动”，至少有两个重要特色。

第一是，倾向于以过去的经验，作为理解和解释这个世界最重要的工具。那个时代的突破，几乎都先认定要看清楚现实世界，最好的途径就是回头看看过去发生过什么样的事。受到战争之苦，想要了解战争，要解决战争的问题，那该怎么做？去看看以前发生过的战争，将以前的战争做尽可能全面的整理，我们要的答案应该就在里面。

第二是，用一种罗列的方法，将纷纭的现象编排起来，建构系统。“三”“五”“六”“九”这几个数字，在这个时代被凸显出来。想办法把原本错乱的事物，整理为“三”“五”“六”“九”几个分类。分类形成了，本来无法控制的现象，似乎也就被驯服了，变得可以被掌握。

一方面要整理过去的经验，一方面使用罗列的方法分类，于是就形成了一个潮流，在那个时代热衷于用整齐的罗列方式表述对历史的理解。古远的过去那么多记忆模糊的经验，从何说起？说不清楚时，就用“三皇五帝”来统摄一切。原本封建中有复杂的多层分封过程，封出了不同的头衔与不同大小的封地，到春秋战国时代，就将太复杂的多元变化，整理为明白、干净的“五爵”——公、侯、伯、子、男。由高到低，体系分明。

这种罗列整理的冲动，最后就总结推出了“五行”。“五行”是一个庞大且可以无限扩张的系统，实质上就是将世界上的万物万象，都用“五”来分项统纳。人被分为“五脏”，人的脾气被分为五种，对应“五脏”。世界的构成也被分为五种元素，由这五种元素互动构成。声音分为五种，颜色分为五种，甚至连方位及季节，也都分为五种。所有的五分法也就可以有彼此对应关系，于是从内到外，没有事物是不相干的，这个体系无所不包，没有任何事物不在这个体系的范围之内。

就连原本四个季节——春夏秋冬，都在“五行”的系统中，也被改写成五个，硬是在夏天多分出一段来；本来有十个的“天干”，也在“五行”系统里勉强分配为五组。这些，到今天依然留在我们的算命数术中，继续使用。

这种整理的方式，很多时候是不顾现实的。尤其在对待历史时，整理的架构先行，再改写历史来吻合架构需要。在战国时期，这种整理风潮发展到极盛，因此有许多历史描述出现在战国时期，这些战国出现的历史叙述，普遍地将古代历史想象、整理得太干净、太整齐，容易理解、容易掌握，却也容易得不可能是事实。

将不容易说清楚、更不容易记忆的历史变化，整理为好说好记的系统，这种习惯，也形成了另外一面透镜，扭曲了中国传统所见的古史。不努力绕过这个透镜，至少自觉检验这个透镜所产生的扭曲效果，我们也无从趋近真实的中国历史。

04

正确理解先秦时代的“国”

由重重透镜看过去，长期被扭曲，很不容易看清楚的历史现象之一，是周朝的“国”。古史上的关键事件，是秦始皇统一六国，而这一事件又是从春秋就开始的国与国争斗兼并的最高峰。东周开端时，封建制的体系里有几百个“国”，然后“国”的数字一路减少，到公元前 221 年，只剩下最后一个，也是唯一一个，那就是“秦”。

但“国”是什么？“国”长什么样子，我们真的知道吗？想到“国”，讲到“国”的时候，我们心中很自然地浮现的图像，是疆域国家，也就是可以在地图上画出每个“国”的领域，“国”与“国”之间有疆界，从这里到那里属于这“国”，过了这条线，则属于那“国”。

关于战国时期，大家都知道“战国七雄”，也几乎都知道这“七雄”是秦、齐、楚、燕、韩、赵、魏，还知道这“七雄”的地理分布，秦在最西边，齐在最东边，楚在最南边，燕在东北，韩、赵、魏则是从原来的晋分出来的，处于中间偏北的区域。

但往前推，推到春秋时期，有一个相应的代表性名称，是“春秋五霸”。“春秋五霸”的概念，其实和“战国七雄”决然不同。“七雄”指的是当时仅存的几个主要的国家，“五霸”说的却是五个人——齐桓公、晋文公、宋襄公、秦穆公和楚庄王。“七雄”可以用地图概念标示出来，这七个“国”差不多就覆盖了当时的中国。但“五霸”不是，“五霸”的政治势力，不是疆域式的。

这中间牵涉了从春秋到战国，很不一样的“国”的形态。那个时代，有很多“国”错落分布在这块地方，我们可以找到许多“国”的所在，但“国”与“国”之间没有明确的国界。

过去两百多年间，有过几位真正下苦功的学者，如顾栋高和陈槃，他们将先秦史料彻查过，一条一条比对，想办法还原画出古地图来。他们找到了许多春秋时期有记录的“国”，在地图上把它们标记出来，给了我们一个重要的修正观念，那就是春秋的“国”数量惊人，在数百之谱。

然后到了1943年，侯外庐先生首先提出了一个关于“国”的新理解——城市国家说（侯外庐《中国古代社会史论》）。这是什么？侯外庐主张从西周到春秋，文献上所提到的“国”，其实就是一个“城”，是一个“城”的体制，而不是常识中有领土，领土中有村镇分布的形态。

侯外庐提出的意见，在中国撼动不了根深蒂固的传统看法，没有得到太多的重视。反而是在日本，有两位研究“东洋史”（日本人对中国历史的称呼）的学者，受到了启发，并借鉴西方古希腊的历史，差不多同时进一步发展了“城邦国家说”。

这两位学者，一位是贝冢茂树，另一位是宫崎市定。他们从中国古代史中划分出一段特殊的“城邦时代”。从西周到春秋中期，中国分成许多单位，每一个单位，诸侯之“国”和大夫之“家”，是一个个独立的城，借由封建制让这些独立的城联结起来，构成了周朝的政治系统。

《战国策·赵策》中记录了一句话：“古者，四海之内，分为万国。城虽大，无过三百丈者；人虽众，无过三千家者。”这句话显示到战国时代，人们仍然留有对于之前“城邦时代”的记忆，而且清楚意识到自己所处的环境，与之前时代的差异。

我们当然不必认真相信古代有“万国”，“万”只是用来形容数量众多的概数。和战国时相比，原来的“国”数量一定是极多的。《逸周书·世俘解》中记录武王伐纣，一共灭了 99 个“国”，自动臣服的有 652 个“国”。古文献里也多次提到，武王第一次发兵翦商时，大会孟津，来了“八百诸侯”。这些数字，都显示了那个时代的“国”一定不大。对应《战国策·赵策》中的说法，那么一个“国”的规模，是每一边几百米的墙围出来的城，城里住着顶多万人左右的居民。

这样的主张，在后来出土的周朝考古遗址中，进一步得到了证实。例如 1998—2000 年在河南焦作挖出了一个相对完整的城，北边的城墙长 295 米，另外三边都是 270 米长。城墙的高度约 9 米，城基最宽的地方有 5 米，城上方则大约 3 米。

综合文献和考古资料，我们能够重新整理这一段古史。之前提过，新石器晚期，可能在夏人手中，有了夯土技术的突破，开始了较大规模的城墙工程。夯土需要动员大量人力，也就同时促成了中国国家组织的第一步关键扩张。早期的夯土城墙规模较大，周朝以后的，反而变小了。如何解释这样的现象？

早期只有少数掌握特殊动员能力的部族，才有办法筑城。筑城是一件少有的大事。能组织、安排筑城的部族，拥有高阶的统治地位。然而随着夯土技术的普及，再加上统治形态的改变，到了周朝，筑城已经不再是多么稀奇、多么了不起的事了。较边缘的地方、较少的人，都知道如何筑城，都有能力为自己筑一座城。这种条件下筑起的城，规模就不会那么庞大惊人了。于是，有一个时期，在中国这个地域范围内，大家竞相筑城，两三百年间，绝大部分聚落都重新规划了自己的居住区，改造为以“城”为中心的居住形态。

05

古史中的"国"与今天的"国"迥异

视野广阔、兴趣多元的何炳棣先生，写过一部史著《黄土与中国农业的起源》（香港中文大学出版社 1969 年版，中华书局 2017 年版）。在书中，他运用了当时最先进的化石孢子分析，从化石中找出植物孢子进行分析研究，来重建古代中国黄土地区的自然条件。他的研究结果，和原本的常识想象很不一样。

在常识想象中，认为古代黄土高原的农业条件比后来好得多，所以才在这里出现了农业革命。当时的气候比较潮湿，黄土高原上有浓密的森林覆盖，水土状况保持得比较好。一般认为，是农业在此发展之后，为了取得更多的农地，因而开始以砍烧等方式去除树林。树没有了，黄土露出，才变成现今光秃秃的模样。

然而依照古地质化石孢子分析，何炳棣证明了在中国文明起源时，黄土高原就已经是这样的自然条件，绝对不是什么原始的丰饶沃土。中国农业在相对干旱、少水、缺乏森林涵养的情况下产生，这是一个不容忽视的中国历史特色。

这样的地理条件，使这一地区的农业聚落出现在有水而地势较高之处。要有水，才能进行农业生产，地势要高，才方便抵挡入侵。有水可供农业使用，又有自然地势便于防守，适合这种要求的地方，显然不会太多。

如果没有夯土筑城技术的突破、成熟、扩散，这个地区的聚落很可能一直出现在少数的地点上。夯土筑城运用的是当地随处可取材的黄土，夯实之后筑起城来，就能创造出人为的防守优势，使人可以摆脱原有的地理限制，到更多地方去经营农业聚落。

在中国，农业和城的发展关系密切。大约是从商朝进入周朝这个时期，有了雨后春笋般的普遍筑城现象，到处盖起城墙来，人纷纷移居到城内，有城有人，就构成了“国”。

古代的“国”，和我们今天讲的、想的“国”很不一样。古史上看到的“国”，成百上千，构成那样的“国”的条件，当然不会是我们今天说的“人民、土地、主权、政府”了。那个时代的“国”，要件是有城，有城内居住的聚落，如此形成了“国”。

由商到周，中国地区出现了普遍、巨大的建城潮流，也就是建“国”运动。在那个过程中，几百个城建了起来，有了几百个“国”。“国”成了这段古史中最具体、最坚实的地方单位。

06

中国古代的城从何而来?

从这个角度看西周的历史，西周是由几百个这种小型的“城邦国家”组合而成的。“城邦”是宫崎市定选择的用词，从古希腊历史的术语中挪用过来，一度引起许多批评攻讦。怎么能硬套西方史的概念来描述中国历史呢？西方史上有古希腊辉煌的“城邦”文化，难道因此中国也一定要有相应的“城邦时代”？

其实，宫崎市定用“城邦”而不用“城市”，另有其深意。那牵涉他所承传的京都学派对中国历史的大架构主张。日本“东洋史”研究中的京都学派，肇始于内藤湖南。内藤湖南重要的奠基贡献之一，就在于提出了一个很不一样的断代概念。在中国传统的朝代之上，内藤湖南另外将中国历史分出“古代（或上古）—

中古—近世—近代（或现代）”的分期架构。[1]

在这套架构中，最突出的是“近世”这个概念。内藤湖南将宋朝以降到鸦片战争前的这段历史，特别划分为“近世史”。他强调这个时期有许多突破性的历史变化现象，和前一段的隋唐很不一样。

“近世史”的一项重要标准，就是“城市”的新发展。内藤湖南敏锐地指出，宋朝之后中国的“城市”，在性质上和以前很不一样。变成有“城”也有“市”，“城”指的是环绕的城墙，“市”呢？是城里面最热闹的区域，也是城里最重要的活动——商业交易，也就是我们今天说的“市场”。

“近世”的突出现象之一，在于城里都会生活重整为以“市”为中心。住在城内与不住在城内的最大差异，也变成了日常生活是否接近“市”。这就意味着，在“近世”之前，中国的“城”、城内的生活，不以提供“市”的功能为主。西方的“城市”，大部分都是先有“市”，再由“市”的活动、功能扩张发展出聚居人口，为了保护聚居区，因而有了“城”，所以“城”和“市”总是在一起的。

但中国不是。那么中国的“城”，有城墙包围的居住区域，又是怎么发展演变的呢？

根据周朝早期的文献，我们可以知道，到处分布着一个个小

[1] 此处内容见（日）内藤湖南，《中国历史通论》，社会科学文献出版社，2004年。——编者注

城，城墙以内，称为“国”；绕着城外的地区，叫作“郊”；比“郊”再往外一点的地方，叫作“野”；“野”再往外一点，是“封”；“封”再往外，是“鄙”。

这些称呼的意义，一部分还留在我们现今的语言里。我们今天都还说“郊外”，环绕都市稍远一点的地方，也还说去“郊游”，指一天可以来回、去不远处的小旅行。传统中文里有“封疆大吏”的说法，“封”和“疆”连在一起，显示了“封”就是一个城区正式的边界。古史上的“封”和“城”对应，“城”是内圈、人为的界线，分隔开城内、城外；“封”则是外围、自然的界线，标示出这个封国的范围。

“封”一般以河流或山丘为界，如果没有自然界线，才用人为的方式画出线来。《管子·度地篇》说：“地高则沟之，下则堤之，命之曰金城。树以荆棘，上相穑著者，所以为固也。”指引了标示“封”的方式：挖出沟或加些土堤，或者重启一排树来，让人可以清楚分辨出“封”的所在。

过了“封”，也就不属于自己这个“国”了，那是陌生的地域，住着与我无关的陌生的人，陌生产生轻视乃至敌意的感受，因而“鄙”和“鄙人”也就难免带上了负面的含义了。

07

谁是“国人”？

这个时代的城，城里最核心的地方，不是市，而是寝庙和社坛。

寝庙是政治中心，统治者聚会的地方。如果这个封国当时封给了姬姓的领导人，让他带着姜姓、姒姓的群众一起来开发、统领，那么寝庙就是这些姬、姜、姒领导集团的人聚集讨论大事的地方。

寝庙具备三合一功能——祭、政、军，这三者密不可分。借由“祭”不断提醒、强化这些领导阶层彼此之间的关系，“政”就由这些人的彼此亲属宗法关系来处理，而“政”中最大、最不好处理的事务，也就是“军”，遇到必须动员、打仗的特殊状况。

城内另外一个关键地方，是社坛，是国人集会的所在。国人是谁？要成为国人，有几个条件：首先，他要住在城里面；其次，他要具备百姓的身份。那百姓又是什么？在封建制的术语中，百姓指的是有“姓”的人。“国”里的人，在建了“国”之后，通通属于同一个“氏”。齐、鲁、晋、燕……就是“氏”，属于这“国”的人，就通称“齐人”“鲁人”“晋人”“燕人”……但在同一“氏”中，有些人在来到这里之前，就先属于一个“姓族”，也就是说他们不是以个人身份隶属于这个“国”、这个“氏”的，而是整个“姓族”一起进来的。这种人，通常建立之初就来到了“国”，而且他们的“姓族”自成团体，有团体认同与团结意识，在“国”中具有较大的影响力。

这些国人，其中有一些协助国君处理日常政务，更多的是拥有土地的农人。他们的土地，就在城外的“郊”，城墙脚下，走出城就到了。所以他们住在城里，出城去耕种，人身和农产收成都受到“城”的保护。这使他们和“野人”有不同的地位。“野人”在离城更远的“野”耕种为生，他们的田地在“野”，居住地也在“野”，虽然也在这个封国的境内，但和“城”的关系要疏远得多。

从文献上，可以清楚看出国人的重要性。《史记·周本纪》记载：“（厉）王行暴虐侈傲，国人谤王……王怒，得卫巫，使监谤者，以告，则杀之……王益严，国人莫敢言，道路以目……三年，乃相与畔，袭厉王。厉王出奔于彘……厉王太子静匿召公之家，国人闻之，乃围之……”

周厉王残虐无道，引发了国人的攻讦批评。厉王就叫“卫巫”

负责监管，找到了批评者，就抓来杀掉。用这种恐吓统治，国人不敢再明白批评了，只能在路上彼此交换眼色。为了此事，召公去劝诫厉王，但厉王不听。三年之后，国人起而推翻了厉王，厉王逃到彘，失去了实质的王权。

不只这样，厉王太子静藏在召公家里，国人听说了，就去包围召公家，要抓太子静，后来经过召公的劝说，才放过了太子。

这桩重大事件的主角，是国人。国人不是一般平民，他们住在城里，他们的支持对于统治者来说不可或缺，他们也有能力可以集结起来“相与叛”，连周天子都会被他们赶走。

《孟子·梁惠王下》中也有这样的说法：“左右皆曰可杀，勿听；诸大夫皆曰可杀，勿听；国人皆曰可杀，然后察之；见可杀焉，然后杀之。故曰，国人杀之也。如此，然后可以为民父母。”

这里一层层开展，先是在左右服侍的人，然后是辅佐公职的诸大夫，再然后就是国人。而以国人的意见最为重要，遵照国人的意见杀了这个人，就可以说是“国人杀之”，也就不会造成国人的反感。国人的影响力如此重大。

在城里，统治的权力建立在国人的支持、同意上，这个时代的封建领主没有那么大的权力可以为所欲为。

同样也在《孟子》中，孟子给国君的政治建议包括：“请野九一而助，国中什一使自赋。”这里的“野”和“国”是分开并列的，国中的居民有野人，有国人，二者身份不一样，因而税赋有不一样的计算方式，也有不一样的抽税方式。野人在封疆之内，有封疆的保护，但他们不住在城里，有事时，外敌一越过“封”就进到他们的地方了，国人却有城墙做进一步的保护。野人散居城外，人数也不会太多，他们的政治影响力自然远远小于国人。

08

“国人”从何而来？

国人是怎么来的？

国人的核心成员，应该就是封建制度中的赐姓这一程序所赐的姓族。姓族的构成大约分成几个部分。一个部分是周人自己的亲族，以姬姓部族为主，加上长期和周人联姻合作，深得周人信任的其他姓族，例如姜姓。

一个部分，是“殷遗民”。“二次东征”之后，周公确切理解到不能不处理商人的残留势力。作为先进民族、之前的共主，商人没有那么容易被消灭。周人不得不进行“二次东征”，正因为错估了商人势力的影响，在第一次翦商之后，只留下“三监”在东方应付局面。

周人两度打败商人，仍然不敢低估商人的势力，也就不敢用纯粹高压的方式对待商人。周公的政治智慧表现在，半邀请半裹胁地让“殷遗民”参与新的封建大业。几个重要的东方封地，都连带赐给几个“殷遗民”姓族，如此一来，既能善用商人先进的技术、知识，又能降低商人的敌对意识，还能将商人的残余势力化整为零。这些“殷遗民”到需要武装殖民经营的陌生地，不得不认同人数较多的周人，协同合作；而且“殷遗民”从此散落各地，不会再对“成周”产生那么大的威胁了。

另外还有一部分，可能是专业人员，尤其是武装作战和夯土筑城方面的人员。这些人可能就包括在周人与“殷遗民”的集团里，也可能另有别的专业姓族（包括夏人的姒姓）可供动员。

靠武装作战及夯土筑城上的优势，这些“封建部队”得以占领土地，然后建起“城”来自我防卫。本来没有“城”的地方新筑起了“城”，首批住进“城”里的，当然就是这些人，他们是国人的主体。

相对地，被征服的原有居民是新来殖民者需要防范的对象，很自然会被围在城外，就成了最早的野人。随着时间推移，部分野人会进城来变成国人，也有没落的国人在城里待不住，搬出去变成了野人。

国人的角色在中国古代史上极为重要。他们应该就是这波庞大建城浪潮中的主力。一方面靠他们较为先进的技术能力，另一方面靠他们到陌生地方被激发出的自保动机，这段时间的中国土地上出现了那么多的“城”、那么多的“国”。

09

周朝的城与周朝政治运作

前面提过，每座城的约略大小，是 9 万平方米。城外的封疆呢？大约每边 5 公里，周围 20 公里。如此构成了一个封国。封国与封国之间有广大的中间地带，就是“鄙”，既不属于这国，也不属于那国。那个时代有封疆，但没有明确的国界，因为国与国并不是紧密相连，离开这国就进入那国。

众多的“国”散布在这块土地上。在《老子》的政治理想中，有一个是“小国寡民……邻国相望，鸡犬之声相闻，民至老死不相往来”。其实就是恢复东周之前的情况，国很小，人不多，国与国之间被“鄙”隔开，所以“不相往来”，也不会有国土边界纠纷。如果在“野”的话，和邻国的“野”具体的距离并不远，又能“鸡犬之声相闻”。

春秋战国时的巨变，其中一个就是“辟封疆”，把本来画出疆界的“封”给铲除了。国与国之间失去了中间地带“鄙”的缓冲，互相紧邻，彼此侵夺，造成了冲突不断、争斗不断的局面。

回头看，从公元前11世纪到公元前8世纪，西周维持了长达三百年的和平，这种“城”与“城”之间相邻却又不交接的状况，是关键的因素。大家都有易守难攻的“城”保护，阻却了掠夺的动机，各个封国也就能够在相对安全无虞的环境中，致力于农业生产的进步。农业生产提升了，就更不需要去抢去夺了。如此便形成了一个和平与繁荣的正向循环。

我们需要以这样的地理实况，重新理解、重新想象西周的历史。周天子所在之处，不是紫禁城；周王城的模样，也和北京城大不相同。周天子直接统治的区域并不大，其他绝大部分地方都分封给其他诸侯了。即使在周天子的统治区中，也都还是诸城并立的局面。天子所在的城，可能比其他城大些，但不会是唯一的城。这座城中，居住着众多国人，国人和天子之间往往有着密切的宗法关系，天子对诸侯，甚至天子对王畿之城内的国人，都是依照宗法的规范来行使权力。

周和后来的朝代大不相同。周的实体，是上千个到处散布，具有相当独立地位的“城”。这些“城”借着封建和宗法组合成一个系统。这个系统庞大又细密，松散却又明确，维系了西周几百年的和平发展。

对于这套系统，古代文献有不同说法，一种是所谓的“九服”，另一种少一点，只有“五服”。不管是“九服”还是“五服”，依循的是同样的原理，都是由内而外的同心圆。

“九服制”最里面的一圈是“侯”，“侯”外是“甸”，“甸”外是“男”，然后一层层往外：“采”—“卫”—“蛮”—“夷”—“镇”—“藩”。这是《周礼》中的说法。《国语·周语》记录的只有“五服”，“邦内甸服，邦外侯服，侯卫宾服，蛮夷要服，戎翟荒服”。也就是从内而外，分别是“甸”—“侯”—“宾”—“要”—“荒”五个等级。

《国语》中进一步说明了“五服”的区别：“甸服者祭，侯服者祀，宾服者享，要服者贡，荒服者王。”由近而远，不同的“服”有不同的仪式来维系其关系。《逸周书》里有类似但稍有差别的语句：“甸服者祭，侯服者祀，宾服者时，要服者岁，荒服者世。”综合两种说法，我们可以清楚看出意思来。

不同的“服”，有义务参加不同的仪式，而这些仪式最大的区分，在于频率。“甸服”就在王畿之内，所以需参加经常性、几天就一次的“祭”。“侯服”稍远些，所以每个月参加一次“祀”。“宾服”就更远了，所以按“时”，也就是依照季节来参加仪式。再远一点的“要服”，那就来参加“岁”，顾名思义，那是一年举行一次的仪式。最远的“荒服”，那就每“世”来一次，要么是诸侯死了、儿子继承，要么是天子死了由儿子继位，一“世”参加一次仪式。

《周礼》成书于战国时代，《逸周书》来历不明，“九服”和“五服”的说法，不能直接视为西周的历史事实。历史事实应该没有那么整齐、规律，不过其中由近而远的仪式安排，却标示了周朝上千个“城邦”的组织原则。

两种距离在这个组织中重叠——空间上的距离和亲族宗法关系上的距离。空间地理上越近的，关系也越近，同时也就必须承担越大的义务。距离近，周天子的影响力大，不服从的空间相对也较小；距离远，周天子的影响越来越间接，也就不会给予那么多、那么频密的仪式义务。不只是和周天子间的距离，所有的城与城之间的关系，都依照这个原则结构起来。

巨大的系统依靠不断的仪式来维持。周天子是个仪式中心，外围的诸侯依照距离和他发生不同频率的仪式关系。不同层次的诸侯，也是不同层次的仪式中心，较低阶的分封者依照距离在不同时间到他这里来进仪式的义务。每个人都有对上对下的仪式位置，日常参与仪式，也就一次次认知自己和其他人之间的权利、义务，这是周朝政治运作最关键的力量。

10

爵制与西周向东周的转变

在这套系统中，另外一个重要因素是爵制，用来分辨、标示不同层级高下。

后来的说法将爵制统一为“公、侯、伯、子、男”五爵制，也就是分成五个高下等级。还原古史实情，显然不是一开始就有这么整齐的“五爵”，等级及其相应名称，也是随着时间逐渐整理变化的。

比较清楚的是，在爵制变化形成中，“公、侯”是一组，“伯、子、男”是另外一组。“公、侯”的地位明显高些，但“公”和“侯”不是绝对的上下关系，“公”不必然高于“侯”。“公”与“侯”之间有基本性质差异，“公”的身份来自出生序，来自辈分。在亲族关系中和周天子接近，而且辈分又比周天子高，那么分封时得到的称号，就会是“公”。“侯”则表示是靠军功或承担军事责任而得到这样的分封位置的。那是个军事爵位，“侯”意味着要负责保护周天子，在重要的地方守卫。

若是和周天子同辈，那么分封时得到的爵位，就只能是“伯”；辈分再低，那就分到“子”。而“男”和“侯”一样，也是任务型的封爵，承担更远一点、重要性低一点的军事责任。

分封赐爵，每位诸侯有其爵位，爵位就固定了诸侯在这个以周天子为圆心的同心圆中的位置。更进一步，每个诸侯也就依照其爵制高低有了和其他诸侯之间的固定行为模式。城与城之间的事务，不可能也不需要都回到圆心诉诸周天子来解决。如果发生了纠纷，第一步是先考虑争执双方的相对身份，然后就近找到一个比双方地位都高的人来仲裁、协调。爵制是一套明确的安排，规范城与城、人与人的高下关系，谁听谁的，谁有权力介入谁的日常事务。

这套分辨高低的爵制，在西周建立，一步步发展变化，后来并未随周灭亡而消失，进入秦汉，扩大为“二十爵制”，将所有的奴隶以上的人都包纳在其中。汉朝时，大汉帝国的子民，每一个人都有“爵”，都有一个等级身份，而且不时会上升或下降。人的身份高低细分为二十个不同等第，朝廷可以借由“赐爵”“夺爵”的奖惩来掌握人民，是统治上很重要的手段。在帝国的建立与维持上，极度重要。

在周朝，只有贵族，直接由周天子分封的，才有“爵”。分封的诸侯有“国”有“爵”，而“国”与“国”之间的关系，基本上就由“爵”来规范和决定。这个国君属于怎样的爵位，他的“国”和周天子，和其他“国”之间就产生了相应的高下主从行为模式。

从西周到东周，一个重大的变化，也就在于爵制不再能够充分管束国君行为。爵制系统的逐渐失效，其背后又有“宗法制”的危机。本来清楚明白的宗法，随着时间，一代代亲族不断扩张，产生了复杂的错乱现象，更产生了混淆与疏离，太多代的关系越来越难弄明白，导致人与人之间的关系不再那么确定，维系亲族宗法的仪式也必然荒废，于是爵制带有的羁绊、管制力量就越来越小了。

本来大家都是亲戚，都按照亲戚关系来行事，时间久了之后，亲戚系统太大太乱了，即便依旧认定彼此是亲戚，究竟是怎样的亲戚，谁也弄不清楚了，相应地，也就没有了原先亲戚间的情感与忌讳。发生了纠纷，也就不会再依循既有的亲戚长辈管道来协调，于是发生纠纷的机会越来越多，解决纠纷的办法却越来越少。

武力征战就变成解决纠纷最主要的手段，甚至是理所当然的手段了。加上这个时期，铁器锻造技术大为提升和普及，武器的杀伤力大增，原先城与城之间和平共存的局面就快速被毁坏了。

那段时间，攻城的器具与技术大幅提升，相对地，城的建筑与守备却没有太大的改变。直接的影响，就是城快速失去了原有的保卫优势。城墙不够高，城也不够大，在高梯与铁器双管齐下的攻击中，很容易就陷落了。连带着，本来各个小城的独立性也随之快速丧失了。

原本的常态是一个封君管一个城，守一个城。开始有了攻城略地的做法后，一个封君会有两个城、三个城乃至更多个城。很显然，这种状况不在旧有封建制的规划安排范围内。于是从西周到东周，“国”的性质与意义改变了，“鸡犬相闻”的“小国寡民”由现实变成了怀旧的理想，“国”的规模越来越大，“国”和“城”原本的联系断开了，一个“国”有越来越多个“城”，到最后，将封建制也一并推倒了，不再以分封的方式来管理“城”，改为选派官职人员，就成了郡县制。

从公元前 771 年平王东迁，到公元前 221 年秦统一六国，花了五百多年的时间，从封建制演变为郡县制，或说由封建演变为帝国。在这个过程中，本来一体两面的“国”与“城”分离了，“国”越变越大，地位越来越高，最终只剩下一个“国”，一整个帝国直接统纳所有的“城”；相对地，“城”的地位不断下降，直到彻底失去独立性，变成帝国系统中的一颗小棋子。

老子像

第五讲

从封建到诸国

01

不要把历史人物看得太重要了

从新石器时代开始谈中国历史，一路谈下来，几乎没有谈到什么人物，这应该算是不太一样的认识中国历史的方式。

一般理解的中国历史，不是这样。讲中国历史，最为普遍的、理所当然的讲法，是以人物为中心。从教科书到通俗读物，几乎都是这样安排的，历史，好像就是由一连串的人名构成的。

站在史学工作者的立场上看，不同的历史叙述，背后带着不同的价值，传递不同的态度与观念。过去中国历史的理解方式，最突出却又太普遍以致难以察知、反省的价值，就是以人物为中心，过度强调人物的重要性。在潜移默化之中，我们看待历史事件、考察历史变化，心中很自然问的问题是："谁做的？谁造成的？"连带地，也就将找到那个人，指出那个人做的事情当作历史的解答。

一个时代，由开国皇帝开创。一个朝代结束在最后一个皇帝手中。一个事件有事件的主导者，要为事件负责任的人。这是我们认定的历史知识的主要内容都是“人”，都跟特定人物有关。

回想一下，你对唐朝历史知道什么？留有怎样的印象？你知道唐太宗、唐明皇、杨贵妃、安禄山加上李白、杜甫，是不是这样？你知道“贞观之治”，但对“贞观之治”具体内容的印象，是魏征对于唐太宗的劝诫。唐朝由盛而衰的关键事件，你们都知道是“安史之乱”，为什么叫“安史之乱”，因为安禄山和史思明，两个人、两个人名取代了事件。

这种认知方式，到了近代更为严重，因为要考试。考试要有标准答案，真实历史现象很难描述，更难解释，根本不适合要有标准答案的考试。相对地，人名最好考。于是中国历史就用这种方式被简化为一连串的人名，好像记得了所有人名，就知道了中国历史。

02

寻找历史发展的其他因素

今天讲到清朝历史，“辫子戏”看多了，很多人都会背清朝皇帝的帝号——顺治、康熙、雍正、乾隆、嘉庆、道光、咸丰、同治、光绪、宣统。用这些皇帝将清朝的历史串起来，也用这些皇帝的作为来解释清朝的历史变化。

如果出个考题问：“清朝由盛而衰的关键因素是什么？”和解释唐朝由盛而衰一样，大部分人选择答题的方向，也是先找一个人或几个人——乾隆皇帝晚年，和珅掌权，这两个人名，就是最好的答案。

用乾隆皇帝和和珅两个人名来回答“清朝由盛而衰的关键因素是什么”，不能说不对，但不够。如果我们愿意将历史之眼从人物身上移开，去看看其他的面向、其他的领域，会发现和乾隆、和珅这两个人物同等重要，甚至更加重要的变化肇因。

例如看看农业生产上发生的事。“康雍乾”三朝一百多年的时间内，中国农业有了巨大的变化。变化的主因是来自东南亚的“籼稻”引进中国，种植面积不断扩张。“籼稻”对于生产条件的要求低于原来的品种，使许多本来不能产稻的地区都开始种植稻米，而且“籼稻”的产量也高于原来的品种，更高于那些土地原本生产的谷类作物。

“籼稻”普及创造出的农业生产效果，加上“康雍乾”三朝的长期和平，中国的人口在这段时间中迅速增长。明朝中后期中国人口首次破亿，经过明末清初的战乱，中国的人口又在这个时期里破亿，从顺治十二年（1655）的 1.19 亿到乾隆五十五年（1790）突破 3 亿，等于是增长了 1.5 倍。[1]

“籼稻”引领的农业改变，使这块土地上能够生养出三倍的人口；长期和平没有战乱，又大幅降低了死亡率。人越来越多，多到一定程度，原有的社会制度，就无法应对新局面了。

一个直接的影响是土地分配。中国社会的继承制度，名义上是嫡长子制，实质却是诸子均分制。在家谱上，嫡长子继承家业名分，但往往在父亲去世前后，就“分家”了。在“分家”的过程中，父亲拥有的财产以大致均分的原则交给各个儿子。财产中最重要的就是土地，“分家”的实质内容，就是分配土地，就算不是均分，基本上每个儿子都会分到土地。

[1] 此处内容见葛建雄《中国人口发展史》，福建人民出版社，1991 年。——编者注

于是土地越分越细，人口越增加越多，每一家平均能分到的土地，就在一百多年中快速地越缩越小。土地小，能够提供家户的风险保障也就跟着越来越低。就那么一点土地，必须精耕每一寸土地才能养活家人，稍微遇到一点天灾人祸的打击，生产上就难以为继了。到后来，甚至不需要天灾人祸，光是因土地细分带来的不安全感、挫折感，就足以使社会动荡不安。

道光年间出现了“太平天国之乱”，又称“洪杨之乱”。“洪杨”指的是洪秀全、杨秀清，又是用两个事件的领导人，来代表事件，理解事件。但“洪杨之乱”有比洪秀全、杨秀清两人更重要、更根本的起因，那就是中国农村土地制度的瓦解。而造成土地制度瓦解的力量，又是百余年和平、繁荣带来的人口增长。

这些都不是从人物的角度能看到、能解释的。从乾隆、和珅和宫廷斗争，我们看不到中国人口的急遽增长，更何况人口增长不单纯只是数量上的现象。百余年间人口增长了1.5倍，连带的效应必然包括人口结构的改变，尤其是年龄结构，年轻人的比例大幅提高，没有出路的恐慌带来了巨大的社会压力，进一步使原有的社会机制失灵。

这也是历史，都是历史。历史学家黄仁宇一直在提倡“大历史”的眼光与视角。他认为，历史当中有太多事，我们必须放宽视野才看得到。放宽视野，甚至会让我们对历史人物产生不一样的评价。

从人物的角度看，我们读过学者对乾隆晚年的分析与批评。他自封为“十全老人”，在位太多年了，以至于对政事政务不再用心，老迈昏庸，埋下了嘉庆朝之后的动乱根源。然而，如果将视角放大，纳入人口数量与结构的改变，纳入贯时性的长期比对的话，我们会看到不一样的中国，不一样的问题。

从“大历史”的角度，黄仁宇看到的问题是，乾隆根本无法掌握，更无法理解境内人口变化的意义与冲击。而且这不是乾隆一个皇帝的问题，是一代代中国皇帝的共同盲点。用他的说法，中国皇朝政治，整个中国制度一直都是“数字上无法管理”的状态。

中国从来没有建立一套数字管理的系统。在北京的统治者，根本无法如实地掌握、理解那么大一块土地。这块土地太大，而且地方差异太大，在没有数字资料协助的情况下，皇帝及其朝臣只能用一种粗略的方式来治国，那就是找到各地最基本的公约数，以最低标准为标准。没有多元化的政策思考，政策必须各地通用，也就意味着只能设定最低限度的政策，依照国内发展水平最低的地区来制定政策。这样的政策，怎么可能应付变局?

看历史，可以有，也应该有各种不同的角度。看人物，从人物来看，是一个角度。但不幸的是，在中国历史的认识上，人物被放大了，好像历史里只有人物，只有从人物来看历史这一个角度。有时候，我们得试着离开人物，看到更大、更丰富的历史。

03

周公是第一位真正的历史人物

从人物的角度看中国上古史，会有特殊的困扰。中国古代史中的许多人物，明显介于神话与事实之间。关于他们的种种描述，一来出现得很晚，二来和更实证的考古资料对不上。三皇五帝，尧舜禹汤，关于他们的故事，有太多不可信的部分，还有更多根本无从验证的部分。将来还会仔细说明，这些上古人物，大部分都出现于战国时代，来自战国特殊思想环境中的想象，我们没有道理把他们直接视为古代史实。

用钱穆先生的话说，到周公之前，中国历史的主要动力是群体性的，那样的环境还没有足够的条件让个人能够发挥较大的力量与关键的影响。因而在周公之前，我们对于中国历史的探究理解，也就应该相应地以集体、群体的眼光，看部族之间的互动，看集体文化的成就与突破。自新石器时代之后，我们看一个个“文化”，无法更细致地去看一个个人。我们无法认识个人，只能认识他们群体生活所留下来的遗迹。

钱穆的看法，写在《周公与中国文化》这篇文章里。对于他的看法，我们可以有一些补充。运用马克思主义的历史观点，我们能够理解，要让个人发挥作用，需要一定的政治体系。在原始氏族环境中，政治权力的安排方式基本是集体共权式的，部族内部成员的权力分配相对平均，没有高度的层级划分，在大家权力都差不多的情况下，不会有后世认定的“人物”，也就不会有“人物史”。缺乏权力机制与结构，让一个人能够做出改变众人的事。不能影响众人、改变集体，也就算不上是“人物”。

依照钱穆的说法，中国历史发展到了周公的时代，才有了让“人物”崛起的成熟条件，所以可以把周公视为第一位“历史人物”。除此之外，以周公作为第一位“历史人物”还有另一个理由，那就是我们对于周公的史料掌握，远超过在他之前的任何人。换句话说，我们相对比较有把握能将周公视为一个真实的“人”，而不是一组后世拼凑起来的“神话”。

《史记·殷本纪》中罗列了商朝诸王的名字，其中大部分名字又在甲骨文中出现，证实了他们的存在。然而从《史记》到甲骨文资料，我们能得到的，毕竟只有名字，顶多加上一些零星的事件，不足以勾勒出一个“人物”。没有足够资料让我们理解这个人一生中究竟做了哪些事，发挥过怎样的影响力。

周公不一样。文献史料上留下来的记载，比商王要多得多。

例如从《尚书·金匮》中，我们能够看到他在哥哥武王重病时的反应——向天祝祷，愿意用自己的性命来换哥哥的性命，那是一种“人”的反应，留下了从“人”的角度来认识、理解的空间。

更重要的，还有庞大的周朝金文材料。这些铸刻在青铜器上的文字，是最坚实、最可信的周朝记录，经过几百年金石学到古文字学再到考古学的多方考证研究，可理解的周朝金文到今天已经非常丰富。

04

周公的伟大功绩

能够有效解读出来的西周金文，当然不是每一篇都提到周公。然而许多没有直接提到周公的金文内容，放在一起，加上和古文献比对，却能勾勒出周公的决策、作为及其长远的后续影响。

周公最大的作为，当然是设计并推动了封建制。关于封建的实质内容及做法，没有任何早于周公的记录。虽然周朝名义上开始于武王伐纣成功，不过定义周朝最核心的制度，对中国历史产生了不可磨灭作用的封建制，却是在周公的手中才出现的。虽然在名义上，封建制是在成王的时代开始进行，不过史料上清清楚楚地显示，周公而非成王，是封建制背后真正的设计者与强悍、坚决的执行者。

通过金文材料，我们了解了封建的实质内容，也修正了过去的误会。对于中国古代史，过去最常有的误会，是关于商周之际的变化。未经检验的印象是，商人控制了庞大的地理区域，周人从西方崛起壮大，翦商之后，就承接了商人控制的区域，然后将这些区域分封给不同的人，让他们负责管理一块块地方，这就是封建。

现在我们知道，封建没有那么简单。封建的关键、核心，不在于"封"——将土地分封分配出去，而在于"建"——受封者得到的不是现成的领土，而是一份指定任务，要他们在那个区域"建国"，建立有效的管理统治。

周朝的成立，没有那么简单。对于广大的中国领域，商人并未有实质、直接的控制。金文忠实记录了周人的辛勤努力，翦商是他们政治扩张的开端，不是完成。而在翦商之后，决定周人必须继续扩张的，不是武王也不是成王，而是周公。找出有效的扩张方式，并贯彻意志予以实现的，也不是武王或成王，而是周公。

周公是中国历史上第一个以个人身份，在关键时刻做出关键决策，因而创造了百年以上长远影响力的"人物"。

武王率领联军攻入朝歌，商纣王自杀，传统上将这个事件视为周朝的开端。但其实要将当时的局面视为新的朝代建立，是有问题的。因为实质上，周人活动的主要区域，仍然限于西方的"周原"，对于东方，他们交还给武庚禄父继续管理，只安排了武王的三个兄弟在一旁监视。换句话说，周人满意于取得商人表面、名义上的臣服，并没有要真正取代商人的野心，也不觉得自己真有那样的实力可以真正取代商人。

真正的巨变，发生在武王去世之后。周人自身的继承动乱，引发了“三监之祸”。史料上无法百分之百确认在武王的兄弟中，周公究竟排行第几。但综合各种说法，看来很有可能管叔、蔡叔在排行上长于周公。武王死时，周公留在周原根据地，管叔、蔡叔却远在东方，继承中周公得到了远高于管叔、蔡叔的权力，就引起了管、蔡的强烈不满。

史料上也无法百分之百确认，武王去世后，周的权力继承到底发生了什么事，周公是以摄政的身份掌控年幼的成王，还是自己称王。如果周公自己继武王即位，那当然是违反周人过去“父死子继”惯例的，管叔、蔡叔更有理由觉得无法接受。于是派驻在东方的分支势力，这时就挟商人原有的资源，攻击宗周。

在此危急时刻，周公做了第一个重大决策——不和东方势力妥协，强硬发动“二次东征”。做这个决策时，另外一位权力人物发挥了作用，这个人是召公。周、召联合，对抗管、蔡，这是不折不扣的周人内讧、诸姬相争。以西方的实力，周、召这边压过了东方的管、蔡，进而周公自己进驻东方，由召公留守宗周，保护后方。

“二次东征”因管、蔡不服周公继承权力而起，然而“二次东征”却并没有在管、蔡被压服之后就结束。“一次东征”速战速决，“二次东征”却极其漫长，进而后来就和封建的成立联结在一起。从“三监之祸”开始，周公带领的势力向东延展，然后经历成王、康王、昭王、穆王，至少四朝，东向扩张的活动一直持续进行着。

“二次东征”布局的第一步，周公在平定管、蔡之后，新建“成周”作为在东方的大本营。在“成周”布置了“西六师”，也就是将从西方周原带过来，最能信赖的六个军团的力量放在这里压阵。

接着，再往东一点，建立了新据点“卫”，在这里布置了更庞大的军力，叫“殷八师”。“卫”的作用，顾名思义是作为“成周”的前哨，保卫“成周”。这是个战略要点，因为就在商人原来的政治中心“殷”这个地区，“殷八师”指的是负责看管、防守安阳一带，旧“殷”之处的八个军团。

派康叔去建立“卫”，既是“二次东征”自然的后续发展，也是封建的开端。循此模式，越来越多的东方领域被分封出去，周人的势力也通过“分封建国”的步骤不断向东开拓。

05

封建的本质就是武装殖民

周人对于自己的历史世系，有很多记载。在文王之前的发展中，他们最看重的先祖，一个是公刘，另一个是太公。这两位先祖受重视的理由，有类似之处。

依照周人自己的说法，公刘之前，周人流窜于戎狄之间，是公刘带他们度过渭水，到达“豳”，也就是关中平原。公刘带他们离开了戎狄式的生活，进入了文明。《诗经·大雅》中清楚地描述了公刘将周人带到这里，赶走了当地原有的住民，开辟出一块新的农业土地来。周人定居、发展农业，是从公刘这世开始的。

那太公呢？太公再度带领周人迁居，来到“岐下”，也就是“周原膴膴”的“周原”。周人来到之前，在这个地方有“混夷”居住，太公带领周人赶走了可能并不从事农业生产的“混夷”，将这块肥美的土地付诸农业生产，为周人创造了更繁荣的生活。

将公刘和太公的故事放在一起看，我们赫然发现，原来周人有武装殖民的传统，至少存留着武装殖民的鲜活记忆。他们的崛起，就是靠两次关键的武装殖民：第一次公刘带领打下了“豳”，移居到“豳”垦殖；第二次太公带领打下了“周原”，再度移居到“周原”垦殖。部族发展遭遇瓶颈、困境时，武装殖民是最佳的解决办法。

这样的部族记忆对于周公的决策，应该有相当的影响。“二次东征”后，他处理东方问题的基本方针，就是启动传统的记忆，发动新一波在规模和野心上都远超先祖公刘与太公的武装殖民运动。封建的本质，就是武装殖民。

周公的智慧，不仅在于决定在东方布满封建区域，更在于选择派什么样的人到什么样的地方进行封建。找到对的人，给他对的族群势力，指定一块特定的地点，让他们前往，先征服，征服之后定居再来垦殖发展，这是封建的实质内容与程序。这样的程序，当然不是一天两天能完成的，封建不是现成、简单的派任，派去了、上任了就好。“我来，我见，我征服”，然后还要“我垦殖”，一步一步辛苦前进，才能完成封建的任务，才产生了西周时期林立的诸“国”。

这就是为什么封建的过程，前后要花四十年的时间，从成王一直到穆王。从时间的角度看，周公制定的封建策略，到他死了之后，仍然忠实地推动着，换了好几个天子，封建大业没有停顿，没有改变。

这是周人的政治智慧，也是他们之所以能为中国文明奠定坚实基础的根本理由。周人是一群政治奇才，他们最早意识到什么是“统治”，最早设计出有效运用全力达成“统治”目标的方法。周公是这份智慧的核心、标杆人物，然而这样的政治能力，显然不是周公一个人所拥有的，在周公之前，有其来历，因而周公不在之后，封建还能持续稳定地进行下去。

06

周人的统治策略
——分封

后世看周朝历史，看到从西周到东周的变化，戎狄从西边进来，迫使平王东迁，结束了西周，为我们留下了周人的敌人、威胁来自西方的强烈印象。然而还原周人兴起的历程，其实东方而非西方，才是真正让周人头痛的祸患所在。

历史上真正发生的事，是起源于晋南的周人往西迁移，在周原找到了坚实的根据地，然后开始了漫长的东向发展。他们先打入了商人的核心地区，然后再借封建武装殖民的方式，一步步往东进，将东方的广大土地一块块变成他们的封国。这样东进发展了两百多年，却被戎狄从自家后门打进来，于是仓皇放弃了原本起源的根据地，将政治中心迁到东方来。

东方是先进的农业地带，也是夏人和商人崛起的根据地。作为后进的力量，西方来的周人对东方并不具备优势，甚至先天上处于劣势。以周人的条件，要征服东方，管理东方，绝对不是理所当然的事。从这个角度，我们才更能看清楚周公的封建策略有多重要，而周人能够长期维持封建的努力，有多难得。

周公所面对的“东方问题”极其艰巨，没有惊人的智慧，是无从解决的。首先，从人口上、资源上来说，周人连和“大邑商”相比，都显得很小、很少，更何况是和连商人都不曾真正有效统治的广大东方领土相比。光靠周人，要征服、进而长期有效统治这么大的地方，根本不可能。

周公所建立的，是一套复杂的多层次联合体系。周公的第一个策略，是“大封同姓”，将同族的周人放在这套联合体系的中央，作为封建动员的核心。没有人喜欢到陌生、危险的地方去，更没有人喜欢到不熟悉、没有把握的地方打仗。周公给予明确、清楚的动机——如果能够将这块地方征服下来，那就是你的，你不是为任何其他人、其他原因冒险进犯，你是为了自己，为了替自己找到一块新的根据地，就像当年公刘或太公带领周人找到新根据地发展一样。

于是在很短的时间内，所有姬姓的周人都被动员起来，成了一个个“小公刘”“小太公”，组成了武装部队，向东方去征服陌生的土地。

周公的第二个策略，是寻求其他古氏族既有势力的合作，让他们成为这个体系的第二圈。在这里，封建成了拉拢古氏族，和他们建立关系的手段。周人公开地将原本就存在的旧势力纳入封建的新制度中，凸显这些古氏族，当然有助于让他们和商人的联系松绑。“二次东征”之前，周人没有实际接触这些旧势力，只要求他们将名义上接受的共主，由商转为周，纯粹是形式上的。但在“二次东征”之后，借着封建，周人直接面对这些古氏族，也就等于明确地断开他们原本和商人的关系，转而纳入周人的新系统、新秩序里。

周公的第三个策略，是让两次战败的商人，也在这个体系里取得正式的地位。其中一个地位，就是将商人的核心区域也建立为一个封国，就是后来的“宋国”，立微子启为“封君”。如此，商人的地位被贬谪为和其他古氏族、其他新建封国平等，只是诸国之一，失去了特殊的高度。不过，同时，周公又将“殷遗民”分配给其他“封君”，让他们一起带去进行武装殖民，还是为商人保留了一个不一样的角色。除了有自己的封国之外，他们还受邀当周人封建大业中的伙伴，随着周人到各个不同地区去进行拓垦。这样的两手策略，有效地解除了商人残余势力对周人的威胁。

用这三层架构建立起来的封建体系，是周人发明的一套统治策略。而随着封建的拓展，其他从新石器时代就已经存在的部落，也就慢慢地视其大小，在不同时期用不同方式被编组进封建秩序里。封建的长处之一，就在于它的高度弹性，一层层分封，大的古氏族由周天子封为诸侯，小一点的既存部落，就由各“国”视状况封为大夫，甚至由大夫再往下分封。如此一圈圈、一层层，周人有效地将整个中国地区编组为一个有机的政治体。

07

周人的政治制度

——昭穆制

周人原本就有武装殖民的经验，而且到商朝晚期，周人内部已经建立起了明确的族长制。族长握有很大的权力，部族内部显然也已高度分层化，组构了一个 stratified（层级）的社会。

西伯昌，也就是后世所称的“文王”，是个极有能力的族长。从各种史料看，文王的本事与成就，都指向高度的联盟手腕。他懂得如何利用周人的资源去笼络附近的各方势力，环绕着周人建立起一个能够有效协同运作的组织。这是周人快速壮大的秘诀，也是商人不得不接受他为“西伯”的主要原因。

如果不是族长制，如果不是拥有巨大的权力运用并分配资源的话，文王推动不了这样的联盟。而要将资源集中供族长分配，这个社会的内部也非得有严明的层级分别不可。层级化是在这种生产发展比初级的阶段能让资源集中累积的唯一办法。层级化的社会有助于周人在西方崛起，然而等到周人势力进一步提升，开始进行封建动员时，原本的优势很快成了问题。

层级化的社会中，不同阶层的人不会有完全一样的利益认同。动员向外武装殖民，离乡背井去陌生的地方，忍受各种未知的考验与折磨，艰巨、痛苦是眼前的，收获、发展却在还看不见的未来。要如何说服大部分人投身这样的工作中？权力中心的人知道扩张的必要性，他们也明白封建成功了，领有封国可以带给他们多大的利益，但是权力位阶没那么高，底层的人呢？他们为什么要放弃既有的安全保障，去参与追求看起来没有什么切身好处的事业？

周公的另一个了不起的政治智慧就在于看到了这个问题，及时处理了这个潜在的麻烦。他积极提倡并复原了周部族组织中的一项传统制度，凸显其重要性。这个制度就是昭穆制。西周有昭王、穆王，但昭穆制并不是以他们命名的，昭穆制的存在远早于昭王、穆王的时代，甚至是倒过来，接连两代的周天子叫作昭王和穆王，是因为有昭穆制，受昭穆制的影响。

昭穆制其实是很原始的社群组织原则，不是什么复杂的东西。昭穆制的核心是辈分区分，也就是突出辈分认同，同一辈的人形成一个紧密认同的团体，追求团体的共同利益。

“昭”和“穆”是对于不同辈分的固定称呼。一代“昭”、一代“穆”，不断轮流。父亲是“昭”辈，儿子就是“穆”辈，孙子又变成“昭”辈，曾孙则又是“穆”辈。昭穆制的起源很单纯，在那个人均寿命不长的时代，正常状况顶多就是三代共存，所以用两个不同名称就足以明确分出辈分了。

台湾原住民部落，有些到现在仍然保留会所制，尤其是有猎人传统的部落，会所制力量很强大、很普遍。会所制就是少年们长到一定年纪，就离开家去住在会所里，和同年龄的其他少年一起居住，一起长大。如此一来，他们同辈之间的情谊，甚至会高过对于家庭的认同。长大了之后，他们理所当然和同辈的人一起去打猎。遇到山猪等猛兽，单独的猎人就等于是死猎人。打猎必须互相帮助，彼此保护。谁来帮助你？谁来保护你？你最信任的人。而对于在会所制中长大的人来说，他没问题，一起长大的同辈友伴就是他最信任的人，也就是他打猎时的依靠和保障。

会所制中必然有一种同辈平等的精神。不管你来自哪一家，是谁的儿子，进到会所里，就都是同辈，同辈身份超越了一切，把我们联结在一起。有会所制的部落，在其社会组织上，也就必然相应地发展出一定程度的共权制或分权制，同一辈的团体中，每个成员有大致相当的权力。

周人的昭穆制也是着眼于辈分认同，同辈的人组成一个团体，团体内部有基本“共权合作”的精神。这样的制度起源很早，在周人发展的过程中，一度没落荒废，却在周公手中有意识地予以复兴并扩大。

昭穆制将周人按照辈分组成特别的二元社会，在仪式上，“昭”辈和“穆”辈固定地左右分列。在精神上，同辈形成一个可以互通、尽量泯除成员区别的集体。例如祭拜祖先时，我祭拜的不是我爷爷，而是我爷爷那一辈的所有兄弟，如此强调同辈的平等身份，同辈成员的平等权利。就是这样的仪式安排，使《诗经》出现“诸父诸母”的说法。放在周朝的语境中，“诸父诸母”强调的是同辈的叔伯、叔母、伯母，他们在亲族关系上的地位，和父亲、母亲是没有区别的。因为不了解周人这种辈分认同的安排，郭沫若在解释时犯了错误，将“诸父诸母”当作上古群婚制的证据，以为是一个人有好多爸爸、好多妈妈的意思。

强烈的辈分认同，反映在亲属称谓上。周人说的“父”，和我们今天理解的“父”不是同一回事。只要是和父亲同辈的，父亲加上叔伯，通通叫作“父”。祖父加上叔伯祖，通通叫作“祖”。在辈分共权的精神下，称呼及仪式上，叔伯兄弟间，你爸爸就是我爸爸，你儿子就是我儿子。

08

昭穆制的深远影响

这样的集体习俗本来已经式微，周人群体经历了阶层分化，有资源有地位的人，不可能和没资源没地位的人维持平等。但是周公刻意予以复兴，至少在形式上，让不同资源不同地位的人具备共同的集体意识，也就是将在阶层分化中被隔离出去的人拉拢回来，给他们参与“封建大业”的动机，不至于将封建视为有权有势的人的事，与他们无关。

换句话说，在阶层分化过程中，世系认同逐渐超越了辈分认同。富儿子认同富爸爸，富爸爸照顾富儿子，这个纽带越来越强。相对地，富儿子不会觉得自己和穷困的堂兄弟有什么关系，富爸爸也不会愿意将自己和穷困的兄弟一视同仁。必须靠有意识的打造，昭穆制的辈分认同才成为周人社会组织中的重要力量，并且保留了相当长的时间。

到了春秋时期，都还有这样的记录。

鲁闵公是鲁庄公的儿子，公元前661年即位，只在位两年，就被专权的大夫杀了，当时的霸主齐桓公强势介入，改立鲁闵公的庶兄弟鲁僖公为国君。鲁僖公在位33年，公元前627年去世。

从昭穆制上看，鲁闵公和鲁僖公同属“昭”辈。于是到鲁僖公去世，安排庙祭时就出现了严重的问题。当时的庙祭，遵循同辈共权的昭穆制方式，同一辈只会有一个代表入祭。嫡出的鲁闵公比鲁僖公先继位，又比鲁僖公去世早，早就成了他们那一辈的代表，入祭宗庙里了。鲁僖公去世后，他的儿子鲁文公继位，就无法接受自己的父亲不在“昭庙”中的安排。对于鲁文公来说，僖公是他的父亲，况且僖公和闵公的成就天差地别，凭什么只在位两年，死于乱臣之手的闵公可以凌驾于僖公之上，代表入祭“昭庙”？于是在鲁文公的坚持下，鲁国的庙祭做了更动，让僖公入祭“昭庙”，将闵公移到“穆庙”去。

这件事清楚显现：第一，到公元前7世纪，距离封建制的成立已经近四百年，昭穆制的同辈共权仪式仍然保留着。第二，这个时候，昭穆制面临崩坏的危机，像鲁文公这样的人，就不再认同同辈共权的精神，父亲是父亲，伯父是伯父，对他来说是有明确区分的，他无法对鲁闵公和鲁僖公一视同仁，不惜破坏原有的规定，强行将自己的父亲放入“昭庙”中。第三，昭穆制的根本原则也逐渐被遗忘，才会发生将鲁闵公移到“穆庙”的做法。属于“昭”辈的闵公，无论如何不可能变成“穆”辈，“昭”和“穆”明白划分，是昭穆制存在的根本理由。“昭”辈和“穆”辈可以混淆，那么昭穆制的实质作用也就丧失了。

昭穆制是周公用来进行同族团结动员的关键手段。“打虎还要亲兄弟”，周人要大举东进，得用亲属纽带强化彼此的协同合作，超越既有的地位高低划分。每年的庙祭，是昭穆制的大事。一边是“昭庙”，另一边是“穆庙”，所有的人，要么归“昭”，要么归“穆”，不可能有人没地方去。如果祖父还在，祖父会和孙子在同一边，相对地，父子就在彼此的对面。这种盛大的仪式，让每个人都有归属感，强化了辈分意识，通过辈分，感觉到自己完完全全属于这个姓族，属于这个特定的辈分集团。

同辈世代就构成了最自然的共同体。用这种方式，在实际上有限的姬姓人口中动员出绵延四十年，不断外拓进展的封建力量。

09

周人的政治制度

——宗法制

作为中国历史上第一位真正的历史人物，周公的政治方案，除了复兴昭穆制之外，还创立了“大小宗制”。“大小宗制”和昭穆制形成了既相反又互补的关系。

什么是“大小宗制”？十二个字可以简单说明：“大宗百世不迁，小宗五世则迁。”关键在于“迁”。“迁”是移开，就是终止的意思。“大宗百世不迁”意味着在记录亲属世系关系时，如果是“大宗”，“大宗”的定义是父亲传到嫡长子，那就从最前面一路往下记录，永远持续累积添加。那么“小宗”呢？指的就是非嫡长子的其他兄弟分支。

以周武王为例，他是文王的嫡长子，是“大宗”，这个“大宗”由成王、康王、昭王、穆王……一直传下去，原则上、理论上是“百世不迁”，永远持续。而相对于武王，周公就是文王传下来的“小宗”，在这个系谱上，他有他的位置，然后他儿子、孙子、曾孙、高孙也都还有位置。但到此为止，从周公到周公高孙一共五代，之后他们这个支脉就在这个系谱上消失不记了。

不过，在文王、武王这个系谱中，周公是“小宗”，但同时他自己却又开始了一个“大宗”。他的长子、长孙、长曾孙、长高孙……一路传下去，是这个新的“大宗”的“百世不迁”；相对地，他的其他儿子则又构成了“五世则迁”的“小宗”。非嫡长子另立一个自己的“大宗”，叫“别子继宗”。

“大小宗制”让每个人都在亲族系谱上分别出清清楚楚的相对位置，不会争，也没得争。在这个系谱中，谁“大”谁“小”，明明白白。在亲族权力安排上，其作用和昭穆制相反，却又构成互补。昭穆制强调同辈共权，让每个氏族成员都觉得有归属感，而“大小宗制”则分辨出共权中的权力高下，在同一辈中，听谁的，谁有权力说了算，就看事情牵涉哪一“宗”，这“宗”里的“大宗”说话有分量，“小宗”就别多啰唆。

“大小宗制”的本质，就是以亲族关系作为权力的固定安排架构。在什么事情上你有多大的权力，首先以你在亲族系谱上的位置来决定。位置是固定的，“大小宗”没有暧昧空间，没得商量的，如此提供了这个系统在变动环境中相对稳定的决策安排，避免了许多纷扰和斗争。

昭穆制创造权力分享、混同的感受，“大小宗制”却规范近乎绝对的权力划分，两者的精神是相反、矛盾的。如何落实让两种相反的权力安排并存？《礼记》中有两句话，总结了基本的做法，那就是："祭以尊尊，宴以亲亲。"

"祭礼"的场合，依循"大小宗制"的原则，凸显"大小宗"的差异。在祭礼的安排上，会明确地显示每个人在"大小宗制"里的差等地位。"大宗"为尊，"小宗"按照和"大宗"之间的亲族关系距离分配位置，关系距离超过"五世"的，在这场祭礼中，就完全没有位置了。

但若是"宴飨"时，就不一样了。吃饭喝酒不讲究关系远近的排名，尽量让大家混杂在一起，消除距离感。换句话说，"祭"依照"大小宗制"精神严格区分地位，"宴"则依照昭穆制的精神，让同辈充分融和。而且有时候，"祭"之后就有"宴"，如此一来，尊卑高下和共权平等，两种原则先后发挥互补的作用。

10

周人的政治制度

——嫡长子继承制

依照“大小宗制”，“大宗”每一代只有一个继承者，其他的儿子都是“别子”，要出去成立自己新的“宗”，这是“大小宗”的根本来源。那谁继承“大宗”，最为理所当然的，就是嫡长子。

周人很早就有嫡长子继承的惯例，这个惯例到后来设计得更详密，形成了“嫡、长、贤、卜”四层原则。也就是说，在所有的儿子当中，由谁来继承“大宗”，有四个考虑因素，依照这个顺序分配其重要性。第一是“嫡”，优先考虑由正妻所生的儿子。第二是“长”，排行越前的，越有资格继承。第三是“贤”，看看哪个儿子比较有才能。第四是“卜”，如果依照前面三个标准还定不出继承者，才卜问鬼神，请求鬼神的意见。“卜”排到最后，清楚反映出周人强烈的人文精神，人间的事最好用人的道理来解决，非不得已不用去求神问鬼。

封建制的设计原型，是嫡长子继承。不过在现实中，至少是国君的权力继承，有各式各样的变形。其中一个根本原因在于，嫡长子继承制剥夺了国君的一项重大权力——国君失去了选择继承者的自由。

在莎士比亚的名剧《李尔王》中，所有的戏剧性变化始于李尔招来三个女儿，宣布要从三个女儿中选出一个来继承王位，条件是“看你们之中谁最爱我”。这对于一个年老的权力者，几乎是无法抗拒的诱惑——以继承权来换取下一代持续的敬畏与善待。早早确定了嫡长子继承，原来的国君年纪稍大，很容易有“跛鸭效应”，权力的中心悄悄地移转到下一位国君周围，他的失落和忧心恐惧，很容易使他决定打破固定的嫡长子继承制，拿回继承者的决定权，同时拿回原本快速失去的所有权力。

所以确立嫡长子继承规范的同时，周人还是保留了“立”的仪式，格外看重“立”的过程。即便是嫡长子，也不能自动取得继承者的地位，要经过“立”，原来的国君要在其间正式宣布，昭告诸侯，并对天子和祖宗交代——这是我选择的接班人。用这种方式，为国君保留在继承一事上的正式指定权。

11

“氏”与“姓”的建立

周公建立的完整制度中，另外一个环节是“姓”和“氏”。在那个时代，“氏”就是我们今天所知的“姓”，你姓什么，标示了你出身于哪一个家族，那是血缘的记号。这种功能，在周朝，称为“氏”，而非“姓”。

那“姓”是什么呢？“姓”是由几个不同的“氏”因特殊的地缘共居合作关系结合而成的团体。封建是由“氏”产生“姓”最重要的程序。几个不同的氏族，被指派了封建的任务，移居到一个陌生的地方进行征服、垦殖的任务，在新的地方定居下来，这几个氏族，可能再加上几个当地愿意合作的氏族，组合了新的“国”，这个“国”就构成了一个新的“姓”。于是在原有的“氏”之上，他们取得了一个共同的“姓”。

“氏”是自然的、天生的血缘关系，强调“氏”，可以用来发挥血缘关系的团结力量。但若过度看重血缘关系，创造出来的将是封闭的团体，血缘本位立场很容易酿造成“氏”与“氏”之间的争斗。所以要有让“氏”与“氏”可以不只和平相处，还能共同合作的空间。那就是“姓”，“姓”等于是人为的、扩大的亲族关系，在没有真实血缘的人群间，创造出一种“我族”意识，看到同“姓”之人，就自然而然地产生亲近感，也就容易互相信任，彼此保护。

“氏”与“姓”的架构，先在周人间推动，接着就随着封建的进行，扩展到其他地方去。封建到哪里，那里的社会组织就按照“姓氏”的原则，重新整理，重新洗牌。周人鼓励其他部族采用模仿他们的方式，建立起正式、严谨的亲族系统，然后又鼓励这样的亲族系统参与建构新的“姓”。用这种方法，周人与东方旧族，进一步，周人与封建所到之处的原居民，就可以泯除差异，形成新团体，团结一起开发、经营新的“国”。不管原本的来处，参与形成了新的“姓”的各族，就都是新的“国”的主人，都是国人，都对这个“国”有着强烈认同。

在出土的文物中，有一整组属于“史微氏”的铭文铜器。从铭文中我们明了，史微氏是“殷遗民”之一，很早就在商人的政治组织中提供专业的记录服务。商灭亡了之后，他们迁到周人的大本营宗周，一待就是几百年，继续扮演重要的行政幕僚角色。一直到西周末年大乱，平王要离开宗周东迁到成周去，史微氏随行，所以将家族中的传世重器——宝贵的青铜器埋藏起来。没想到这一埋，就埋了两千七百年，这批青铜器直到 20 世纪 60 年代才重见天日。

史微氏的铜器铭文告诉我们几件事。第一，周人广泛建立和“殷遗民”之间的关系，甚至将一些具备专业能力的“殷遗民”送到宗周去，融为周人核心政治体系的一部分。第二，周人让史微氏这样的旧族也都学习了以“大小宗制”来重整、新建氏族传统，所以能够流传久远。

12

在上述内容基础上解读考古资料

这些都是在周公手中开创的周朝文化的关键基石。对昭穆制、“大小宗制”的背景有所了解，我们才有办法比较准确地解读周朝的考古资料。

例如，1957 年出土的虢国墓，范围很广，是春秋时期虢国的集体墓葬。在墓葬区中，明显分出姬姓宗族和非姬姓宗族的墓地。在姬姓宗族墓地中，更令人惊讶的，是个别墓葬间的巨大差异。有的极其丰厚华美，有的却再简单寒酸不过。这说明，这里既有豪奢巨富，也埋葬了身无长物的穷人。

任何社会，尤其是看重葬礼的社会，很难出现这种状况。富人通常有财富带来的较高地位，而彰显地位最直接的方式，就是在生活上和穷人分别开来。富人会要专属的墓地，不愿意让穷人跟他们葬在一起。

然而，这是周朝姬姓宗族的墓地。我们就能理解，那是因为传统的昭穆制仍在发挥作用，集体共权平权的基本规范，使即便穷困潦倒的人，只要属于这个宗族，在宗族家庙里享有位置，就有权利葬在这里。

昭穆制长期维持了宗族内部的联结，抵抗其他分化力量。而“大小宗制”在封建的过程中，尤其有用。“别子继宗”的观念深入人心，尽管只有嫡长子能够继承原有的“大宗”，但每个非嫡长子都能够从这个“大宗”中游离出去，以“别子”的身份另立自己的“大宗”。

换句话说，他们有机会建立自己的“宗”，和封建相应，就是他们可以出去成为一个新的“封君”，获“封”的土地、人民可能不大不多，但总是“我的”。这提供了充分的外扩拓殖的动机。

最早由周天子册封出去的，是重要的“国”，接着次层的分封封出更远一点或小一点的“国”，然后再一层就有“世卿”的封地、一般大夫的封地，一层层越来越小。在这个过程中，周人的势力也就一方面越拓越远，另一方面分布得越来越密实。

周人之所以能够在四十年间让封建遍布占领各地，靠的就是“大小宗制”的作用。简单地说，一个家族里只要在长子之外多生一个男孩，就确定会多出一支往外扩张的势力，因为这个“别子”长大了，必须离开这个“宗”，去建立他自己的“宗”。一波波，下一代的“小宗”被推出去成立新的“大宗”。

大约四十年后，封建的巨大开拓运动开始停滞，因为没有那么多地方可以持续建立新的封国、封地。那些年间，封建一层层往外，往下。降到大夫的层级之后，无法再多分层，无法再分更小的封地了。于是，就开始出现有些“别子”分不到封地的状况。他们仍然建立了自己的宗族新支，却无法拥有世袭的领土。到最后，即便是周王室的姬姓宗族成员，也有人一点点没落成和庶民没什么区别的低层士人。

西周初期，封建制使周人展现了强烈的外向性，不断去建立新的“国”，每一个封国或封地就建一个新的城。鲁国有中心的城，然后围绕这个城，逐步建立起属于“世卿”的城，“世卿”的城周围再建起属于“大夫”的城，城越建越多，城的分布范围扩大。另外，城与城之间的距离也越来越近。

等到大部分适合运用的地区都布满了城，封建就无法继续外向扩张了。这是个关键转折点，使周朝的基本性格从外向性转为内向性。大约从周共王的时代开始，在金文中出现了新的现象——城与城之间的兼并。没有新的土地可供征服开发，因此要想扩张势力，就只能从抢夺既有的城着手。

就在这个过程中，“国”的意义改变了。以前，“国”就是“城”，指的就是一座城。城内住着国人，城外有可供耕种的“郊”和“野”，还有住在城外的“野人”，是这样一个紧密的单位。但今天我们想到“国”，想的不是这种自给自足的单位，而是一个对内有分化功能，对外有对抗性的组织。由此及彼的变化，发生在西周中晚期。在西周中叶，中国这块土地上可能分布着上千个自给自足、独立的城，然而到西周结束，已经兴起了许多控有超过一个城的“国”。“国”的意义不断扩大，这块土地上散布的“国”也就相应越来越少，花了五六百年的时间，到秦始皇统一六国，终于彻底取消了“国”的复数意义。这整块土地，就是一个“国”，只剩下由“秦国”转化出来的“帝国”。

13

宗法制度中的父子关系

在历史上，至少还有两件事和周公有关，必须一提。

一是周朝从哪里起算。按照史实，周朝的成立，最早应该从武王发兵翦商，攻进了朝歌，迫使商纣王自杀开始算。对周朝历史进一步理解后，我们明白，其实周人真正全面取代商人，甚至要晚到“二次东征”。

但传统上，周朝的开端既不是“二次东征”胜利，也不是“一次东征”胜利，而是远溯到周武王的父亲——周文王的时代。

这种算法有个明显的问题，周文王甚至不是“王”。他在世的时候，周人仍在商人的共主统辖下，而且商人还不断用各种方式防堵周人在西方势力越来越大。后来的周文王，在那个时代，是“西伯昌”，商人不得不承认周人的力量，封给他“西伯”的尊号，但另一方面，“西伯”却被商人幽囚，甚至很可能死于商人之手。

从“西伯昌”到“周文王”，这个称号是周公设计安排的。武王死后，周公当政时，他主导决定给予哥哥“武”的谥号，同时追封给父亲“文”的谥号。于是从称号上，将周王往上延伸了一代，才有后来将周朝从文王起算的传统。

周公的做法，当然是为了抬高父亲，不过更重要的效果，则是强调了维系宗法制度的一个关键原则——存在于父子关系中的“孝”。虽然那时还没有明确的名词称之为“孝”，但其基本精神已经清楚地建立了。儿子应该荣耀父亲，从一个角度看，一个父亲的成就，不是看他一生做了什么，而是要把他儿子做了什么都一并纳入考虑。儿子的最高地位，就自然地投射成了父亲的最高地位。武王创建了周朝，在这个原则下，理所当然，他的父亲分享他的成就，他是“王”，父亲也就应该同样是“王”。

于是在宗法制度中，做父亲的从此有了这份压力。儿子的作为，是我的责任；做儿子的也有了责任与权利，最终是由我的作为来决定父亲一生的成就，决定父亲人生的成败。

三千多年前，周公用这种方式重新定义父子关系，得以使宗法制度更加完整，给予了宗法制度一个紧密的内在逻辑。而且，从此之后，这个原则、这份精神价值，就成为中国文明结构中的核心部分，一直到今天。到现在，这个文化中的绝大多数父亲，或者更进一步说，绝大多数家长，还是在用这种方式看待自己和儿女之间的关系。儿女理所当然是自己生命的延伸，下一代理所当然应该为上一代的人生成就尽责。

14

总结：周朝的教化根基

周公不仅将父亲追封为“王”，而且决定其谥号为“文”。这是另外一个不容忽视的重要影响。

哥哥的成就，是以武力打败了原来的共主，推翻了商人的统治地位，这很明白。那么，父亲的成就，以“文”来总结，是因为什么？有什么具体的内容？

至少在后世如孔子的认知中，“文”比“武”更重要，更关键。“武”开启了周朝，然而“文”才真正定义了这个朝代。“文”这个观念，流传到后世，有两种最常见的内容描述方式：一种是“制礼作乐”，以礼“乐”为核心；另一种更复杂、更详细些的，就是“《诗》《书》《易》《礼》《乐》《春秋》”以及“礼、乐、射、御、书、数”。

也就是说周朝的成立，是以一套人的教化教养精神为根基。周人不是靠武力完成大业，在武力背后，甚至说在武力之前，有“文”，有一套新创的“人之所以为人”的价值系统。

在建立这套系统上，周文王的贡献，显然远远不及周公。也是在周公，而非他的父亲周文王手上，奠定了这套王官学的系统。简而言之，王官学就是姬姓子弟的标准训练内容。姬姓子弟要能承担起封建制的开创大任，要能带领各方人员散布各地积极经营，他们必须有所准备。王官学就是为了给他们适当准备而设计、发展的。

我们真的不能不佩服周公的远见。他思考了让封建制能确实运作的各个环节，做了环环相扣的安排。要不然，封建制绝对不可能绵延几百年。王官学的教育内容，和封建制紧密联系，也就自然地随封建制而分散扩展。最早是姬姓子弟的教育在历史中逐次展开，最后成了“士”以上的所有封建贵族子弟的共同训练内容。

从周公到孔子，经过了差不多五百年。而孔子一切思想、态度的源头，仍然是这套王官学。这真是个惊人、少见的人类经验——周公的教育理念与教育设计，稳定地存在了五百年，以至于到孔子的时代，像孔子这样一个充满原创活力的人，都还是言必称周公，以恢复周公的理念作为自己的终极梦想。

第六讲

王官学与诸子学

01

我们所知道的历史经历过层层筛选

历史是过往人类经验的总和，但在这一大片广大的范围中，只有很小很小的比例，会成为历史资料并被留存下来，其他绝大部分都彻底消失了。留存下来的历史资料中，又只有很小一部分会进入现代意识中，成为历史知识被现代人认知。再往下看，历史知识又只有一小部分，有机会变成一般人的历史常识。

值得一再提醒的是，我们的历史常识和真实的历史之间，存在着巨大的差异。那么或许大家会稍微自觉警惕地不再想当然耳、充满自信地将自己所抱持的历史常识视为历史。历史不是这样，历史远比历史常识复杂千倍万倍，历史永远不在我们的掌握中，我们只能不断努力，试图接近历史，绝对不能说自己知道历史。

虽然是几千年前就发生过的事，但我们从来无法确知历史的真相。对待历史，我们不得不始终谦卑，不断试着看能不能多知道一点，能不能知道得清楚、明确一点。

想想，对于从公元前 11 世纪到公元前 8 世纪我们称为西周的这个时代，你知道多少？你有可能知道的有多少？今天我们说西周史时，比较清楚、明确、有把握的，实际上只有很小一部分，是得以刻铸在长存不朽的金文上的部分。流传至今，通过各种方式发现的有铭文的青铜器，大约有两千多件，铭文有长有短，有些可以有效解读，有些读来仍如入五里雾中，不知所云。这样的记录内容，算是告诉了我们不少事，但还有一个问题，铭文里记录的事，用我们的标准看，不会每件都是重要的，里面又只有一部分被认定是重要的史实，被拿出来讨论、解说。

吸收历史知识时，真的不能不问：究竟是依照怎样的标准，我们决定了什么是重要的？究竟如何将重要的和不重要的分开，前者留下来，后者抛开？

选择决定什么重要，什么不重要，是史学的特殊关怀，也可以说是史学的特殊权力，更是史学研究的主要内容之一。史学不可能是绝对客观的，重要或不重要，不会有客观的标准。但史学也不会是纯粹主观的，想怎么选择就怎么选择。史学判断标准的成立，尤其容易“多元主观产生相对客观”。

简单地说，每位历史研究者都有自己的主观立场，依照自己的主观立场去选择他认定的重要事实。不同主观立场、不同焦点，多重的主观选择之中，会有重叠、共通的部分。每个史学研究者从不同角度选，大家选来选去，的确有一些现象、一些事都被选进去了，如此就产生了“相对客观”，我们有理由将这些现象、这些事看作真正重要、应该首先知道的核心知识。理解、掌握了核心知识，也就最有助于我们由此扩展，去进一步接触其他不同人选择的不同历史内容。

02

有效的历史知识需要历史学家的呈现

在长期的史学传统中，逐渐浮现了核心知识的一些基本特质。例如，一项构成核心知识的原则，是无论从什么角度选择，既然处理的是历史，那就不能忽略变化，不能不将变化选进来当作历史知识的重要部分。出现明显、激烈变化的现象，应该被记录，更应该被解释。不仅呈现变化，还要追问并回答：为什么在这段时间，会有这样的变化？

又例如，一段时间中若出现了格外耀眼的成就，那当然也是历史的重点。史学中有各种不同的细分领域，政治史、经济史、社会史、思想史和艺术史等。但在一般总述时，我们不会按照同样的分类固定地一直讲下来，那样会使历史叙述显得很单调、很无趣。因为不同的领域在不同时代，会有或快或慢的发展变化，会有或高或低的不同成就。合理的做法，是暂时搁置发展慢的、成就低的领域，将眼光专注于发展快的、成就高的领域。

不做这种分辨与选择的话，就等于是放弃了历史学最根本的权利，也放弃了历史学最根本的责任。不选择，只用单一的原则去罗列发生的事，我们不能说那不是历史，那也是历史的一部分，但那不是有效的历史知识，对于我们了解过去的人类经验不大有帮助。

我们知道周朝每一个天子的称号及其排列顺序。我们甚至知道从周朝一直到清朝的每一个天子和皇帝的称号及其排列顺序，也大概知道他们在位的年代。然而，把这些天子、皇帝一路排列下来，就是历史知识吗？就算加上这些天子、皇帝在位时做了些什么事情的记录，就是历史知识吗？

我无法同意。要产生有效的历史知识，一个历史研究者、叙述者，不能将几千年的历史视角一直维持在同一个狭小的领域里，不去看，看不到其他领域。史学研究者的一个“天职”，就是面对过去，要能够尽力去掌握不同时代的“时代精神”。这就意味着，我们必须认识到，人类活动在不同的时代有不同的重点，不可能一成不变。史家要能够俯视全局，然后辨识出任何一个特定时期内变化最剧烈、成就最突出的部分，通过这些非常的现象，探索并彰显其背后的特殊力量。

历史学家与历史学有责任让每个时代不一样。如果在史学中将每个时代都呈现得一样，那就不配称为历史知识了。如果想到汉朝和想到宋朝，我们无法立即体会、感知这两个朝代的根本差异，那就不算理解这两个朝代的历史。历史知识和其他知识形式最关键的区别，也是历史知识存在的理由，就在于时间感，意识并学习时间所造成的差异，只有在长时间累积的人类经验中才会出现的变化现象与变化法则。不能意识差异、变化，就不是合格的历史知识。

03

历史学家必须不停追问

从传统的角度，从西周到东周的历史，我们可以简单地排比从周文王以下，一直到周平王的每一个周天子，谁在前谁在后，谁在位几年，并简单说说：从成王、康王时期有“成康之治”，厉王不是个称职的天子，发生了诸侯反抗，因而后来有了共王时期的“共和”，一路讲到平王时，挡不住西方犬戎入侵，守不住宗周因而东迁，西周结束，进入东周。

这种方式，列出了事实，却忽略了历史知识中可能比事实更重要的一部分，那就是解释。为什么西周结束了，变成了东周？因为犬戎打过来，宗周守不住，只好迁都。这是解释。但历史的解释，不会停留在这里，停留在这里就不会有不断进展、不断增添修改的历史研究了。进一步问：为什么犬戎会在这个时候打进来，为什么宗周会守不住？传统给的解释是：因为一个叫褒姒的女人，她很美，却不爱笑，幽王为了逗她笑，就烧起示警的烽火，要诸侯带兵过来，看见这些堂堂诸侯白着急白忙活一场，褒姒笑了，所以幽王就反复玩这种把戏，终致诸侯再也不上当，看到烽火警报时再也不来了，于是犬戎入侵，在没有诸侯相助的情况下，宗周很快就失守沦陷了。

那就进一步问，为什么犬戎这时要侵略宗周？历史知识的根本动力，在于如此一层层地对于我们认为已知的事实探问：为什么？然后一层层搜寻可能回答“为什么”的线索，一直问一直搜寻，到史料实在支持不了，回应不了我们的好奇心。探问“为什么”的做法，引导史学研究者不断重新检验史料，尤其是重新排比史料之间的关系。我们不能创造史料，然而我们可以也应该试着从既有的旧史料中整合出新信息来。

追问犬戎为什么打进来，必然涉及更基本的问题：犬戎是谁，或犬戎是什么？循着这问题去整理，我们就会发现，犬戎这个名字在甲骨文、金文中常常出现，而且很早就出现了。大约从公元前 13、公元前 12 世纪，一直到公元前 8 世纪，几百年的时间中，犬戎都在西边，在比周人更西一点的地带活跃，在地理上和周人相邻。

换句话说，犬戎不是新来、新出现的。还有，到幽王的时代，犬戎已经有几百年和周人和平相处的经验了。前面说过，周人扩张发展的过程，真正的问题在东方，如何对付商人，如何占领庞大的东方领域；而周人主要的智慧与精力，也都投注在对东方的占领与经营上。

周人能够如此长期将眼光放在东方，能够克服一层层困难，完成向东方的封建，背景条件一定是：这段时间中，他们在西方——其起源的根据地，基本是稳固安全的。这段时间中，犬戎一直在，但犬戎也一直不曾成为周人的困扰，那为什么到了公元前8世纪，犬戎突然成了那么严重的问题？

有什么特别的因素使犬戎在这个时候突然壮大，大到有力量胜过周人？还是换另一个角度看，有什么特别的因素使周王室在这个时候变得衰微，开始没落，以至于原本不是问题的犬戎，和没落中的周王室相比，都构成了无法解决的威胁了？

从史学知识的选择上看，这是不容轻易放掉的关键，因为在此发生了变化，巨大且多面向的变化。我们有责任突出变化，想尽办法探索变化的面貌和变化的来龙去脉。

04

为什么诸子百家出现于东周而非西周?

从西周到东周，最值得探讨、最值得记录的变化是什么？运用刚刚提到的另一个历史选择标准，从不同领域的发展成就来衡量的话，那一定是在思想上的变化。

在这方面，西周相对平静，基本上延续周初产生的忧患意识与人本价值。但从西周进入东周，思想领域却像是将东西丢进了烧滚的油锅般，爆发出惊人的活力来。

东周出现了诸子百家。谈到东周的历史，不能不提诸子。西周时没有任何一个“子”，但到东周却有了孔子、墨子、庄子、老子、孟子、荀子、孙子、韩非子……他们占据了东周历史的主要部分。

这些“子”不是以个人的身份出现在历史舞台的，他们之间联系为“家”。汉初司马谈将他们整理为“六家”(《论六家要旨》)。到了东汉班固，则分类为“九流十家”(《汉书·艺文志》)。早在汉朝，当回顾离他们没那么远的东周时，他们就已经认定，这段历史的重点之一，就在于诸子百家的思想成就。

诸子百家早早就连称形成固定的名词。但细究的话，“诸子”和“百家”不完全是同一回事，是有区别的。“家”是个集体名词，是学派，而“子”指的是个人。

其中有一些“子”创立了“家”，例如墨子创立了墨家，甚至墨子就等于墨家。但另外有一些“家”，却明显大于个别的“子”。最突出的是儒家，孔子和儒家关系密切，但儒家中除了孔子，还有很多其他的“子”。除了后世熟悉的孟子、荀子之外，其实还有子思子、子夏子、子张子……好长一串名字，这些名字之间形成了一个紧密关联的系谱。

对照一下，西周没有任何“家”。也就是说在西周，知识没有分化为不同的派别，当时的人也不认为看待知识的态度、对于知识不同的重点强调，会是一项重要的个人身份或集体认同。因为相信、主张什么，所以我属于某个特定“家”派，这种想法，在西周还不存在。所以，西周不会有“百家”。

西周也没有“诸子”。“子”所凸显的，是个人。西周的史料中，有帝王世系；金鼎铭文中有时会出现官职名称与任官的人，但里面没有真正突出、可以被辨识的个人。

综合各种不同材料，我们得以勾勒出周公这个人，看到他的巨大智慧与贡献。他是中国历史上的第一个人物，同时，他也几乎是西周几百年间唯一的人物。周公之外，我们很难有把握并有充分理由去谈任何其他人物。

西周三百多年，出了周公一个历史人物。东周呢？从公元前 8 世纪到公元前 221 年，五百多年时间，又出了多少值得一记、值得一谈的人物？太多了！多到几乎无法计算。光是“诸子”中可以探究其生平与思想的人，就有数十上百。不妨翻一翻钱穆的《先秦诸子系年》，厚厚一大本，里面都是有凭有据的“诸子”行事活动的资料。

西周三百年间出了一个周公，相对地，东周五百年却出了上百个流传下来能够被认识、值得被认识的“人物”。还是用钱穆的话来说：西周仍然主要是“群体的历史”，能够让个人发挥能力的组织尚未完成。没有一定的网络、关系系统，个人再聪明，再有能力，都无法影响他人，也就不可能成为历史“人物”。

如果没有出版，没有书籍，没有让书籍可以快速并大量流通的渠道，我无从将我所知道的中国历史传达给那么多人。我的知识、想法，不管是什么，都只能存放在自己的脑袋里，无法传给别人。关键不在于我有没有知识，有没有想法，而在于无法让别人被我的知识、想法影响。

所以，不是东周的人比西周的人聪明百倍，西周出不了“人物”，是因为缺乏“人物”诞生的社会与组织基础。那么，到了东周，什么样的社会与组织基础，提供了“人物”诞生的条件，让个人能够超越原有的限制，产生集体影响力？从这个问题出发，我们会对这段从西周到东周的历史，有很不一样的看法。

05

诸子的源头

——周人的知识创新

东周有了诸子百家，西周没有。作为“人物”，“诸子”的重点在于思想与知识。因而我们可以上溯理解，这个时代出现了知识形式与知识流传的重大变化。

在人类文明起源的阶段，知识是稀有的资源，拥有知识是权力的表彰，知识垄断在少数人手中，为这些少数人带来权力，或作为他们的权力基础。殷商时期，最有价值、与权力关系最密切的，就是和祖先沟通的知识。对于这方面的相关知识形式，商人小心护卫，紧紧掌握。而商人共主霸权开始动摇的一个因素，也就在于铸造青铜器、问卜、刻写甲骨文等相关知识外流，被周人偷学走了。

周人取代商人后，建立了封建制，同时改变了主流的知识内容。周人不靠鬼神，他们的长处不在于掌握和鬼神沟通的神秘力量，而在于用宗法制度建立起人与人之间有效的合作网络。相应地，周人看重的知识，当然就和商人不一样了。有三种不同的关系，取代了过去商人的鬼神关系。

第一种是人和天之间的关系。天不是意志神，而是普遍规律的总和。人对于自我行为如何符合普遍规律若有疑问，在周人的文化中，就以占卦的方式来祈求解答。如何占，占了之后显现的卦象如何解释，就成了重要的知识内容。

第二种是现在的人和过去的人之间的关系。每一个人都是依照他在宗法里的位置来决定他是谁。宗法系谱是人与人彼此对待的根本规范，失去了这份系谱，人就无法行为了。所以要仔细、小心保留一代代建构起来的宗法系谱，谁是大宗谁是小宗，系谱中这个人和那个人的相关位置如何，不能遗漏。

所以要有专人负责保持记录，那就是“史”。史的责任重大，必须随时维持集团成员严格、正确的关系记录，有需要时，每个人都能理解彼此的宗法关系，采取适当的态度。

另外，史还负责掌握人与人之间的盟誓约定。周人能够推动庞大的封建武装殖民，靠的就是结成紧密的合作团体。合作的基础，是信任。凭什么取得别人的信任？凭借周人不空口说白话，他们习惯将所做的承诺用“子子孙孙永保用”（西周时期的《倗生簋》）的形式记录、保存下来。出发去拓展封建时，结盟的条件要正式记录下来。封建一层层分封，要正式记录下来。到后来，国与国之间的任何交涉，好的坏的，也都要正式记录下来。所以，和史有关，保留过去记录的知识，也很重要。

第三种关系到人与人的日常关联。宗法的根本是长时间不变的系谱记录，然而宗法不能光靠这种长时记录来维持。光有记录，很容易变成名义、名分，像今天我们可能还知道这个人是我的叔祖，却不觉得和这位叔祖之间有任何明确的关系，也不知道要如何对待他，对待自己的叔祖，和对待路上任何不认识的老先生，不会有区别。

维持宗法，让关系不断有意义、有作用，要靠礼。礼的核心作用，就是创造亲族关系的日常切身性。从出生到结婚到死亡，每年从开春到冬末，生活中一直不断有礼规范你什么时候、什么状况下做什么事。礼所规范的作为中，同时也就一而再，再而三提醒、强化牵涉其间、彼此互动的人的关系。辈分、亲疏安排，具体地融入生活里，让人不可能遗忘宗法关系，事实上是不可能活在宗法之外。

礼用来固定宗法关系，因而礼本身当然不能随便改动。要有专人来负责管礼，他们是所有人相对关系行为的终极权威。礼的内容，也就是另外一种重要的知识。

06

西周到东周宗法关系的松动

宗法的基础是亲族，源于自然的出生身份。周人以人为的力量，将亲族体系扩大为政治体系，将统治架构安排在这个基础上。这套制度最大的问题，也是在其自然面无可阻挡的倾向——扩大与衍生。

人一个个出生，一代代出生，宗法系统就随之扩大，不断衍生。自然的繁衍没有止境，宗法与封建的安排，却有一定的限度。前面提过，封建一层层向下向外分封，“大宗”继承原有的“国”，“小宗”则得分封出去建立新的“国”或封地，不断分封，很快就会遇到无处可封，也无法再分层的困扰。

前面三代五代，每个“小宗”都还可以有出路，得到分封。然而时间拉得更长，封建结构扩大到一定程度，就不可能无限地分封下去。到了一定程度，有些后代“别子”降为庶人，更严重的是，到了一定程度，森然的宗法制度开始解体了。

几代过去之后，会发生一些亲戚高高在上当国君，另外一些亲戚沦为一无所有的庶人的情况，社会地位的高下能不影响宗法上规范的行为法则吗？当国君的遇到沦为庶民的叔祖，还能给予他对待叔祖的恭敬态度吗？

几代过去之后，会发生在亲属系谱上的叔祖，说不定年纪比你还小的情况。这个比你还小的叔祖对你颐指气使，你受得了，还能用规定对待叔祖的方式敬重他吗？

这就是宗法难免随着时间而逐渐关系松散的原因，不管周人再怎么仔细维护宗法系谱上的记录与规矩，时间产生的繁衍效果，繁衍带来的复杂性，必定使宗法的想象秩序越来越难维持，越来越和现实脱离。

在想象规范上，一个从周初封建而来的“国”，国之中一层层分封下去的三十个封地，每一个封地的领主，都是国君的宗族亲戚，而且他们彼此之间都有宗族亲戚关系。因而封地与封地之间的关系，每一个领主与领主之间的关系，都应该依循宗法的规定，也都有明确的互动行为模式。

然而时日久远之后，现实中，领主与领主之间没有交情，彼此亲戚联结只剩下名义上的，甚至连名义上的关系都变得不是那么明确了。于是封地与封地之间，很容易出现竞争，弱肉强食的原则凌驾于原本的宗法规定之上。

比较强大的领主开始侵夺比较弱小的邻居，将他的封地抢过来。以前不会发生这种事，因为不管谁强谁弱，邻居之间有宗法的拘束，连想都不会想要去算计自家亲戚。现在宗法松脱了，利益的诱惑就随之加大，主导了人的行为决定。

07

周幽王时期为何“诸侯不至”？

东周就是宗法关系松散过程中出现的新时代。在《论语》中，我们多次看到孔子及其弟子提到季氏，那是谁？是原本鲁国的一个封君世卿家族，在宗法关系松散的过程中，率先采取了现实态度，侵吞其他封地，越弄越大，成了鲁国境内最大最强的封君。其现实势力甚至超越了鲁国国君，成了鲁国政治权力上的不安变量。

这样的发展，改变了“国”的结构。西周时，“国”是由几十个大体独立的分封的城松散联结而组成的。到了东周，鲁国境内就出现了像季氏这样的势力中心，拥有好几个城，还不断地扩张。

原先的宗法制度以周天子为中心，周天子是整个宗法系统的最中心，也是最高层。实际上，周天子就是靠宗法制度来统治天下，甚至也是靠宗法制度来保卫自己。周天子直接控制统领的区域，是王畿，实质上就是一座大一点的城。但因为他所处的宗法中心位置，使他能够号令天下，向所有封国诸侯要求资源与协助。这些诸侯都很清楚自己的位置，对上，他们应该提供资源与服务，对下，他们就对世卿、大夫要求资源与协助。

然而，随着宗法关系松散、现实原则的抬头，不一样的政治体制与权力模式浮现了。一个封君不再必然是这个大系统中固定位置上的一个齿轮，新出现了现实强弱的考虑。他如果强，可以收拾国内的其他封地，扩张自己的领地；他如果弱，国内强大的其他封君就会在扩张并吞的过程中，威胁到他的地位，甚至威胁到他的生存。

这时候，经营、处理封国内的现实事务，重要性远超过经营和天子之间的关系。周天子绝对不是凭借自身拥有的武力来统治的。如果那样，周天子所在之处，不可能长期僻处西方。从宗周派武力去打击、去平乱的话，有多少地方根本到不了。周天子是靠这一套系统来统治的。一个地方出问题，他就号令附近的诸侯派外交或军事人员前往处理。有这样一套系统，和周天子、和宗周的距离不重要，随处都有周天子能够号令、动员的诸侯势力，大家环环相扣，以系统来保障秩序。

因而，宗法关系松散中受到最大伤害的，必然是周天子。他不再能够确实保有这样的动员效果，逐渐地也就丧失了诸侯对他的敬畏与服从。大家不再觉得，因为你是最根源的“大宗”，我们就得对你无条件遵命。有人不遵命，有人摆出敷衍的态度，那么离宗周越远的诸侯，也就越不在意周天子，反正你叫不动我左右的其他诸侯，能奈我何？

由这样的背景，我们可以重新理解从幽王到平王，从西周到东周，这个关键时期所发生的事。

幽王和褒姒的故事重点在哪里？在于“诸侯不至”的现象，而不在于褒姒究竟有多美，幽王到底有多喜欢她，非得讨她欢心不可。这个故事不过是后世用来解释“诸侯不至”的一个简化版本，将原本是政治结构上的长期变化结果，推给了个人的行为。

不管是不是真有褒姒，真有假造烽火传令的事情，“诸侯不至”的真正原因及其长远的历史意义，是封建宗法关系的松散。过去周天子与诸侯之间，“大宗”与“小宗”之间，有明确的责任和义务关系，诸侯不会也不敢忽视对周天子、对“大宗”的责任和义务。没有尽到责任，在宗法上是不可原谅的过失，会引来整个系统的谴责乃至惩罚。而且作为诸侯不尽对天子的责任，“小宗”不服从“大宗”，就要冒着自己国中的世卿、大夫有样学样，不对你尽责、不服从你的巨大风险。那样的责任、那样的风险，是切身的、直接的。

显然到周幽王的时代，在宗法原则之外，有了现实利益原则，或现实强弱原则兴起。诸侯在自己的“国”中，逐渐由依靠宗法关系来统治，转变为依靠所控制的资源与武力。这么一来，他们越来越不需要宗法，自然也就越来越不将对周天子的宗法责任当一回事了。

并不是犬戎突然变得壮大，而是和周天子能够动用的资源、武力相比较，犬戎的威胁日益加大。即便犬戎一直维持不变，现在他们都变得有办法入侵宗周了。过去，犬戎靠近王畿，周天子烽火一举，远近的诸侯立即动员前来防卫，就阻却了犬戎的进逼。显然，犬戎并未具备能够和这些诸侯抗衡的实力，所以几百年来，和周人邻接而相安无事。周人并未特别防范犬戎，有余力时也不会刻意对付西边，而是用来发展和巩固东方及南方。

但是周天子日益衰弱，而犬戎日益强大。遇到了冲突事件，犬戎真正出击，他们就发现，宗周不再是原来的宗周，现在只留着表面的辉煌，是只纸老虎。纸老虎靠外表吓阻别人，一旦被看穿，犬戎打进来，宗周就守不住了。

08

封建宗法制的衰落与诸子的兴起

封建宗法关系的松散，使西周灭亡，进入东周时期，也促使了诸子百家的兴起。

对于这个时期的关键变化，到汉朝，就已经形成了固定的“百家”的概念，平行并列这些“家”。儒、墨、道、法、名、阴阳等，一家一家分开来看，分开来说明。

用这种方式来理解这段历史，会产生一个盲点，使我们自然地认为这些“家”各自独立，着重看到“家”内部的传承沿革，而忽略了他们彼此之间的互动关联。还有，不看各家的互动关联，我们就不容易真正掌握“百家”的来历，好像到了春秋时期，各家突然从天而降，在中国繁荣兴盛。

诸子百家有其来历，整理、看待其来历，能让我们从历史中看到很不一样的东西。例如，认真追索各家来历的话，我们就会发现，儒家不能用这种方式，平行并列地和其他各家摆在一起。儒家的来历远早于其他各家，更重要的，儒家的来历和西周原先就存在的贵族教育，有着紧密、特殊的关系。

历来学者们对于“儒”有各种不同解释。胡适认为“儒”是柔弱的意思，是别人用来总括描述儒家思想性质的，后来变成了这个派别的正式名称。钱穆则将“儒”追溯到“殷遗民”的身份与传统，认为这个字最早是用来指称掌管丧礼的专业。这些考证主张，至今并未有定论。然而，有一件事在史料上是明确显现的，那就是“儒”和“掌礼”有密切关系。更进一步，儒家的理想，是恢复西周原有的体制，和原先的王官学有直接的传承脉络。

利用东周的丰富史料，我们能够重建在西周时确切存在的一套王官学。王官学首先是一套少数人垄断的知识学问，在贵族社会中有专人负责掌管，必须有一定身份才能接触并学习。这套知识最核心的部分，是礼，最关键的人物，是礼官。王官学存在的主要理由就在于为封建贵族提供适当的教育训练，使他们能清楚自己在宗法中的地位，内化这个位置应有的对应行为，也就是合于礼而行事。因而礼官必然具备双重角色任务：一方面他们是知识的保守者，负责掌管这套传统知识；另一方面他们也是教育者，要负责将这套知识源源不断地教给下一代宗法成员。

一个礼官知道在特定的仪式中，每个人依照其身份位置，该做什么；同时他也要确保教会每个人在仪式里分毫不差地照着做。儒家源自礼官，他们原先是贵族社会里的传统教育者，在封建宗法关系松散的过程中，从贵族官方的系统中流离出来，变形为“诸子”之中的一个派别。

封建宗法发展越久，亲族关系变得越复杂，礼也就相应变得越专业。亲族关系单纯时，大家都知道彼此的关系，也就很容易记得彼此对待的规范。但亲戚越多，亲戚关系越庞杂，就越难依靠每个人的记忆，来保存这些规范。辈分、直系、旁系有不一样的原则，不同的仪式有不同的举行频率，牵涉不同的成员。如果没有这些仪式，庞杂的亲族关系很容易就被遗忘、忽略了，但要忠实维持这些仪式，又超过一般人正常生活的负担，于是就需要将这套礼的知识专业化，交给专门的礼官来处理。

人们越来越需要礼官来执礼，礼官的角色越来越专业，也就越来越将他们所拥有的知识教给一般人，于是大家对于礼官的依赖越来越大。国君要出兵打仗，他懂得如何带兵，如何布阵，但他不知道该如何进行“戎礼”。出兵前该进行什么样的仪式，他必须找礼官。甚至一般人要结婚，或家中长辈过世了，他们都很难自己来安排相应的仪式，也还是要找礼官来负责。

于是，礼官作为知识保存者的角色越来越重要，但相对地，他们作为知识教育者的角色却越来越艰难。因为这些知识复杂庞大到别人都学不来了，另外，这些知识庞大复杂到和日常生活脱节，自成体系，一般人也不想学，不想知道了。礼繁复到变成专业知识，又和一般人的生活脱节，到这种地步，也就意味着封建宗法快要维持不住了。封建宗法关系松散进而濒临瓦解，受到最大打击的，也是这群礼官。

他们曾经是这个社会中不可或缺的一分子，大家都要依赖他们的专业知识与技能，连国君也不例外。然而，他们的重要性几乎完全建立在封建宗法制度上，一旦封建宗法不受重视，他们的地位便急遽下降，他们的整个世界几乎崩溃了。

春秋时期的史料记录中，一个常见的关键字，是“僭”。什么是“僭”？简单地说，就是“不合礼”。不合礼的事照理说是不该发生的，但在这个时期，却到处发生，随时发生。还有，若是不再讲究礼，没人记得礼到底怎么规定的，那也不会有“僭”的问题，不存在“僭”的现象了。到处都看到“僭”，就意味着中间的落差，一边有权力的行为者，不在意礼如何规定，不在意自己的做法合不合礼；但另一边，却有忘不掉礼、忘不掉自己该有的守礼责任的礼官，察觉并批判这些不合礼的现象。

显然，将“僭”的行为记录下来的，就是这些礼官。他们同时是文字记录最主要的负责人。

“僭”成了流行，“僭”的行为越多，意味着封建宗法越没有约束力，同时也就意味着这些礼官所掌握的知识与技能越加贬值。他们的地位、价值和封建宗法规范紧紧相连，于是在这段时间中，他们经历了快速、痛苦的沦落。

他们的梦想，当然是恢复原来的礼。在日常生活中，他们却看见权力者，那些积极扩大疆域的新兴国君所做的每一件事，几乎都是违礼的。于是这群人，从一个角度看，是原先王官学的传承者，从另一个角度看，又是一群抱持着和时代潮流相反的强烈意见的不合时宜的人。他们发展成为东周变化环境中最早崛起的一个派别，就是后来所称的儒家。

儒家的根本，其实就是原来的王官学，只是当年这套垄断性的权威知识，在新时代环境中失去了光环，逐渐被忽略，被遗忘，不再有权威的地位。现在，旧的王官学必须和新出现的其他思想观念竞争，这套知识、能力于是下降为诸子学中的一支。

知识、真理，从西周时的单数形式，变化为东周时的复数形式。用英语语法来表达就是，王官学从原来的 the knowledge（知识）变成了 one branch of the knowledge（知识之一支）。

09

儒家源于周人的王官学

以儒家和礼之间的关系为对照，我们就能清楚地相应拉出两个脉络来，一个是墨家，另一个是法家。

在所有的“诸子”派别中，儒家占有特别的地位，因为它的来历和其他派别都不一样。儒家是从原来的王官学传承而来的，这套知识曾经是权威，带着其过往的荣华风光。儒家始终坚持保守原有的礼，但他们必须面对一个残酷的事实，那就是越来越难让这套礼具备现实意义，越来越少人在意这些礼。作为教育者，他们失去了受教者，谁愿意学这些落伍了的礼，谁还愿意严谨守礼呢？

孔子的地位就建立在提出了重要的解决主张。对于传统的礼，孔子实质上有非常激烈、革命性的看法。他认为礼之所以崩坏，之所以和现实脱节，没有人重视，一部分原因在于认知礼时，放错了重点。很多人以为礼就是一条条礼仪规范，以为礼的教育就是教会小孩所有这些礼仪的细节，什么场合该穿什么，该做什么，该说什么。

孔子不同意。他对于礼的检讨、反省，最重要的就是礼有其内在的精神，有其原则的依据，所有礼仪规定加在一起都还不是礼，习礼真正要学的，不是繁复的礼节，而是整体的、大写的礼的精神与道理。既有的礼仪、礼节会过时，会失效，但大写的礼不会，那是普遍、永恒的事物。

孔子追求恢复礼，不是复制礼的外在行为规范，而是之所以会制定这些行为规范的原始精神与道理。对于孔子来说，那是绝对不能遗忘、背弃的。那是人之所以能作为人活着的根本。

墨家也源自对礼的检讨和批判，然而其态度和儒家截然相反。孔子从内在于王官学传统的立场提出他的反省意见，墨子却从完全外于王官学，对王官学带有敌意的立场发展批判。孔子、儒家忧心封建宗法的关系松散崩坏，墨子、墨家却视此为进步的机会。墨家绝对不想看到封建宗法复兴，他们是这套体系的局外人，宗法复兴对他们没有任何好处。

而墨家之所以能成“家”，是因为他们不是单纯从自我身份与利益的角度提出看法来，而是更深刻地从原则面批判封建宗法的根本问题。儒和墨之所以强烈对立，是因为墨子不只反对传统的礼，也反对孔子对礼提出的修正意见。对于外在的、传统的礼的繁文缛节，墨子从“俭”的立场加以反对，认为礼和“乐”都是奢侈的排场，没有实际作用，平白浪费。对于孔子所揭橥的礼的内在精神，墨子也完全不同意。墨子批判礼的根本是“分别”，对待爸爸和对待叔叔不一样，对待叔叔和对待外甥不一样，对待亲戚和对待非亲戚不一样。这个不一样本身就是最大的问题所在，制造了所有的纷乱。墨子强烈主张，应该彻底从精神、原则上推翻礼，代之以不分别，对所有人一视同仁地“兼爱”，爱爸爸也爱叔叔，爱叔叔也爱外甥，爱亲戚也爱所有不是亲戚的人，没有分别，就不会有争执，不会有战争了。

墨家站在儒家的对立面，法家也站在儒家的对立面，只是关注的重点不一样。儒家鼓吹恢复封建宗法秩序，强烈反对破坏封建宗法的现实。那个时代最突出的政治现实，是国君、封君持续扩大领土与权力。他们打下一座城，并掉一个大夫封域，儒家一定是批判的：“不可以！这样不合礼，是违礼的行为！”

在这点上，法家和儒家彻底相反，法家的出发点，就是现实。活在当下，为什么要管过去的礼怎么规定？怎么可能逆转变化，把人带回到封建的过去？现实就是现实，现实是前提，需要的是解决现实问题，现实问题不可能用保守的旧方法来解决，不承认现实，永远也找不到解决现实问题的办法。

一边是“历史主义”的态度，过去封建时代曾经存在的就是合理标准；一边是“现实主义”的态度，只有现实算数，现实是思考的起点。儒家和法家，在根本态度上，就是无法兼容的。

10

道家和阴阳家的王官学源头

那道家呢？道家比较复杂，牵涉庄子和老子两种其实很不一样的路数，后来被笼统放在了一起；更麻烦的是牵涉后世史料窜乱产生的致命错误，两千年来将老子视为早于庄子的人物，把老子的思想当作春秋时期的思想，和孔子同期，甚至还比孔子稍早。

经过从清末到民国多位学者的仔细考证，我们看清了，讲到“老子”，有两个年代很不一样的历史人物被混淆在一起了。一个是时代比孔子稍早的老聃，一个是战国时代的李耳。到司马迁写作《史记》的年代，这两个人已经被合二为一成了“老子”，也将写成于战国时代的《老子》往前推为春秋时的思想了。

《老子》成书不可能早于战国时期，写《老子》的人，和春秋时的老聃，不会是同一个人。老聃和王官学也有关系，属于原来的史官系统。他们是封建宗法的记录者，这样的角色扩展出去使他们进一步成了历史的思考者，成了历史哲学家。对于规律和原则，他们比儒家来源的礼官看得更广些，不只礼背后有一定的道理，所有人类行为背后都有共通的道理。因而光看礼的道理是不够的，要将礼也还原为人类行为的一种，总体地整理人类行为的总原理。

这套总原理，就是“道”。史官出身的老聃对于“道”的铺陈解释取得了一定的名声，但他似乎并未将他的看法落为文字。后来的李耳假托前面的老聃名义，写了专门阐扬“道”的著作，许多人接受并相信那就是老聃的思想，甚至接受并相信那就是老聃自己撰述、遗留下来的著作。

庄子有不一样的来历。庄子的生平、思想，显然受南方楚文化的影响。在“诸子”中，庄子和王官学是关系相对最疏远的。庄子也说“道”，他的“道”离开了人间范围，观察自然，恣意游于自然，和周人原本以亲族人事为核心的观念相去甚远。李耳袭用了庄子的观念呈现“道”，于是两个人被放在一起成为道家，又把道家推前到老聃的时代。

还有值得一提的是阴阳家。阴阳家源自王官学中的占卦之术及其相关概念。《易》被视为重要的儒家经典，但若是看《易·十翼》，里面有很大一部分是战国以后才写成的，而且和儒家关系不大，倒是清楚反映了阴阳家的思想，即世界上所有的事物和现象都是彼此相关、互动的，所以才能用占卦予以预知、推断。阴阳相生、五行互动，从中产生一套包罗万象的规律。

这样的思想，为什么会进入儒家？不是因为它和儒家的信念相吻合，而是因为源自王官学中的“易学”，所以被儒家一并保存了下来。从这里，我们可以清楚地看出儒家和王官学的密切关系，也就能知道阴阳家也来自王官学的一支。

“子不语怪力乱神”，孔子明确地反对非人事、超越力量的说法，但后来的儒家却一直和阴阳家牵扯不清，到西汉，还产生了将阴阳五行放进儒家体系中的“天人感应说”，简直就是将儒家“阴阳家化”了。其中一个原因，就在于阴阳家也来自王官学，从王官学的共同源头看，儒家和阴阳家本来就没有那么远，在王官学的传统经典《易》中有明确的交集。

11

总结：从西周王官学到东周诸子学

西周的王官学有三个重要的支脉——礼学、史学和占卦学。封建宗法关系松散后，这套独占式的贵族知识守不住原本的地位，开始往外、往下散流。散流之后，就在不同情境下有不同强调重点，从而发展出东周的诸子学。

诸子学中最早成形，因而也占据最核心位置的，就是从礼学中发展出的儒家。由礼官而变化为儒家，关键的转折在于将礼的重点由有形的礼仪移到无形的礼的精神。贯穿繁复的礼仪，应该有一份统一的精神、礼的本质，掌握了这份本质精神，就能解决人与人之间的问题，在变动局势中随时找出对的规范来。这是儒家的基本主张。

这种本质论的思想倾向，不仅限于儒家，墨家也有，道家也有。墨家相信人的所有行为都服膺一个超越礼的更广泛的本质，那就是“兼爱”，一视同仁地爱所有人。礼反而违背、扭曲了这个大规则，制造了混乱与灾难。如果能够回归“兼爱”，就不会有战争，时代的根本问题就能得到解决。

源自史学的道家相信，历史变化消长可以整理出一定的规则来。而且整理出来的规则，和天地自然的运行隐然呼应。所以解决问题的办法，就是学会这套规律，巧妙运用这套规律，以一种更高的智能视角，俯视洞悉人事，就可以不陷入其中，超然游心于外。

源自占卦学的是阴阳家。他们将整个宇宙视为一个大系统，没有任何东西是独立存在的，也几乎没有任何两种事物是没有关联的。万物皆相连，于是我们就能从相连关系上去认识、理解宇宙，而理解的同时，也就形成了影响宇宙的能力。人可以影响物，物也可以影响人，在阴阳家的思想中，这两个领域不是分隔开来的。于是我们就能够借由改变人的行为，影响改变物的状态与性质；反过来，也能够借由改变物的状态与性质，来产生对人的影响。人与物统属于同一套相生相克的运作机制中，开拓了许多操控变化的可能性。

王官学本来是一个大系统，到了诸子学变成了好几家，而且这些新成立的派别彼此之间激烈竞争。他们的竞争大致在两个领域中进行：一个是真理的层面，竞争谁对这个世界的解释比较有道理、比较有说服力；另一个是实用的层面，竞争谁能对封建宗法瓦解的乱局，提出比较有效的解决方案来。激烈的竞争刺激了这些新派别快速进步，也促成了新派别发展出各自的重点。有的着力于提升解释力，有的则着力于强调有效性。而且有的致力于说服统治者，有的趋近被统治者；有的从个人的处境着眼，有的则关注集体、社会状态。

思想与学术的黄金年代随之诞生。东周历史上有两个最突出的重点，一是巨大的社会动荡与变迁，一是思想、学术的“百花齐放”盛况，这两个重点彼此关联。社会动荡、变迁松绑了王官学，推翻了王官学原有的一元权威，才会有诸子学的多元活力；还有，社会动荡造成的不安与痛苦，更是促使人们不断试图寻找答案与解决的强烈动力。

第七讲

重新认识孔子（一）

01

孔子与我的电影梦

我们这一代在台湾地区长大的人，几乎都做过电影梦，不是想去演电影当明星，而是想要当导演拍戏。我们看很多电影，电影是我们沉闷、封闭生活最重要的出路。我们不太看台湾拍的电影，因为对照轻易就能看到的美国好莱坞电影，台湾地区的电影真难看。但在好莱坞电影之外，还可以多花一点力气找到意大利新写实主义电影、法国新浪潮电影，于是我们又形成了批判好莱坞电影的标准，一边看一边知道：好莱坞还不够好。

我们想拍的，是安东尼奥尼、费里尼、戈达尔、特吕弗拍的那种电影。我们深受“作者论”的吸引，甚至应该说是毒害，总想着至少要拍一部“自己的电影”。剧本是自己的，镜头画面是自己，电影表现的情感与生命哲学，也是自己的。

我最疯狂地想着“自己的电影”，是大学快毕业时。大四的寒假，本来有件重要的事，因为对电影的狂热，就被我搁在一边了。那是预官考试（全称为大专程度义务役预备军官士官考试）。在那个年代，大学毕业生自然取得预备军官资格，当兵时可以挂少尉官，不过同样是少尉，同样是两年服役，却有比较累的两年少尉和比较轻松的两年少尉。一般公认，最累的是步兵少尉，最轻松的，要么经理少尉，要么政战少尉。那时候，要是想让自己两年役期中过得安全些、舒服些，我得更努力想办法考好预官考试。

然而不幸地，寒假时，我在录像带出租店里发现了香港电视连续剧，是周润发主演的《上海滩》。我租了前几集的录像带回家看，一看就着迷了。一集看完，迫不及待要看下一集，一口气把25集都看完了。看连续剧已经够花时间了，更糟的是我看完之后的反应。真恨啊，人家香港地区的电视剧都能拍成这样，远远高过台湾地区电影的水平。如此又引发了我不切实际的电影创作梦。

于是，在其他男同学都夜以继日捧着军训课本猛啃时，我却花了整个寒假写成了一部完整的电影剧本，从分场到对白再到粗略的分镜。我忽忽如狂，等于自愿放弃了预官考试。

后来两年，服役时遇到各式各样的折磨，最是疲惫不堪时，我总是会想起这部害我陷入那样局面的剧本。而每一次，自己心中得到的结论都一样，用这样的代价换来完成那样的剧本，不后悔。

我在那个冬天匆忙写完的电影剧本，标题是《孔子》。

02

子路与我的电影剧本

剧本《孔子》在我的抽屉里躺了三十年，不时想起来，我还会拿出来翻看，至今仍对三十年前的自己竟然写得出这样的东西感到不可思议。年轻时自己写的电影开场，读来仍然强悍有力。

电影的开场，是子路之死。那是多么戏剧性，又多么有画面张力的一段故事！

历史上，子路之死记录在《左传·哀公十五年》中，那年发生了卫国之乱。乱事源头是卫国太子蒯聩，他原先出亡，这时回到卫国，要发展自己的势力，于是就去找他的外甥孔悝支持他，和他结盟。孔悝不肯，蒯聩就以武力挟持孔悝，胁迫他答应。

发生这件事时，子路正担任孔悝的家臣；孔子的另一个弟子柴高则在卫国任职。卫国陷入动荡中，柴高一看状况不妙，就仓皇离开，出城时，刚好遇到了子路，子路本来不在卫国，这时急着要赶回去。相遇之际，柴高劝子路："卫国大乱，你只是孔悝的家臣，别进去，这不是你能处理的，也不属于你的责任。"子路没听，他认定既然在身份上是孔悝的家臣，他就有义务必须介入。

子路进入卫国后，直接找到了蒯聩，强势地对蒯聩喊话："你用这种手段挟持孔悝没有用的。就算你杀孔悝，我也有办法替他建立继承者，绝对不会对你让步，绝对不会和你结盟帮助你。"接着，子路又冲动地公开臭骂蒯聩，骂他是个胆小鬼，只要放火烧他所在的地方，蒯聩就会吓得屁滚尿流了。然后子路反过来威胁蒯聩，如果不放了孔悝，他就真要放火了。

遇到这样的子路，蒯聩又气又怕。于是他就派了两名力士——石乞和盂黡去对付子路，"以戈投之"。在这场打斗中，子路以一敌二，敌不过了，最终死于石乞和盂黡之手。然而，《左传》特别记录：在打斗过程中，子路的帽带断了，子路说："君子死，冠不免。"遂结缨而死。这意味着他死前做的最后一件事，就是将自己的帽带重新系好，从容而死。

子路死于和蒯聩的冲突，而死前他特别郑重其事地系好帽带，这个动作有深意的。那不只是他自己对于礼，对于外在仪容的讲究，更是做给蒯聩看，是对蒯聩的讽刺与嘲弄。

03

“君子死，冠不免”

要了解子路行为的意义，必须回溯蒯聩出亡的原因。蒯聩的父亲是卫灵公，身边有个宠妾是那个时代有名的大美女，叫作“南子”。南子和宋阳私通，搞得除了卫灵公不知道（或不愿知道）外，举国皆知。蒯聩愤而计划诛杀南子，却失败了，惹得卫灵公大怒，因而出亡。

南子也曾出现在《论语》中。《论语·雍也》说：“子见南子，子路不说。夫子矢之曰：‘予所否者，天厌之！天厌之！’”那是孔子初到卫国时，南子召见孔子，孔子就去和这位大美女见了面。子路对这件事情表达了强烈的不满。子路的不满，可能有两个原因。一个是通俗的解释，就是对老师竟然那么容易受美色诱惑，急急地去见美女感到意外。老师不是还感慨“未见好德如好色者”吗？为什么遇到了南子，自己也露出了“好色”的一面呢？

不过衡量当时孔子带领弟子到卫国的情况，其实还有另一个可能。子路反对的，是孔子去见当时以美色控制了卫灵公，在卫国政治上足以呼风唤雨的南子。难道老师也依从现实，要用“走后门”的方式取得在卫国的影响力，这样可以吗？

孔子对于子路的批评反应强烈。他脱口而出的话，用现代语言来比拟的话，接近于：“如果我真的是像你想的那样，让天打雷劈把我打死算了！”而且还激动地讲了两次。

南子是卫国之乱的开端。蒯聩出亡后，先是形成了和自己父亲卫灵公的对抗，接下来，卫灵公死后，由蒯聩的儿子继位。蒯聩不接受这样的安排，硬要打回卫国来，又变成了另一种难看的父子之争。

这些当然都是明显违礼的行为。一个人不顾礼中最根本的规范，得罪自己的父亲，又和自己的儿子反目成仇，为了和儿子争被父亲夺走的权力，还去绑架自己的外甥，那就是子路眼中看到的蒯聩。换句话说，子路会在他面前说那么强硬、过激的话，与其说为了救孔悝，毋宁是为了发泄内心无法掩饰的鄙夷。他深深地瞧不起蒯聩，宁死也不愿意对蒯聩敷衍一句话。

甚至到了生死关头，子路都不忘表现他和蒯聩之间最根本的差异。他坚持守礼到最后一刻，依照礼，作为一个士，死时一定要整好仪容，戴好帽子，简直是含笑地轻蔑蒯聩：就算你能派人杀了我，还是改变不了你卑劣违礼的事实。在这件事上，我依旧比你高尚得多，依旧鄙视你。

子路临终时的嘲弄，一定把蒯聩激疯了。蒯聩气得在子路死后，还发泄地将他的尸体剁成了肉酱。

04

孔子及其弟子的性格（一）

“子见南子”的记录，鲜活地显现了孔子的个性，以及他和弟子之间的关系。认真地读《论语》，尤其是读《论语》中所有和子路有关的段落，你不可能觉得孔子是个正经八百、单调无聊的人。《论语》里的孔子不同于后来被扭曲了的传统形象，不是一个高高在上的圣人，更不是一个“真理制造机”，而是个有血有肉，有脾气也有偏见的人。

《论语·先进》中有一段：“子路、曾皙、冉有、公西华侍坐。子曰：‘以吾一日长乎尔，毋吾以也。居则曰：‘不吾知也！’如或知尔，则何以哉？’”孔子和四个学生闲聊，特别跟他们说：“别因为我是老师，是长辈，就不敢说真话。说真的，你们的志愿到底是什么？先不管现实中有没有机会达成，你们最想实现的是什么？”

老师一问，四个人中第一个回答的，是子路。“子路率尔而对曰：‘千乘之国，摄乎大国之间，加之以师旅，因之以饥馑；由也为之，比及三年，可使有勇，且知方也。’”他说：“一个拥有一千辆兵车的国家，夹在大国之间，受到战争与饥荒的压力；如果让我治理这个国家，只要三年时间，我就能让那里的人民不畏惧大国，也不怕困厄，而且‘知方也’，能够分辨是非，明白道理。”

子路说治理国家的目标，很自然地就先提到“可使有勇”，因为这是他最在乎的，也是他个性中最突出的特质，或许是看到了老师的脸色，想起来话是对着老师说的，才又赶紧加了一句“且知方也”。子路说完，“夫子哂之”，老师笑了笑。

后来，四个学生轮流说了自己的志愿，散会了，曾点却留下来，问老师：“夫子何哂由也？”“为什么子路说完了，你要笑他？”孔子的回答是：“为国以礼，其言不让，是故哂之。”因为孔子察觉了这里的一个矛盾，子路要治国，要让人民“知方”，就必须给人民灌输礼的观念，但子路自己多没礼貌啊！绝对不会想到要让别人先讲话，抢着就讲了，而且说话的口气这么坚决、这么肯定，“不让”，这样能“为国以礼”吗？

孔子并没有否定子路的志愿，他的笑，源自对子路性格的深入了解，知道他的冲动“不让”，会是他实践梦想的最大障碍。孔子也没有指责子路，他只是因为意识到这中间的矛盾而笑了起来。

另有一段，《论语·公冶长》记载，“子曰：‘道不行，乘桴浮于海。从我者，其由与？’”对于当时的世道，孔子陷入一种无可奈何的悲观情绪中，发了感叹，说：“算了算了，没有必要继续努力了，不如漂流到海上去吧！孤身离去，大概也不会有人在意吧？恐怕也就只有子路会跟在我身边吧！”

有人将孔子的感叹转述给子路，子路听了很高兴。他视之为老师对他的高度了解与肯定，老师知道就算全天下都背弃他，有义气的子路一定都还在，不管天涯海角。有一天，孔子要解散这个团体，叫大家各奔东西，子路必定打死不走。

然后，子路“闻之喜”的反应又传回孔子那里。孔子忍不住又调侃了子路，说：“由也，好勇过我，无所取材。”“你果然比我勇敢啊，我一说要流浪到海上，你就一副马上出发的态度了。不急不急，我们连扎木筏的材料都还没准备呢！”

这里，孔子的反应，也是“哂之”，因为他太了解子路那种冲动的个性，说是风就是雨，而且有一份行动派的憨直，听不懂比喻，老师说“乘桴浮于海”，是夸张地表示对于现实的失望，对于在现实中不被重视的挫折，但在子路的耳朵里，就变成了师徒二人真正要去航海的行动指示了。

《论语·公冶长》中还有一段：“颜渊季路侍。子曰：‘盍各言尔志？’”老师身边只有颜渊、子路两个学生，孔子说：“来吧，说说你们所向往的事吧！”“子路曰：‘愿车马轻裘与朋友共，敝之而无憾’……”又是子路先回答，不假思索，脱口而出，说：“我要做一个慷慨的人，好车好马好衣服，朋友要用就拿去用，用坏了也绝不计较！”

“颜渊曰：‘愿无伐善，无施劳。’”颜渊也给出了他的答案。

有意思的是，颜渊说完之后，子路就大咧咧地对老师说："愿闻子之志。""你的愿望又是什么？"孔子回答，希望能"老者安之，朋友信之，少者怀之"，能使年长者安心，能让朋友信任，能让年轻的子弟们得到关怀。这是孔子的气度，和子路、颜渊都不在一个层次上，但子路的真性情还是很可爱。

05

孔子及其弟子的性格（二）

了解子路是这样一个人，他的死就带着格外浓烈的悲剧性。子路和孔子的关系，其实介于师友之间，他是孔子弟子中年纪最长的，只小孔子 9 岁。这就意味着到鲁哀公十五年（公元前 479 年），蒯聩之乱发生时，孔子 72 岁，子路也已经 63 岁了！

在那里和两个“力士”拼斗的，是个 63 岁的老人。但就算活到 63 岁，子路仍然如此冲动，又如此决然，对于自己所相信的毫无保留，毫无商量余地。

《左传・哀公十五年》还提到，当孔子知道柴高从卫匆忙逃出，子路却反向冲进卫国去时，他的反应是：“柴也其来乎？由也其死矣。”显然脸色惨白，痛呼：“完了完了，连柴高都选择离开，这下子路死定了！”会有这种反应，是因为孔子真正了解他的学生，每一个学生是什么个性，在什么状况下有什么反应，他太清楚了。孔子对柴高的评估，是简单的一个字“愚”，意思是他笨笨的，脑筋不会转弯，是什么就是什么。这样的人，不会贪生怕死；这样的人，也不会见微知著，做精巧的推断。柴高会离开卫国，那一定是卫国的情况已经极度危急，以柴高之“鲁”都知道这个地方待不得了。而那么冲动的子路却硬闯进入，怎么得了！

那不是什么圣人的神奇预感，而是对于人、对于时局的理性判断，再加上关切子路遭遇的感性深忧。孔子不幸言中，子路真的就死于卫国之乱。《礼记·檀公》里有孔子接下来的反应。第一句就说：“孔子哭子路于中庭……”记得，这是《礼记》，是记录礼、讨论礼的文献。孔子哭子路于中庭，这是不符合礼的。古文中的“哭”，指的是大哭，而礼的作用，本来就是用来节制太过强烈的情绪，把人拉在一定的反应范围中的。孔子不仅“哭”，而且竟然在“中庭”哭，这是不折不扣的失控。

从礼的角度看，是失控，但换个角度看，这也是真情。尤其在孔子身上，一个一辈子习礼，强调礼的重要性的 72 岁老人，面对子路之死，再也维持不了礼的节制外表，内在的悲痛超过了一切。

《论语·先进》中记录了另一个类似的情景：“颜渊死，子哭之恸。从者曰：‘子恸矣。’曰：‘有恸乎？非夫人之为恸而谁为？’”颜渊死的时候，孔子也是大哭，也是哭得失控了。旁边的人担心，就用孔子最在意的事劝他，说：“你哭得过头，违礼了。”“恸”这个字的意思，用今天的白话说，不单纯是“大哭”或“痛哭”，而是“没有节制地哭”，“过度哀伤地哭”，而所谓“节制”“过度”，当然都是以礼为标准的。

看看孔子如何反应？他说：“有吗？有过头吗？不为这种人而失控、过头，不然是要为其他什么人吗？”别怀疑，真真实实地，这里的孔子就是在耍赖。他在生气、在发泄：颜渊没有了，我挚爱的人离开我了，你们还要我节制，还要来管我是不是伤心过度！我就是要这样哭，因为这是颜渊，不是别人！

子路死时，孔子也是这样真情流露，任性、耍赖地将礼的节制抛到一边去了。得知消息时，他在中庭就大哭了。尤有甚者，“有人吊者，而夫子拜之……”有人来吊唁，孔子敬拜答礼。这又是违礼的，《礼记》特别说“而夫子拜之”，孔子的身份是“夫子”，是长辈，子路是晚辈。一直到今天，传统式的丧礼上，如果死的是晚辈，人家来鞠躬，长辈是不能回拜答礼的，那是晚辈的事。

孔子不可能不懂这么简单的礼仪原则，但他不管，或者更精确地说，他内在澎湃的悲痛使他必须用这种违礼的行为，来凸显子路的重要性。子路不是一般人，不是一般的晚辈，甚至不是一般的弟子。在激动的情绪中，孔子拒绝用对待一般人的礼节来对待和他如此亲近的子路。

《礼记》中继续说：“既哭，进使者而问故。使者曰：‘醢之矣。’遂命覆醢。”到这里，我们更清楚事情的始末。使者来报子路的死讯，急切担心的孔子在中庭就接待了使者。听了消息之后，孔子在中庭就忍不住大哭。可能随着使者来的人，当场吊唁，安慰孔子，孔子竟违礼回拜。然后，他才将使者请进堂里。这又是违礼的，但孔子太激动了，当下顾不得那么多，好不容易情绪稍微平复，才能够招待使者，并知道子路之死的来龙去脉。使者说到子路被剁成肉酱，孔子又激动地立即吩咐，从此之后，他再也不要看到肉酱了。

再提醒一次，那时孔子 72 岁，子路 63 岁。事情发生时，子路甚至人根本不在卫国，却硬是冲动地闯进去。他只身没有任何协助，单挑劫持孔悝，甚至要以武力将国君位子抢回来的蒯聩，不仅毫无惧色，说话的口气比蒯聩还大。一个 63 岁的老人，别无凭恃，有的，就是他的坚毅个性，以及他的正义信念。这样一个人，被两个年轻的力士包围攻击，死在他们的兵器之下，还被剁成了肉酱。多么戏剧性的一件事啊！

06

孔子及其弟子的性格（三）

关于孔子，最可信的史料，是《论语》，另外加上《左传》和《礼记》的部分内容。从这些没有被窜改的史料中，我们可以清楚看出，孔子一生最重要的事，他的成就、喜悦与打击、哀痛，几乎都和弟子有关。

相对地，孔子的家人，包括他的儿子孔鲤，在他的生命中没有那么重要的地位。孔子 19 岁生孔鲤，孔鲤得年 50 岁，也就是说，孔子 69 岁那年，他的儿子死了。第二年，他的弟子颜渊死了；再过两年，他的另一个弟子子路死了。他在晚年受到了接连打击。

颜渊比孔子小 29 岁，在孔子的弟子中算是很小辈。颜渊的爸爸颜路也是孔子的学生，等于是两代都跟随孔子。颜渊只活了 41 岁就去世了。

孔子显然很难接受颜渊之死，所以他明知逾越了礼节，却放任自己痛哭。《论语·先进》记录了后续的事迹。颜渊死时，颜路还在，应该是看到老师那么难过，为了安慰老师，颜路就去提议，让孔子将颜渊当作自己的儿子下葬，给颜渊一个具备大夫身份的葬礼，把他的棺木放在马车里，连马车带棺木一起堂皇下葬。

对于这个提议，孔子拒绝了。最主要的理由，孔子说："才不才，亦各言其子也。鲤也死，有棺而无椁。"孔子自己的儿子孔鲤死了，他都没有给他这么堂皇的葬礼，没有给他马车下葬。虽然颜渊的才能比孔鲤高得多，但自己的儿子没有如此厚葬，再怎么偏心也不能让颜渊的葬礼和孔鲤的差那么多。

"才不才"，孔子承认自己偏心，但是偏心也要有限度。还有，孔子其实不是那么相信厚葬，他也不觉得厚葬颜渊就能给自己多带来什么抚慰。《论语·先进》中的另一段说："颜渊死，门人欲厚葬之。子曰：'不可。'门人厚葬之。子曰：'回也视予犹父也，予不得视犹子也。'"后来，颜渊仍然以高于原本身份的方式下葬了，孔子伤心地感慨说："颜渊把我看作父亲，但我到底不是他父亲，无法真正把他当作儿子。"这里的感慨，有两重意思，一重是伤心颜渊不是自己的儿子，无法名正言顺地以大夫之礼下葬，他的"厚葬"是"僭礼"的。还有一重：因为不是父亲，所以颜渊的葬礼就不是孔子能决定的，提醒了他在身份上无法突破的隔离。

他恨不得能做颜渊的父亲，从实际关系上来说，颜渊对于孔子的重要性，本来就远远超过孔鲤。《论语·先进》又有："颜渊死。子曰：'噫！天丧予！天丧予！'"颜渊死了，孔子痛苦到呼天抢地，说：“老天要我的命啊！老天要我的命啊！”《公羊传·哀公十四年》中还有一句类似的话说：“子路死，子曰：噫，天祝予。”子路死时，孔子同样痛苦呼天，说：“老天！我已经不是个活人了！”“祝”是对待死人的形式，意思是天已经将他当作一个死人了。

颜渊、子路之死，给孔子带来多大的震撼！但相对地，翻遍史籍，我们看不到孔子对于同样比他早死的儿子，有这样强烈的感情。要了解孔子，我们首先应该了解孔子的真感情、真信念，继而一定要了解他和弟子之间的关系。这些人都是什么人，为什么会聚集在孔子身边，又为什么会形成和孔子如此紧密的关系？

07

孔子的家世背景

了解孔子，有一份必须小心应用的材料，就是《史记·孔子世家》。后世传统上经常直接将《孔子世家》中的说法当作史实，只以太史公司马迁的这篇文章来认识孔子。司马迁是个了不起的史家，而且极度尊崇孔子，特别将孔子的生平列入“世家”，而不放进“列传”里，给了孔子一个基于历史评断的贵族身份。然而，别忘了，司马迁的时代，比孔子晚了四五百年，而且当他写《孔子世家》时，他所处的是汉朝重新诠释儒家，以现实需要重新认识孔子的环境。司马迁不可能脱离这样的背景来认识孔子，呈现孔子。

要尽量接近孔子的原貌，我们必须尽量挖掘最接近孔子时代的材料。从材料的可信度上看，由孔子弟子在他去世后不久就编撰的《论语》，无疑排名最前，然后就是《左传》。产生于孔子时代的这两部作品，形成了一个标准，供我们用来比对时代较晚的史料。如果不抵触《论语》《左传》，我们可以斟酌，纳入考虑；但若是和《论语》《左传》明显抵触的话，那一定优先相信《论语》和《左传》。

《史记·孔子世家》中记录，孔子的先世是殷人之后。他的家世可以追溯到周出“三监之乱”后，周公将一部分“殷遗民”移走，去成立“宋”，交由商纣王的儿子微子启来统领。微子启开国后，传了五世到宋愍公，愍公死后传位给弟弟炀公。但不久之后，愍公的二儿子杀了叔叔炀公，自立为国君，就是宋厉公。

看到这样的名字，宋“厉”公，我们就知道这人有问题。在历史上留下的这些称号，都是谥号，这又是周公制定，对于后世产生巨大影响的制度。谥号的基本原则，就是由后来的人评定前人的功过，并永远记录下来。宋厉公活着的时候，不会知道我们今天会用这个名字称呼他，那是他死后，失去所有控制权力之后，活着的人给他的名字。这个名字，是依照他生前统治的风格、所作所为、他的成就与失败，综合评断产生的。

谥号对于中国的掌权者来说是一个提醒，也是一个永远挥之不去的阴影。它提醒他们，不管你的现实权力有多大，偏偏就有一件事不在你的控制范围之内，那就是后人如何记得你。甚至后人将用什么名字记得你，都不是你能决定的。你活着的时候很了不起，大家都怕你，都不敢忤逆你，然而你死了，在你无能为力时，后人会给你一个评断，永远骂你。

在谥号的系统中，“厉”字就是骂人的，表示这是个乱来的国君。从宋炀公到宋厉公的变乱过程中，有一个人的身份很尴尬，那就是宋愍公的长子弗父何。如果宋愍公不是选择将国君之位传给弟弟，那就应该是长子弗父何继位才对。后来厉公杀了炀公，做了个样子，请哥哥弗父何来当国君，弗父何不敢接受，于是厉公就不客气地即位了。

这时弗父何怎么办？他是国君的大哥，从宗法原则上，比厉公更有资格当国君。他才是“大宗”，厉公是“小宗”。厉公继承了愍公的“大宗”之后，就任命弗父何为“世卿”，也就是另立一宗，让他们世世代代传下去。传到了孔父嘉而“赐族赐姓”，让他们这宗有了自己的国，有自己的“姓”，于是从此之后，“孔”就变成了他们的姓。

孔父嘉晚年时，和宋的另一个世卿、当时的权臣华父督起了严重冲突，竟然被华父督给杀了。从此，孔家在宋的处境每况愈下，到了孔父嘉的曾孙孔防叔，就在宋待不下去了，出亡到鲁，从此定居在鲁。

孔家在宋是世卿，但到了鲁之后，就降为一般的大夫。他们没有了世袭的爵禄，只能在鲁朝廷中贡献所能，换取俸禄。其地位与待遇没有保障，就一代代往下降。

孔防叔是孔子的曾祖父，孔子是由宋迁鲁的第四代。他们家，正是封建制度动摇过程中的见证者、受害者。宋国由“殷遗民”建国，所以在政治体系上保留了商人兄终弟及的传统，没有完全接受周人父死子继的嫡长子继承制。这种兄终弟及的做法，和封建宗法的“大小宗制”安排，有根本的冲突，结果就酿成了孔子先世弗父何的尴尬处境，也开始了他们这宗的下降。

下降为世卿，至少还有世袭爵禄，然而随着宗法约束进一步松动，又有了世卿侵夺世卿的情况。孔家又在其间受害，以致失去了在宋的世卿地位与世袭爵禄，远赴鲁，再降为大夫。

随着世代繁衍，宗法的成员开枝散叶，不可能每个人都有封地，都有爵禄，于是具备贵族血统但分不到太多贵族待遇的“士”也就越来越多。寄人篱下的孔家，到孔子这一代，就下降到只剩下“士”的身份了。

“士”分文、武。“国之大事，在祀与戎。”武士负责的是“戎”，也就是打仗时提供战斗服务；文士则负责“祀”，也就是出现在各式各样的礼仪中，协助礼仪的进行。

08

"三十而立"

孔子的父亲叔梁纥是陬邑大夫，而且是个“力士”。陬邑附近有另外一个城，叫偪阳，两城互相攻战。有一次，陬邑进袭偪阳，偪阳人在城门上做了一个机关——悬门，就是在原来的城门里面，再多一道会从上方落下来的门。正常情况下看不到这道悬门，当陬城的人破了城门，兴奋地冲进去，悬门才会突然落下，将他们关起来。

那一次，偪阳悬门落下来时，幸亏陬邑这边有一位“力士”，硬是及时顶住了沉重的悬门，让陬邑的人能赶紧退出去，才没有掉入偪阳人所设的陷阱里。

孔子出生于公元前551年，生在一个“士”的家庭，父亲是武士，所以从小受的就是传统王官学的教育。到这个时代，“士”

在列国间有明确的功能。武士负责打仗，那文士呢？文士是一群深入了解礼的专业人员，在纷争的情况下，就转型成了外交上的专才。

当时，封建宗法关系松动但尚未瓦解，国与国之间的各种交往，仍然以礼为基础。然而外交的礼，慢慢和其他礼相区别，越来越重要，也越来越凶险。国与国之间的兼并，武力打仗是一种手段，外交、谈判也是一种手段。武力威胁、战场胜利究竟能为自己的国获取什么，要在外交谈判上决定。

有能力处理国与国的礼，实质操控外交程序的文士，在这个时代大受重视。国君与传统的世卿不见得都擅长处理这种事，于是有了援引文士专才来协助的必要性。一部分没落的贵族不可能靠原来的宗法系统分到任何贵族待遇与保障，就转型以“士”的身份及条件，提供国君或大夫有用的服务，来换取待遇与地位。

孔家从宋奔鲁，几代下来，到孔子时，已经沦为低阶的“士”。然而孔子在成长过程中，对于礼特别感兴趣，奠定了他作为一个有能力的“文士”的基础。《论语·子罕》中说：“子曰：‘吾少也贱，故多能鄙事。’”孔子做过“委吏”，帮人家算账；做过“承田”，帮人家管牛马。这些都是“鄙事”，也就是士的训练下的副产品，却不是真属王官学的核心本事与工作。

《礼记·檀弓》中记录孔子17岁时母亲去世，他主持母亲的葬礼。下葬后，人家误以为他就将母亲永久葬定了。孔子纠正说：“不可能，我还没找到父亲下葬的地方，怎能将母亲葬定呢？我用的葬礼礼仪，是临时的第一次葬，过了一定年岁后，要将残存的尸骨挖出来，进行‘二次葬’，那才是真正的永葬。”

这个故事说明两件事：第一，母亲去世时，孔子竟然已经不清楚父亲的墓在哪里了，因为父亲死得很早。第二，那个时候确切理解葬礼的人已经不多了。他们无法从葬礼仪式本身看出葬礼的性质到底是永久葬还是一次葬。葬礼需要有专门的知识才能主持进行，而孔子就是那种掌握专门知识的人。

孔子早早就得到了特殊的名声，通俗地说，是“知礼者”，懂得传统礼仪规范的人；更具体地说，是“知葬者”，尤其是能够协助他人以正确合礼的方式将死者下葬。胡适一度认定儒家就是一群专门管葬礼的人，那是因为看到古代史料提到“儒”的，有很多都和葬礼有关，所以得来的推断。现在看来，比较精确的推论是，儒的特殊身份，是礼的掌握者，只不过在那个时代，和一般人有关又最复杂、需要专人协助的礼，是葬礼。儒的背景没那么狭隘，他们就是一群懂礼的文士，以自己对于礼的理解为他人提供服务。

《论语·为政》说：“子曰：‘吾十有五而志于学……’”孔子15岁下定决心专注去学的，是传统的贵族之术，或说“儒术”，这是一套能够为他人提供服务的礼的专门知识与技能。然后“三十而立”，意味着到30岁时，他能够依靠所学到的知识与技能养活自己，找到自己在社会上的立足之处。

孔子30岁时，如何能够“立”？简单地说，就是他成为一个老师，以教授学生得到新的身份与生活，也就是《论语·述而》中他说的：“自行束脩以上，吾未尝无诲焉。”他靠学生提供的“束脩”得以自立。

09

孔子的开创性

——大胆的教育

孔子30岁时成为一个老师。千万别小看这件事，别以为30岁当老师，有什么了不起的。从历史的角度看，这件事再了不起、再重要不过。

传统上尊称孔子为“至圣先师”，“先师”的本意，就是“第一个老师”“最早出现的老师”。而这样的称号，不同于“至圣”，是有明确历史根据的，不是夸张的推崇。

在孔子之前，有教育，但没有专职的老师。一直到春秋时期，都是贵族教育，在贵族的系谱网络中进行。前代的贵族将自己受过的训练，不管是礼、乐、射、御、书、数还是《诗》《书》《易》《礼》《乐》《春秋》，传给同属贵族身份的下一代。这是封建宗法体制的一环。贵族教育是封闭的、垄断的，处于这套体制之中的人才能受教育，也只有处于这套体制之中的人才有办法提供训练传承。

有资格教的人，教给有资格学的人，而这中间的资格，是以血缘身份来定义的。所以到了战国的文献中，我们都还能看到“父兄不能以移子弟”这样的套语反复出现，显然是从过去普遍都由“父兄”来教“子弟”的教育习惯而来。

孔子和他所教的人，没有血缘关系。孔子的许多学生，甚至在原本的封建秩序中，不具备可以接受这套贵族教育的合格身份。孔子开创的角色，事实上是破坏封建秩序的，或者换一个角度看，正是在封建秩序动摇的春秋时期，才给了孔子这样一个空间，违背了旧体制规范，将原本封闭、垄断的贵族教育内容，拿出来有教无类地提供给更多的人。而这些无法从父兄亲族纽带中获取教育训练的人，跟随孔子，成了他的弟子、门人。

孔子立志于普及贵族教育，他不仅成为第一个老师，而且从一开始就将老师这个身份、这个工作，确立为一份理想。原先只能在贵族间流传的知识与技能，孔子拿来开放给所有人。必须有内在强大的叛逆性，才可能创造如此激烈的变革。

他实质上叛逆了西周体制最核心的原则。周人的传统以血缘判别为前提，一切都先问出身、亲族关系，怎样的出身决定你有怎样的地位，怎样的亲族关系决定你和别人该如何彼此对待。孔子最崇拜的，是周公；他念兹在兹的理想，是恢复周礼，即周公制定的社会秩序。所以，他努力将自己所知道的、所能掌握的礼教给弟子。然而这样的工作，有着内在的根本矛盾——很简单，如果真的能逆转时间，回到周公的时代、周公的制度，那么首先被取消，不存在也不能存在的，就是孔子这种“老师”的角色。

礼的根本，和孔子的“有教无类”相抵触。礼的开端，就是分类，判别宗法中的身份位置，由此规范人的行为。传统的“周礼”，是先确定了“类”才能“教”，只有确定属于贵族这类的人，才有资格受教。

孔子听到子路的志愿时，笑了，治理国家的关键在礼，子路自己如此大咧咧地不节制，如何让一国知礼呢？不过换个角度，同样的矛盾不也发生在孔子自己身上吗？我们也可以“哂之”——哎，孔先生，你的志愿是复兴礼，但你自己不也大咧咧不节制地破坏了封建宗法的原则，礼的基础吗？

在封建宗法中，没有“老师”存在的空间。幸好孔子不可能真正实现他的理想，那个时代也不允许他实现理想。在那个环境中，他创造的新角色，他带来的创造性破坏，才更能适应新时代的需求。

10

孔子的开创性

——对学习的推崇

为什么会有学生“自行束脩以上”，去跟孔子学习？而且还不是一个两个，有名有姓可以查考的，就至少有七十弟子。后来流传的夸张说法，甚至是三千弟子，这些人从哪里来的？

这些人看到的，是从孔子那里学到了贵族教育中的知识与技术，可以用来服务国君与公卿大夫。那个时代对人才的需求越来越大，旧有的贵族身份使人才来源不足，孔子的弟子恰好适应了这种需求。

不过，孔子教的，不只是一套有用的知识与技术。孔子坚持：他所教的固然有用，却不是因为有用才教，才学。这套知识与技术有其内在的根本价值，自身是珍贵的目的，不是用来换取俸禄的手段。

孔门中要分别“君子儒”和“小人儒”。《论语·泰伯》说：“子曰：‘三年学，不至于谷，不易得也。’”学了三年，不在意不求要拿学到的去换取俸禄，多么难得啊！难得之处，就在将自己所学的视为目的，而不是手段。这就是“君子儒”和“小人儒”的区别。也可以用后来《荀子》的说法来解释，“小人儒”学的是“为人之学”，一边学一边计较，学这有什么用，学会了可以用在哪里，换来什么；“君子儒”则是“为己之学”，是发自内在看重知识的价值。

《论语》里留下了众多记录，讨论“出处”。“出”是去服务公卿，拿我会的去卖给愿意买的人；“处”则是留着不卖，不服务，不伺候。孔门师生间不断在问：这工作能做吗？这工作值得做吗？

“出处”不仅是弟子要面对的问题，也是孔子自身的大问题。孔子了不起的地方就在于这种原则的统一性。遇到有国君要用他，有公卿大夫要召他，他一样要对自己、对弟子交代清楚，为什么“出”或为什么选择“处”。弟子也会对他的决定有所质疑，像子路那样个性冲动的，经常直接批评老师做了不对的决定。

《论语·阳货》中有这样一段话：“公山弗扰以费畔，召，子欲往。子路不说，曰：‘末之也已，何必公山氏之之也。’子曰：‘夫召我者而岂徒哉？如有用我者，吾其为东周乎！’”公山弗扰以自己的封地“费”为根据地，反抗鲁国的世卿，找孔子去协助。孔子要去，子路直接就开骂，而且骂得很难听：“你沦落到了这种程度，连公山式那种地方都要去吗？”而孔子耐心地解释：“你只看找我去的人，难道我会都照他的想法做吗？”意思是，我没有自己的企图吗？“有人用我，我就要用这样的机会，做出对恢复周天子地位有利的事啊！”意思是他要利用公山弗扰削弱鲁世卿的力量，抑制他们对于鲁国国君的侵凌，恢复鲁国的上下秩序。孔子有他自己的目的，不是要去满足公山弗扰的野心。

毫无疑问，所有弟子中，最受孔子肯定的，是颜渊。而颜渊最大的特点，是一辈子从来没有“出”过，他没有卖过自己身上的任何知识、任何本事。颜渊没靠自己的本事换过任何现实的利益，却被孔子视为最好的学生，孔子对他的称赞是：“贤哉回也！一箪食，一瓢饮，在陋巷，人不堪其忧，回也不改其乐。贤哉回也！”（《论语·雍也》）住得很差，吃得很少，喝的是白水，别人会为之意志消沉，颜渊却仍然过得很自在、很快乐。因为颜渊的“乐”不是来自这些外在的生活待遇，而是内在的“好学”，从不断的学习成长中得到不懈的动能。

孔子的弟子中有外在成就的，比比皆是，例如子贡、冉有。孔子之学后来能够发展流传，子贡有很大的贡献。但子贡、冉有都经常被老师指责，不曾给他们像颜渊那么高的评价，因为他们的“学”是有目的的，颜渊的“学”是无目的的，是纯粹的“好学”。

显然，“学”不是为了习得一套技术，不是为了有用。那孔子要弟子“学”的什么？因为孔子重礼，后来理所当然认为是要学礼仪规范，要学道德。但孔子的本意，可能更接近“学人格”，学如何像样地做一个人，学如何分辨人格的价值高低，学与人格有关的评断标准及其背后的逻辑道理。

“君子儒”是“为己之学”，借由“学”让自己变得更完整、更丰富。道德只是这中间的一部分，道德，尤其是内在的道德感与道德信念，可以改变人，让人离开粗野本能，变得更文明、更好。但绝对不只是道德，例如音乐也在“学”的范围内。《论语·述而》记录：“子在齐闻《韶》，三月不知肉味。”听到那么美好的音乐，音乐进入自己的感官中，一下子盖过了其他享受，使人得以体会原来有如此美好的东西。另外，通过音乐，孔子能够察知奏乐者的心情，那就不只是靠本能的感受，还添加了主观的领略努力，将音乐和人、人格密切结合在一起，成为“学”。

孔子重新定义了“学”，标举了“学”的重要性，“学”从此成了中国历史和文化中源远流长的固定主题。为自己而学，以学作为目的而非手段，不是要学了什么去换什么，而是体验、享受、珍惜“学”所带来的丰富与完整，这是孔子提出并坚持的核心观念。颜渊在孔子心中的地位那么高，就因为他是这个观念最纯粹的体现者。

11

孔子的开创性

——对礼的全新阐释

孔子也重新定义了礼。儒家和西周王官学有直接的传承联系，儒家所信奉的，就是王官学原有的六艺（礼、乐、射、御、书、数）、六经（《诗》《书》《易》《礼》《乐》《春秋》）。但从王官学到儒家，还是在孔子手中进行了关键的转化。

王官学中的礼，就是依附在封建宗法上的一套礼仪规矩。王官学中学的礼，就是要熟悉这些繁复的礼仪，懂得什么样的场合下，不同宗法身份的人应该按照怎样的礼仪行事。祭祀时有什么程序，用什么音乐；盟会时谁开场说话、说什么；宴客时谁坐哪里，客人说什么，主人说什么……这些是礼，也就是"礼家"要懂、要协助维持的规矩。

孔子是靠掌握这种礼而成名起家的。但后来他不将重点放在琐碎的规矩上。《论语·卫灵公》中说："卫灵公问陈于孔子。孔子对曰：'俎豆之事，则尝闻之矣；军旅之事，未之学也。'明日遂行。""俎豆之事"，指的就是礼的种种规矩，是孔子的专长，但卫灵公有兴趣的，不是"礼"，而是如何打仗。孔子客气地回应："打仗的事，我没学过。"事实上，这句话表达了孔子对卫灵公的无法认同，心里老想着打仗，打仗抢夺别人的封地，当然是破坏封建宗法的，是违背礼的，所以孔子也就不跟卫灵公耗时间，立即离开了。

孔子知礼，但他更进一步要追究"礼之本"，也就是礼的具体仪节，是礼的根本精神。他会直接说"祭神如神在"，意思是在祭礼中，我们假装认定神在，被祭拜的人的灵魂还在，可以接受我们的祭拜。这句话背后，是他强烈的人本立场，祭礼不是真的为死去的人而进行的，而是针对活着的人的，是让我们不要轻易忘记过去，忘记曾经存在的人。"子不语怪力乱神"，孔子根本就不相信人死后的灵魂，更不相信鬼神可以介入、操控人间事务。他总是以人的本位来理解礼，甚至可以说得更彻底些，人的本位就是礼的基础，也是礼之所以存在的理由。

在孔子手中，礼失去了所有神秘色彩，失去了任何和超越世界沟通、影响鬼神的作用。还有，礼表面的多样繁复程序，也被他摆到第二位去了，真正重要的，是涵盖所有礼的一套根本原理。换句话说，他将礼予以"哲学化"，给了礼一套统一的、根本的逻辑道理。礼是要讲理的，没有"理"的礼，是不值得遵守的。孔子坚决反对以被动的方式，盲目遵从礼的规定，却不弄清楚为什么有这样的礼节，这样的礼节要对人发挥怎样的作用。

和后来的形象大不相同，原始的、真正的孔子怎么会让“礼教吃人”呢？礼是为了人而存在的，绝对不能反过来变成人为了礼而活着，这明明就是孔子划时代的突破态度，也是他将礼从原本王官学中解离出来的新诠释，连这一点都没弄清楚，没有资格谈论孔子——不管是赞成还是批判。

另外，孔子也将礼政治化了。礼的主要作用之一，是安排人与人之间的关系，也就是在个人以上组构团体、社会的方式。礼创造了理想的集体秩序，让人可以安心地生活在群体中，不必觉得手足无措，不用担心有无法预期的伤害，人人都依照礼来行事，就能创造出最好的社会。这不就是政治的最高目标吗？

礼原来依附在封建宗法制度中，孔子将之独立出来，变成普遍的政治理想与原则。不管封建宗法如何改变，人不能没有礼的精神，不能没有人与人集体互动的内在规范。具体的礼节可以随时代改变，但孔子坚持的是，我们不能放弃礼规范并融洽人与人群体关系的作用。因为如果没有礼，那就只剩下惩罚性的、强迫性的“法”，一切都基于外在的压迫，那会是一种很可怕、很痛苦的生活。

孔子清楚地解释了礼存在的价值，礼内化了人与人和平、文明相处所需的秩序感，和“法”形成强烈的对比。没有礼，要么社会倒退回人间丛林，每个人都成为潜在的抢夺威胁，大家都活得惶惑不安；要么社会秩序光靠惩罚性的“法”来维系，人人都是“法”的囚犯，不可能自在，不可能拥有自主的成就感。

12

小结：孔子是一位了不起的开创者

孔子是一位了不起的开创者，在春秋的关键历史时代，至少开创了三件前所未有且留下深远影响的事物。第一，他创造了“老师”这个社会身份；第二，他改变了“学”的意义，开创了以“学”为目的而非手段的价值；第三，他将既有的礼予以彻底“哲学化”和“政治化”，在他手中，礼有了崭新的面貌。

能如此开创，怎么可能是个谨小慎微的人？要在历史上造成如此强大的冲击，他必然有着极其强大的内在生命力量；另外，他必然有一个巨大的叛逆性格。不只如此，他还得有强悍且坚持的逻辑头脑。他不断思考如何理解人的现象，如何找出使各个现象间不矛盾的安排，现实的安排与道理上的安排。从这三个特质上去了解，我们比较有机会认识历史上那个真实的孔子，而不是后世层层叠叠为他塑造的形象。

这样一个具备活泼生命力的孔子，也能给我们带来更多的刺激与启发。例如看看他和学生之间的互动，我们能不羡慕，能不比较吗？别说师生，在现代的所有人际关系中，我们谁能和亲人、朋友有这种多元、丰富又真诚的联系？真正的生死与共，不断交换关于生命根本理想的看法，并肩发展这个社会的公平正义标准——你曾经跟谁如此相交相识过呢？

孔子、颜回、曾参三圣图

第八讲

重新认识孔子（二）

01

孔子的时代

——诸侯坐大

孔子出生于公元前 551 年，距离西周结束平王东迁大约两百年的时间。这两百余年的变化，一言以蔽之，就是周天子的地位持续下降，与此同步的，是封建宗法制度的松动到逐步瓦解。

孔子说："吾其为东周乎！"这里的"东周"指的就是周天子所在的成周。他的想法，应该放在"为东周"的根本目的架构中来理解。从西周到东周，封建宗法持续关系松散，连带地，原本的"城"也变质了。

封建宗法在地理上，是以一个个相对自主的"城"联结起来的。周天子所在的城是最高层的网络中心，周边围着诸侯所建立的城，城与城之间有着由礼所规范的种种直接互动。每一个诸侯所在的城，又是第二层的中心，周边围着由世卿封地所建立的城。

同样，这一层的城与城之间也有由礼所规范的各种联系活动。再往下，世卿的城周边围着大夫的封地，有些大夫的城又围着更次一级大夫的小城，如此一层层架构起封建秩序来。

城与城之间有明确的关系，不是由地理或贸易力量来决定的，而是由城主与城主之间的宗法关系决定的。然而，进入东周之后，宗法越来越维系不住，连带地，城与城之间原本固定、明确的关系也开始动摇，其他非宗法的因素一步步改变了这个关系。

最直接也最强烈的因素，是经济与军事的力量。封建宗法的底层，产生了越来越多游离的“士”，于是一个富庶的城，可以吸引较多的“士”移居进来提供其或文或武的专业协助，进而也就取得占领更大土地，甚至抢夺其他的城的机会。于是，几个最大的诸侯，持续扩张其势力，离开了分层封建的模式，转型为疆域国家，占有一定的领土，还不断扩大领土的范围。

到孔子出生时，这种疆域国家化的倾向已经明确建立了，那正是春秋时期最主要的特征。在原有的封建制度背景下，疆域国家勃兴，于是就引出了两个重大矛盾。

第一个矛盾是，疆域国家是既成现实，旧的封建宗法失去了政治组织上的功能，然而那一整套规矩却没那么容易被遗忘。封建宗法规矩仍然构成贵族教育的核心内容，于是这些人所学习的原则、规范，必然和政治、社会发展的现实越来越脱节。

诸侯王室的武力与权力越来越大，年年持续征伐扩张，将本来分层封建的独立的城打下来，变成直接统治疆域内的一部分，但这种新的做法、新的权力，在封建宗法的系统中，找不到合法的着落。换句话说，从礼的角度看，这些国君所做的事都是破坏秩序的错误，而且扩张得越大，越强盛的国，错得越严重。

政治上的“实然”和“应然”彼此脱离了。现实中发生了翻天覆地的变化，但在道理上却因为王官学的强大传统，一直维持原有的封建宗法原则。一直要到法家兴起，才彻底扬弃王官学及其抱守的封建宗法原则，完全从承认现实，解释、安排现实的角度，找出合理化的说法来。

还有第二个矛盾。封建宗法是一套分层结构，讲究的是上下关系，诸侯壮大扩张，违背了原有的上下安排。往上，他们不再严格遵守对于周天子的种种义务，专心发展自身的经济与武力；往下，他们侵夺进而取消了许多世卿、大夫封地的独立性，将之纳入自己的管辖范围内。但因为封建的上下关系是层层相扣的，于是在这个过程中，不可能只有诸侯这个层级受到影响。

诸侯可以不尊重周天子，不遵守对周天子的义务，那世卿或大夫也一样可以不尊重国君，不遵守对国君的义务。诸侯可以向下侵夺世卿，又如何阻止世卿有样学样向下侵夺大夫，占领大夫的封地？

诸侯自利的做法，产生了连锁反应，反过来危害到自身的地位。例如孔子所在的鲁国，到公元前6世纪末，就发生了“三家专政”的问题，也就是三个强大的世卿不断扩权，实质上掌握了鲁国国政。

封建宗法维系不住，但也没有另外的规范给予诸侯特殊的地位，于是上上下下有野心的人，都有了可以不顾原有封建宗法身份，积极寻求扩大权力的机会。在野心的驱使下，人会做出许多极端的、破坏性的行为来，造成集体生活上的困扰与不安。如何节制这样的现象？这是孔子那个时代具体而迫切的大问题。

02

孔子在鲁国的理想

在封建宗法制度中，你的出生决定了你的位置，同时决定了你和其他人的关系。如此固定的关系模式，不太会因个人的性格或能力而有所不同。换句话说，在这个系统中，个人性格或能力的差异，没有太大作用。

但是到了春秋时期，身份位置的约束大幅降低，同样都是世卿的身份，一个积极有野心的人，比没有野心的人能多有很大的空间；一个有能力的人，也就比没有能力的人能取得更多的利益与权力。那是一个鼓励竞争甚至鼓励争夺的环境，当然也是一个骚动不安，很容易产生冲突的环境。

孔子出生时，齐、鲁、晋、楚几个大国都已成为明确的疆域国家，而且持续进行着对外的征战扩张。到孔子成长，开始活跃时，这几个国的征战又从对外延展到对内，对外要吞并别国的领土，对内，几个世卿又彼此竞争要干预甚至控制国政。

这样的时代背景，直接影响了人才的养成与运用。原本王官学的贵族教育，是依照封建宗法需要而设计制定的，其主要目的就是教贵族子弟学会所有的规范，自己依照这些规范行事，也依照这些规范去评断所有人际现象。那样的教育，必然是抹杀个性的，要用礼尽量将每个人都塑造成同一个模样。

这样的教育性质，无法符合春秋时期新环境的需要。新的环境需要的，是一个贵族子弟要有基本的权力意识，至少能保护自身的利益。作为一个世卿子弟，你得保护自家利益，向上阻却国君的压迫，向下防堵大夫的僭越。贵族不能只学礼，只学规范，现在他们需要更有用的能力训练。

其中一种核心能力，是组织、链接的能力。在新的环境中，一个贵族不能傻傻地待在自己原有的位置上，如果那样，那个位置很快就会被从上或从下而来的力量给侵夺了。他们得积极增加自身的实力，被动地防止别人欺压，主动地抢夺别人的资源与地位。增加自身实力最好、最有效的方法，就是拉拢有能力的文士或武士在身边，形成能够发挥作用的团队。

在这样的环境中，孔子才会由习礼的出身，能够“三十而立”，到 30 岁的时候，成为一个“老师”。他没有固定的大夫封地，也不属于特定的大夫家或世卿家，他的角色是训练国君、世卿或大夫需要的人才。疆域国家形成后，开始有了人才不受出身限制的流动空间，也才开启了孔子这种角色存在的可能性。

在孔子的时代中，鲁国一边上升，一边沉沦。从疆域国家对外的角度看，鲁国是个大国，国势还在持续壮大；但是，从对内的角度看，季孙氏、孟孙氏、叔孙氏这三家世卿严重侵夺了鲁国君的权力。公元前 517 年，甚至发生了三家联手打败鲁昭公的事件，国君压制不住底下的大夫日益强大。

在这种情况下，无论对内或对外，无论是国君或大夫家，都迫切需要人才来面对激烈的竞争。各方大张旗鼓想尽办法拉拢人才，也就越来越不在乎人才的出身与来处。人才也就摆脱了出身与来处带来的效忠要求，可以相对地自由选择要帮助谁，要效忠谁。

所以当公山弗扰要召孔子去帮忙时，面对弟子子路的不满与质疑，孔子会特别强调"吾其为东周"的立场。那是他自我认定的终极效忠对象。

孔子的家世，前面提过，是宋国的贵族，流亡到鲁国后就定居在此。鲁国陷入国君与世卿的争夺中，别人当然会问："那你站在哪一边？"他的回答就是："吾其为东周。"鲁国君和世卿都不是他的效忠目标，他真正认同的是周天子所在的东周。

可以更进一步说，他效忠的，甚至也不是周天子，而是周天子所代表的传统周文化。他要告诉子路的是：我怎么可能认同像公山弗扰这样一个大夫呢？我愿意去帮助公山弗扰，是因为他可以牵制狂傲僭越的"三家"世卿，恢复鲁国君的尊严与地位。恢复鲁国君地位，也不是为了鲁国君本身，而是这样才符合原有周文化中的封建宗法规矩，让这个时代回到上下各得其分的轨道上。

这是孔子自我设定的终极关怀。

03

孔子的生平（一）

——鲁国大乱

孔子出生于公元前 551 年，父亲在他 3 岁时去世，到他 17 岁时，母亲也去世了。到将母亲下葬时，他已经在鲁国取得了“知礼者”的名声与能力。他做过许多事，然后借由“知礼者”的名声，有了参与政治的机会。孔子的儿子叫“鲤”，据说命名的来源是鲁昭公赐了一条鲤鱼给他，如果是这样，那意味着儿子出生时，孔子就已经有资格参加国君主持的典礼，和国君互动了。

孔子参与政治的过程并不顺利，更不愉快。关键在于孔子“知礼”，而当时鲁国到处所见的，都是违礼、僭礼的做法。《论语·八佾》说：“子入大庙，每事问。或曰：‘孰谓鄹人之子知礼乎？入大庙，每事问。’子闻之曰：‘是礼也。’”进到举办重要仪式的太庙，孔子这也问那也问，有人就嘲笑：这也不知道那也不知道，怎么会有“知礼”的名号呢？孔子听到了别人的嘲讽，就感慨地表白：东问西问，是在问“这样合于礼吗？”正因为“知礼”，所以看到太庙里样样都没做对，才会以提问的方式含蓄批评啊！

这种现实，使孔子在30岁时决定离开鲁国的政治圈，确立了做一名“老师”的方向。在孔子的眼中，鲁国的国政应该是每况愈下吧！“三家”越来越嚣张，越来越不将鲁昭公看在眼里。鲁昭公二十五年（公元前517年），季孙氏刻意挑衅，故意让一场重要仪式的日期和鲁国君的仪式日期冲突，明白地逼迫鲁国重臣、大夫必须选边站，看是要去参加昭公那边，还是到季孙氏这边来。结果，只有两位大夫去了昭公那边，其他的，都乖乖到季孙氏的场子里来表示效忠。

此事惹得昭公大怒，寻隙攻打季孙氏。季孙氏当然不让步，联合孟孙氏、叔孙氏，三家联手打败了昭公，逼迫昭公出亡到齐国去，鲁国大乱。

那一年，孔子35岁，也在乱中离开鲁国，随昭公去了齐国。齐国当时的国君是景公，齐景公的处境显然也没比鲁昭公好到哪里去。齐国有强大的世卿“陈子”，势力直追国君，表面上维持对景公的尊敬，实质上将国政都握在自己手里。另外，齐景公又因为对儿子偏心，迟迟不愿将他不那么喜欢的嫡长子立为太子。

《论语·颜渊》说：“齐景公问政于孔子，孔子对曰：‘君君，臣臣，父父，子子。’公曰：‘善哉！信如君不君，臣不臣，父不父，子不子，虽有粟，吾得而食诸？’”孔子这八个字的简单回答，是有特殊背景的，特别针对当时齐国的情况，告诫景公，要有像样的国政，得让臣子做臣子的事，不要僭越国君的地位；还有，父亲要尽到礼的规范中应尽到的责任，让做儿子的也都能有儿子的模样。齐景公当然知道孔子的意思，所以响应：“是啊，如果君臣父子不按照位分行事，那就算有饭摆到桌上，我都吃不下去啊！”

孔子给了精确的政治建议，但或许就是太精确了，直指齐景公的关键问题，齐景公做不到，也就不愿用孔子。于是孔子又离开齐国，回到鲁国。前面我们看到了世卿对抗国君，甚至逼国君出亡，到了鲁定公的时期，风水轮流转，换成了世卿底下的大夫违逆、对抗世卿。

04

孔子的生平（二）

——大夫专权

鲁定公五年（公元前505年）发生了季氏家的大夫阳货挟持季桓子的事件。《论语·阳货》说："阳货欲见孔子，孔子不见，归孔子豚。孔子时其亡也，而往拜之，遇诸涂。谓孔子曰：'来！予与尔言。'曰：'怀其宝而迷其邦，可谓仁乎？'曰：'不可。''好从事而亟失时，可谓知乎？'曰：'不可。''日月逝矣，岁不我与。'孔子曰：'诺。吾将仕矣。'"这是《论语》中很重要的一段记录，因为记的是发生在孔子身上的糗事，连这样的事《论语》都忠实记载，无所避忌，可见《论语》所反映出的孔子，确切可信。

阳货占据了季氏的大权，就想找孔子帮忙。孔子知道他的用意，不愿见他。阳货利用孔子知礼、守礼的个性，就送了大礼给孔子，依礼孔子非得回拜致谢不可。于是孔子就要了个小聪明，故意挑阳货不在的时候去回拜，还是避开不和阳货见面。然而，孔子在路上还是遇到了阳货。

阳货是地位比孔子高的大夫，《论语》里也忠实记录了他对孔子不太客气的态度："来，我有话要跟你说。"说什么呢？"一个拥有能力的人，不把能力拿出来，却坐视邦国迷失方向，这样算是有仁心的人吗？"孔子乖乖地回答："不可以这样。"阳货又问："平常积极任事，却老是不懂得如何把握时机，时机在眼前却任其失去，这样算是有智慧的人吗？"孔子也乖乖地回答："不可以这样。"阳货又说："时机稍纵即逝，岁月不会停下来等人的！"孔子回应："好，我会来帮你做事的。"

阳货为什么找上孔子？因为孔子名声在外，不只是他有能力，身边围着一群也有能力的弟子，更重要的，是他长期反对"三家"，所以阳货要拉拢孔子对付季桓子。

孔子在路上迫于情势，不得不敷衍答应阳货，但一直到两年后"三家"集结反扑赶走了阳货，他都没有真正"出"。靠着另外两家——孟孙氏与叔孙氏的协助，季桓子摆脱了阳货，但接着轮到叔孙氏家出现了强势大夫公山弗扰，公山弗扰权力上升威胁叔孙家的过程中，也找上了孔子。孔子一度动心，被子路强烈质疑，所以才留下了"吾其为东周"的解释。

孔子与子路的师生对话，清楚显示了局势对于孔子的考验。站在礼的立场上，他痛恨"三家"嚣张地僭越鲁国君应有的地位与权力，乐于见到"三家"受到打击。然而能够打击"三家"的力量，却不是来自有为的鲁国君，而是有样学样的大夫们，他们用世卿对待国君的模式来对待世卿，以下犯上僭越“三家”的地位与权力。看得近一点，阳货或公山弗扰都能够削弱“三家”，也就都有助于让鲁国君免于受“三家”控制；但看远一点，这些人和“三家”不都是同一种人，都是礼的破坏者吗？

帮还是不帮？要不要参加阳货或公山弗扰的阵营？这不是那么容易的决定，《论语》的记录表明了孔子的犹豫与挣扎。

孔子的生平（三）

——夹谷之会

到了鲁定公九年，“三家”受形势所迫，收束气焰减少冲突，向鲁国君和底下的大夫让步。让步的姿态之一，就是让鲁定公出面任命孔子为中都宰，进而升为司空、大司寇。短时间内，孔子在鲁国官场上的职位快速上升，管辖的事务也快速增加。

孔子担任大司寇时，参与了夹谷之会。鲁定公和齐景公在齐境内的夹谷见面会谈。此会是由齐国方面主动的，是齐在壮大国力过程中要确保鲁国合作的方式，目标是在会中正式成“盟”，要鲁国承诺之后齐国若有战争，鲁国就一定自动参与在齐国这边，发兵相助。

“夹谷之会”中，“孔子相”，意思是孔子是主要的“相礼者”，鲁国这边由孔子负责“盟会之礼”的程序安排。齐人知道鲁国由孔子负责，就有了高度的警戒心。因为孔子“知礼”的声名远播，齐人担心孔子搬出他们不懂的礼的道理，扰乱了他们原本的设想，无法达成逼迫鲁定公“盟”的目的。

于是齐人就想了一个方法，故意制造混乱，让此会无法中规中矩地进行。他们事先安排了夹谷附近的群众，要他们突袭会场抗议骚动，然后齐国这边就可以说：“哎呀，别讲究那么多《礼》的细节了，我们赶快讲一讲就定案了，不然拖下去，不知外面那些人会弄出什么乱子来！”齐国军力本来就强过鲁国，鲁定公没什么筹码拒绝齐国，齐人估量像孔子这样死抠讲礼的人，一定很保守、很胆小，可以用恫吓来让他服从。

但他们弄错了，大错特错。一来，孔子不是个胆小的人；二来，孔子不是个笨蛋。外面骚乱一起，孔子立即看穿了齐人的把戏，直接指责对方：“两国国君举行高峰会议，你们却找这些人来捣蛋，这算什么待客之道？”孔子反而找到了坚持礼的原则的机会，训斥齐景公：“再不懂礼的国君，都应该知道盟会之礼有最基本的原则，‘盟’是诸侯与诸侯间最高层次的互动，不得受其他低阶人士的干预，还有，‘盟’必须在和平状态下完成，不能以武力威逼。如果今天的事传出去，人家知道齐国连这样的原则都不遵守，其他诸侯将来谁还愿意听你的呢？”

孔子的言辞犀利，继续对齐景公说：“这种事会招来神明惩罚，伤害自己的德行，又对他人失礼，我想一定不会是您做的。”当下训得齐景公没有别的方法回应，赶紧顺着孔子给他下的台阶表示：这种事当然不是他下令做的。孔子毕竟还是靠着“知礼”，以礼的权威逆转了局势，逼着齐人尴尬地将外面的群众驱走。

平息了此事后，齐人掀开此会的底牌，拿出了要鲁定公答应的“盟”。内容是从此以后，如果齐国派军队出境，也就是有对外的战争，鲁国就必定派三百乘的兵力参与。如果鲁国不派兵，就等于违背了“盟”，齐国就可以要求其他诸侯谴责鲁国，也可能出兵攻打鲁国。

看到齐国拿出来的条件，孔子就叫鲁定公不要出面，自己也不出面，派了大夫去对齐国提出相对的要求——只要齐国先将汶阳之田还给鲁国，这个盟约就生效。汶阳之田包括三座城，就是阳货的封地，季孙式反扑赶走了阳货，阳货出亡投奔齐国，齐出兵帮助阳货，就顺便把汶阳之田占走了。

孔子为鲁国提出了盟约的相对条件，只要齐国将趁鲁国乱危占走的郓、欢、龟阴三城还给鲁国，盟约就成立。这个条件，仍是建立在礼的基础上，巧妙运用了齐国表面的盟约理由，反将齐国一军。鲁国为什么要答应随齐国出兵？当然不是为了满足齐国的野心和任性，至少表面上的理由是齐国现在担负了维系各国秩序的责任，如果有谁违背盟约，不守规矩，破坏和平，齐国就化身为国际警察前往打击。也是在这个原则上，才会有鲁国如果同意盟约却没随齐国出兵，就会面临齐国联合他国攻击的惩罚。

孔子给鲁定公的策略是，低调却坚决地提醒齐国：我们很愿意帮助你进行国际警察的任务，但我们同时得先报个案，你们自己在汶阳之田一事上就没守规矩，就犯了案。要我们，乃至于要诸侯承认你们的警察身份，你们最好先解决这件事，不然谁相信你们握有了集体武力，不会拿来图利自己，占走别人的土地呢？

这样的提议让齐国很难拒绝，于是原本齐国设计来逼鲁国就范的夹谷之会，意外地逆转了，齐国碰了一鼻子灰，还不得不归还原本占有的郓、欢、龟阴三城，这是孔子了不起的外交成就。

06

孔子的生平（四）

——去鲁至卫

夹谷之会后，鲁定公十二年（公元前498年），孔子又有一项重要的政治活动，这次是内政上的，那就是主张并执行“堕三都”。这是什么？“三都”指的是属于“三家”世卿的三座大城，“堕”就是拆掉这三座城僭越增筑的部分，恢复其原来的规模。“堕三都”完全符合孔子“君君臣臣”的基本信念，“三家”的城在规模与建置上，不可以超越鲁国君所在的都城，一国之内应该只有一“都”，不可以让“三家”的根据地都变成“都”，要将这三座城降等回原来的地位。

“堕三都”直接打击“三家”的权力，但“三家”之中，却有两家——季孙氏和叔孙氏都同意这个做法。为什么？因为这两家的“都”，也就是他们宗庙所在的城，都落在底下的大夫手中了，根本不是他们控制得了的。“堕三都”非但无害于他们的权力，还能帮助他们裁抑嚣张的大夫。

然而两家同意，却还有一家，孟孙氏不答应，而且誓死不从。孟孙氏的“都”因为靠近齐国边界，另有防御上的意义，如果被“堕”了，可能危及孟孙氏控有的整个区域。因为孟孙氏的坚持，“堕三都”政策无法执行，为了贯彻“堕三都”，鲁定公下令以武力逼迫孟孙氏服从。

这是严重的误判。季孙氏、叔孙氏从自我利益考虑，愿意支持“堕三都”，同样从自我利益考虑，他们不会支持攻打孟孙氏。这两大势力袖手旁观，鲁定公根本募集不到足够的兵力去打孟孙氏。国君下令出兵，却打了败仗。这样，孔子在鲁国的政治前途也就注定终结了。

鲁定公十三年（公元前497年），孔子从鲁国离开，去了卫国，见了卫灵公，并在卫国收了一个新的学生，就是子贡。接着孔子离开卫国，要到陈国去，却在途中发生了“子畏于匡”的事件。

《论语·子罕》说：“子畏于匡，曰：‘文王既没，文不在兹乎？天之将丧斯文也，后死者不得与于斯文也；天之未丧斯文也，匡人其如予何？’”另外，《论语·先进》有：“子畏于匡，颜渊后。子曰：“‘吾以女为死矣。’曰：‘子在，回何敢死？’”

在前面一段记录中，孔子既感慨又自我安慰地说：“从文王死去之后，周朝的文化传统不就落在了我身上吗？如果上天真的要让周文化传统丧失灭亡，就不会让我接触并拥有这份文化传统，既然上天没有让周文化传统灭亡，匡人又能拿我怎样呢？”后面一段，则是记录颜渊和孔子走散了，后来才出现。孔子激动地对颜渊说：“我还以为你死了，再也看不到你了！”颜渊带着幽默感平复老师的心情，说：“不用担心，老师还在，我怎么敢先死呢！”

两段简短的记录，鲜明地显示当时的情况多么危急，以至于孔子都没有把握自己和学生们能够活着离开那里。事情的始末是孔子一行人经过匡的时候，却被误认为是鲁国的阳虎。阳虎曾经苛待匡人，匡人恨之入骨，偏偏孔子长得很像阳虎，匡人以为阳虎竟然敢回到匡来，就将孔子团团围住，困了好几天，孔子弟子还因此都走散了。

这件事后来靠向卫国求救，才得以解围。孔子几年中在卫国、陈国间多次往返，另外一次又不巧遇到了陈国的动乱，公叔氏带领蒲人反叛陈国国君，乱中却出现了孔子这一帮外人，就被蒲人团团围住。孔子的一个弟子公良孺，带着五辆兵车随身护卫，就和蒲人打杀起来，打得非常厉害，终于将蒲人吓退，孔子才得以从东门离开。

孔子周游列国可不是轻松的观光旅行。还有，他带的弟子中，并不都是一群知书达礼的文士而已，延续周朝“士”的传统，孔子教出来的，有文士，也有像公良孺这样的武士。

孔子之所以周游列国，是因为“堕三都”的失败，使他在鲁国待不下去了。于是他就带着学生——文士、武士出亡，看看有没有其他的国君或世卿需要他们的专业服务。

07

孔子的生平（五）

——困于陈蔡

孔子从鲁国到卫国，卫灵公特别问他："你在鲁国得到的是怎样的待遇？"孔子回答："奉粟六万。"卫灵公就比照这个价码将孔子和弟子留下来。然而此时卫国的情况很复杂，发生了卫灵公宠信南子导致太子蒯聩不平的严重纷争，蒯聩意图袭杀南子不成，仓皇出亡。

卫是个小国，在地理位置上又夹在齐和晋两个大国之间，卫灵公亲晋，于是蒯聩出事后就投奔齐国。有一天，卫灵公向孔子问起"军旅之事"，孔子不愿回答，随后孔子就快速离开了卫国。孔子反感的，不只是卫灵公对于打仗产生了兴趣，更重要的是，孔子看出以卫国当时的状况，卫灵公竟然还想以武力来解决问题，何其愚蠢，又何其危险！

危险在于旁边的晋与齐，实力都远高过卫国，打起仗来卫国绝对得不到任何好处；愚蠢在于卫灵公始终弄不懂卫国真正的问题，是他自己制造出来的，把和儿子之间的关系弄成那样，不解决可以解决的，却动脑筋想以武力去对抗齐国。

离开卫国之后，孔子和弟子一度“在陈绝粮”，找不到国君愿意提供生活所需，就饿肚子了。《论语·卫灵公》说：“在陈绝粮，从者病，莫能兴。子路愠见曰：‘君子亦有穷乎？’子曰：‘君子固穷，小人穷斯滥矣。’”情况严重到大家都病倒了。子路气冲冲地去见老师，发泄心中的义愤：这是什么样的时代，为什么好人得到的却是如此恶报？我们不是君子吗？我们所做的不都是合于义理的事吗？为什么会倒霉至此？

那样的“愠”，反映了子路直率的个性，而孔子回答子路、安慰子路的话语，也反映了孔子衷心的信仰，以及这份信仰带来的伟大力量。子路问的是：君子也会这么倒霉吗？孔子回答他的却是：再怎么倒霉，君子就是君子，不会因外在环境的顺利或挫折而改变君子的身份、君子的坚持。人都有遭遇上的起起落落，绝对不是说当了君子，就保障你一生顺遂，更不可以为了追求不会饿肚子才选择当个君子。君子不管遇到了什么状况，都不会改变他的自尊、他的气概、他的操守，是在这点上和一般人、庸俗的人确切地区分开来。一般人遇到了困难，为了有东西吃，为了活下去的一口饭，什么都愿意做，什么都能卖。君子宁可饿死，也不出卖自己的人格底线。

还好有人及时伸出援手，孔子和弟子才没有饿死在这里。帮忙的人，是“叶公”，就是“叶公好龙”故事里的那个“叶公”。他将孔子一行接到他的封地上，让他们的温饱得以解决。《论语·子路》说：“叶公问政。子曰：‘近者悦，远者来。’”这段话记录的，就是孔子对叶公表达感激。面对叶公的请教，孔子回答说：善政、良政重要的标准是在你周围的人很高兴有你当邻居，离你远的人会不辞辛劳到你这里来。句子里的“远者”，指的就是孔子自己和弟子。我们大老远都愿意来到你这里，显然你已经建立了善政、良政的名声。

08

孔子的生平（六）

——周游列国

周游列国期间，孔子在南方遇到了一些奇怪的人，给了他不一样的意见与评价。

《论语·微子》说："楚狂接舆歌而过孔子曰：'凤兮！凤兮！何德之衰？往者不可谏，来者犹可追。已而，已而！今之从政者殆而！'孔子下，欲与之言。趋而辟之，不得与之言。"楚国的"狂人"接舆经过孔子的门口或孔子的车，大叫："可惜啊，可惜啊！这么像样的一个人才，却沉沦落魄成这样？你怎么会不知道现在都是些什么样的人在从政，干吗自甘堕落跟人家在里面搅和？过去的没办法挽回了，未来还可以不用再葬送进去吧！"听到他这样说，孔子赶紧从堂中或车上下来，真诚想向他解释自己的立场，但人家就扬长而去，根本不愿听孔子说。

《论语·微子》还说：“长沮、桀溺耦而耕。孔子过之，使子路问津焉。长沮曰：‘夫执舆者为谁？’子路曰：‘为孔丘。’曰：‘是鲁孔丘与？’曰：‘是也。’曰：‘是知津矣。’问于桀溺。桀溺曰：‘子为谁？’曰：‘为仲由。’曰：‘是鲁孔丘之徒与？’对曰：‘然。’曰：‘滔滔者，天下皆是也，而谁以易之？且而与其从辟人之士也，岂若从辟世之士哉？’耰而不辍。子路行以告。夫子怃然曰：‘鸟兽不可与同群，吾非斯人之徒与而谁与？天下有道，丘不与易也。’”

孔子在路上要找渡口，看到有两个人并肩拉着犁在耕田，就派子路去问路。子路先问其中的长沮，长沮问他：“你是替谁驾车的？”“替我老师孔丘。”“就是那个鲁国的孔丘？”“是的。”知道子路是为了鲁国孔丘来问路，长沮竟然回答：“这个人不会迷路，他是知道渡口在哪里的人，不必来问我。”子路八成傻眼了吧？明明就是我老师找不到渡口才要我来问的啊！

不得已，子路又去问桀溺。这个也一样不干脆回答，问：“你是谁？”“我是仲由子路。”“是那个鲁国孔丘的弟子子路？”“就是。”然后桀溺就训子路一顿：“你们不知道全天下的人都一样吗？一天到晚跑来跑去想要找到不一样的国君、不一样的大夫，怎么可能找得到？与其找不跟别人一样的人，不如找跟整个世界都不一样的人吧！”说完，就和长沮两人继续犁田，不理会子路了。

子路也真倒霉，问了两个人，还是没问到渡口在哪儿。后来他大概找了其他人问路吧，问清楚了后，回到孔子身边，就将刚刚遇到长沮、桀溺的怪事讲给老师听。孔子听完，动容感慨说：“人不可能和鸟兽在一起，总希望能和自己的同类共处。他们是我的同类，如果现在天下不是那么乱，我一定会选择跟他们在一起，过他们那样的生活。”

显然，孔子完全理解长沮、桀溺他们那种“避世”的态度，也有一定程度的认同，但他身上有着他们没有的一份使命感，就是无法明知天下大乱而无所作为。他并不是狂妄地以为靠自己的力量能够让天下不乱，而是无法忍受被动地、逃避地接受天下大乱的事实，不试图予以改变。

另外一段故事，出自《论语·微子》：“子路从而后，遇丈人，以杖荷蓧。子路问曰：‘子见夫子乎？’丈人曰：‘四体不勤，五谷不分。孰为夫子？’植其杖而芸。子路拱而立。止子路宿，杀鸡为黍而食之，见其二子焉。明日，子路行，以告。子曰：‘隐者也。’使子路反见之。至则行矣。子路曰：‘不仕无义。长幼之节，不可废也；君臣之义，如之何其废之？欲洁其身，而乱大伦。君子之仕也，行其义也。道之不行，已知之矣。’”

又是子路陪着老师在外，走一走子路跟丢了，他看到路边有个老人家，就过去问：“有没有看到我老师从这里经过？”老人家没好脸色地回应子路：“什么老师不老师的？那种从来不劳动，也分不清五谷种类的，算什么老师？”然后就不理人，继续在田里的工作。被莫名其妙训了一句，子路倒是依旧保持恭敬，礼貌地站在那里。也许是被子路的态度感动了，天色也已经晚了，老人家就让子路到家里留宿。到了家，还准备了丰盛的晚餐招待子路，并介绍两个儿子和子路认识。

天亮后，子路追上了孔子，把前夜的经历说给老师听。老师感动地说：“这不是一般人啊，你遇到有特殊智慧的隐士了！赶快回去找他。”子路回到前夜居留的地方，老人家已经出门了，子路只好将孔子交代他说的话，说给了老人家的儿子听。孔子郑重其事地要对老人家解释：“我之所以孜孜矻矻做这些事，是为了保存伦常之‘义’。父子长幼之间不能没有一定的行为规范，那难道君臣之间就可以没有吗？洁身自好不做事不沾惹，结果就只能坐视君臣间的‘大伦’沦丧。君子从事政治不是为了利益与地位，只是因为这是对的、该做的。至于做这样的事也无法挽回大局，我早就知道，没有任何幻想啊！”

孔子要子路转达的话，有背景，有深意。老人为什么留宿子路？不就是因为看到子路懂得“长幼之节”，被莫名其妙抢白一顿，却依然维持对待长者应有的礼貌吗？在家里为什么要叫两个儿子来和子路相见？不就是因为子路长于他们，要教儿子守“长幼之节”吗？老人家自己如此看重“长幼之节”，明白规范人伦的礼的价值，那么也就应该能理解孔子的用心与坚持。家里面不能没有礼，难道国政上、君臣之间就可以没有礼吗？孔子要做的，不过就是尽己之力，保存政治上的“大伦”，并不是天真地以为这个时代还有救啊！

孔子反复表明，在现实的衡量上，他其实和这些“隐士”同样悲观，根本不觉得时局有可能好转。但不一样的地方是，他内在的责任感远大过现实的估算，无论如何他必须有所努力，无法像他们一样去“避世”，看不到、不在乎时代和社会的败坏。这就是孔子“知其不可而为之”的悲壮态度。

09

孔子的生平（七）

——卫国内乱

孔子在叶公那里待了一阵子，到公元前 488 年，又回到卫国。这时卫灵公去世了，由卫灵公的孙子即位。国君的位子不传儿子而传孙子，就是因为儿子蒯聩与父亲反目成仇，出亡在外。所以卫国此时的新局面变成新君卫孝公（又称卫出公）即位，而他的亲生父亲，原来的卫国太子蒯聩流亡于齐，没有放弃要借齐国的力量对付自己的儿子；而儿子这边也延续卫灵公的策略，拉拢另外一边的大国晋，用晋国的势力来牵制甚至压迫蒯聩。

《论语·子路》说："子路曰：'卫君待子而为政，子将奚先？'子曰：'必也正名乎！'子路曰：'有是哉，子之迂也！奚其正？'子曰：'野哉，由也！君子于其所不知，盖阙如也。名不正，则言不顺；言不顺，则事不成；事不成，则礼乐不兴；礼乐不兴，则刑罚不中；刑罚不中，则民无所措手足。故君子名之必可言也，言之必可行也。君子于其言，无所苟而已矣。'"

面对这样的情况，子路问孔子："我们到卫国去，卫国国君如果愿意给你治国的权力，第一件事要做什么？"孔子回答："一定要先'正名'！"听到这个答案，子路爆发了："这什么东西啊？老师你真是不切实际，正什么正？"《论语》不只记录了子路反对的意见，甚至将子路那种不耐烦甚至不屑的口气都写下来了。

子路语气不好，老师也就不客气地直接骂他："你真粗野啊，就不能学得文雅一点吗？对于自己不懂的，就别乱发言！"然后罗列了一连串政治因果连环作用：名正—言顺—事成—礼乐兴—刑罚中—民安，强调"正名"是必要的开端。

值得特别注意的是，孔子这句话有特定的时空条件，他看到卫国的乱局，认定只有"正名"，什么样的"名"就该有什么样的"身份"，才能有解决的可能。本来是父亲当国君，儿子在外反对父亲；现在变成儿子当国君，父亲在外算计儿子。这样像话吗？父子三代明白弄到父不父、子不子，如此的国君能得到臣下乃至于国人的尊重吗？他们说的话，别人会认真当一回事吗？父子君臣关系错乱，这样的国家要如何治理？

知道了后来发生的事，尤其是子路竟然因卫国父子相争之乱而死，回头看这段对话，令人格外感慨。这不是孔子的神灵预感，而是那个时代无所不在的庞大悲剧，子路以为"迂"的，却是对抗时代持续毁坏，并同时毁坏许多人生命潮流唯一的办法。但的确，这种办法很"迂"，看起来不直接，也无法立即奏效，还得花很长的时间从根底改变起，最终子路就被那无法改变的混乱卷进去，以致不得善终。

做儿子的卫出公仰赖晋国的支持得以在位，但后来晋国内部有事，做父亲的蒯聩就趁机带着齐兵打回卫国，换成他的儿子出亡（所以后来谥号为“出公”）。两人的位置与角色倒过来了，然而卫国的紧张与动乱却依旧，换成了儿子在外随时要伺机夺取父亲的地位与权力。

10

孔子的生平（八）

——晚年归鲁

卫国大乱之际，孔子回到鲁国，那是公元前 484 年，那年他 68 岁。回到鲁国后，孔子又收了几个重要的弟子，其中一个是冉有，另外一个是曾参。《论语·先进》说：“子曰：‘先进于礼乐，野人也；后进于礼乐，君子也。如用之，则吾从先进。’”晚年时他感慨，早期的弟子比较草莽，后期的弟子比较文雅，但如果要“用”，他还是比较喜欢和早期的弟子在一起。其中一个理由，应该是早期的弟子因为“野”，比较直率，也比较忠心，没那么多心眼，没那么多表面文章。

回到鲁国时，孔子的名气更大了，连带地，这时期人家就更看重他的弟子。所以晚期的弟子有的在政治地位上，甚至高过孔子。像是冉有，是孔子弟子中政治发展最成功的一个。他一度实质执掌季孙氏家的政治事务，但也因为这样，在《论语》里留下了最多被老师骂的记录。《论语·先进》说："季氏富于周公，而求也为之聚敛而附益之。子曰：'非吾徒也。小子鸣鼓而攻之，可也。'"孔子当年在鲁国时，努力裁抑"三家"的野心，维持鲁国君的地位不被侵夺，然而弟子冉有却帮"三家"中的季孙氏大肆扩张财富与权力，气得孔子对其他弟子宣布和冉有划清界限。

孔子之怒，一部分原因来自像冉有这样的"后进"，的确比前一代的"先进"弟子要世故、圆滑，但另一部分原因也是时局进一步改变，本来的封建上下秩序更不受尊重了，冉有他们这一代更难使力去坚守旧规矩了。

另一个大有世俗成就的弟子，是子贡。《史记·货殖列传》中说："子贡结驷连骑，束帛之币以聘享诸侯，所至，国君无不分庭与之抗礼。夫使孔子名布扬天下者，子贡先后之也。"子贡经商成功，获致大富，在那个越来越现实的时代，他的财富还为他换来了超高的地位，所到之处，甚至可以和国君平起平坐。也是靠子贡的财富与地位，得以让孔子名扬天下。

真正有效将孔子之名布扬天下的，毕竟要数孔子死后不久就编撰成书的《论语》。《论语》成书很早，而且成书之后很快就流传开来，对于我们两千多年后要认识孔子，真是件幸运的事。孔子是什么样的人，到了战国时期，已经有了基本、不容任意窜改的面貌。

《论语》流传得早、流传得广，在有人想对《论语》内容动手动脚之前，其主要内容已经深入人心并固定下来了。换句话说，我们现在看到的这本《论语》，大致保留了公元前 5 世纪时编辑形成的原貌，成功抗拒了两千多年的修改变乱。

《论语》不是一本大书，它的字数并不多，然而在有限的篇幅中，竟然多次出现“重文”，完全一样的字句，这里出现一次，那里又出现一次。会有这种现象，最有可能是当初辑录时没有注意到，不小心让同样内容多抄录了一遍。这么明显的错误，照理很容易会被发现，也很容易改正，却到今天都还留在书中，一定是因为《论语》早早取得了崇高地位，阻却了任何想要修改的做法。连这么基本的错误都没改，《论语》被重编增删的概率显然不高。

还有，虽然经过上千年的解释努力，《论语》的篇章次序究竟有什么统一的安排，从来没有得到可信的答案。看起来，《论语》真的就是弟子在第一时间将各人笔记聚集在一起，谁都无法垄断编辑权力，因而保留了相对凌乱的面貌。这样的凌乱反而让我们放心——毕竟若是经过有意识的改动、伪造，首先会被改动的理应就是表面的凌乱，会被伪造的理应就是一套更明确的次序逻辑。

《论语》可信的另一个证明，是书中呈现了不完美的孔子，保留了孔子的脾气、孔子的冲动，尤其是孔子所受到的种种打击与挫折。那是一个活生生的“人”，不是以意念先行，靠教条造出来的“圣人”。

11

孔子的快乐

孔子是个历史人物，意味着他活在一个特定的时代，他所做的、所说的，和那个时代的处境、遭遇分不开。也意味着他一生经历不同时期、不同状况，他所做的、所说的，必然是回应这些不同时期的不同状况而发的。孔子本来就没打算要让他说的每一句话都被当作普遍的真理来看待。他真正了不起的地方，在于不同时期、不同状况下说了那么多话，而背后依循着一套我们可以推断、可以理解，也可以认同的道理与原则。

孔子的一生并不顺遂，他选了一条“少有人迹”的道路。30岁之前，他在鲁国未曾有什么可称道的成就，30岁突破性地成了第一个“老师”，然后到将近50岁才出仕，从中都宰、司空到大司寇，但没有几年他就开始周游列国，东奔西走，偶尔才遇到愿意收留他、听听他意见的国君，其他时间都在路上颠沛流离。十四年后他回到鲁国，因为学生越来越有名，借此得以有较为安稳的生活，但又遭遇了儿子和重要弟子的死亡打击。

孔子死后，靠子贡、子夏、曾子、有若这几个弟子的努力投入，《论语》编成了，又快速地流传，奠定了儒家的地位。儒家就是孔门，而且随着儒家的壮大，甚至进一步把原本王官学中的传统内容都变成儒家的经典和教训了。

孔子生活多艰，但在《论语》里却留下了许多他“乐”的记录。宋朝大儒周敦颐当年教程灏、程颐两兄弟时，其中一个重要的启示，就是要他们“寻颜子、仲尼乐处，所乐何事”，看看孔子、颜渊在乐什么，因何而乐。

《论语》全书第一段话是：“学而时习之，不亦说乎？有朋自远方来，不亦乐乎？人不知而不愠，不亦君子乎？”三句中，有两句直接说“乐”，学与习是“乐”，难得一见的朋友来，是“乐”。第三句，事实上也在说“乐”，只是换了方向说，告诉弟子要做个君子，就要修养自己，别老觉得怀才不遇，别浪费时间和力气怨怒别人不了解你。

另外《论语·述而》中有：“叶公问孔子于子路，子路不对。子曰：‘女奚不曰，其为人也，发愤忘食，乐以忘忧，不知老之将至云尔。’”叶公私下问子路：“孔子究竟是个怎样的人？”子路不知该如何回答。孔子知道了，就跟子路说：“你应该告诉他，你这个老师，当他专注于一件事的时候，会连吃饭都忘了，整个人投入其中，更忘掉了所有忧虑，连自己老了都不知道。”这一年，孔子 63 岁，是真的老了，但他仍然维持着“不知老之将至”的活泼态度。

他在乐什么？如果能够了解“子之乐”，我们就能进入那样一个特别的内在世界。《论语·公冶长》说：“子贡曰：‘夫子之文章，可得而闻也。夫子之言性与天道，不可得而闻也。’”子贡特别指出，孔子不太说“性”与“天道”。这是什么？在先秦思想观念中，“性”指的是人的天赋，与生俱来的部分；“天道”指的是人力所无法控制、无法扭转的局势。

为什么孔子不谈“性”与“天道”？因为那不在我们个人努力与改造范围内，而孔子在意的，尤其是他的教育关注的，是人如何改造自我，如何让自己变成一个更好的、更丰富的人。“性”是你改变不了的，“天道”是你控制不了的，人只能被动地接受“性”和“天道”。对于孔子来说，这两样东西和教育、修养、自我精进完成无关，不管这两个观念在那个时代多么流行，都不在他的关心范围内。

孔子之乐，乐于知道自己是谁，知道自己能做什么，知道自己做了能做且应该做的事。孔子如何称赞颜渊？孔子特别称许他“不贰过”，犯过的错误不会再犯第二次。“不贰过”算得上了不起的成就吗？从孔子的根本价值上看，很了不起，也很重要。我们会因为无知而犯错，会因为外在环境的影响而犯错，没有人不犯错，但重点在于，一旦你知道这是错的，你自己认定这是不该发生的，你能够让自己“不贰过”吗？

第一次犯错，往往有我们自己无法控制的因素，然而一旦知其为“错”，却还“贰过”，那就彻彻底底是个人的责任了。在孔子的理念中，分辨什么是“人”的责任很重要。有“天”，有“人”，“天”比“人”大，“天”是外在的力量，不会因我们的主观意志与努力而改变，“人”则是我们自己可以控制的。孔子念兹在兹要分辨出“人”的部分，也就是我们没有借口推给别人、推给环境的责任。

孔子说：“知其不可而为之。”为什么要这样，明明知道做不成，还是得去做？“知其不可”是外在环境，是别人，是所有你控制不了的因素，阻碍甚至消除了你个人拥有的那一点点力量。但因为这样，知道“不可”，我们就放弃了吗？孔子说：不行，这是两回事，做自己认定该做的事，用自己相信的准则做人，是我们身为一个人的根本，关系的是自己的责任，其本身是目的，不单是为了换来什么结果的手段。因此，就算明知换不来那样的结果，我还是不能不为了对自己有交代而去做对的事。

《论语·述而》说：“子曰：‘仁远乎哉？我欲仁，斯仁至矣！’”“仁”有那么简单，我要“仁”，“仁”就在这里？这话什么意思？孔子这句话的关键，在“欲”字。穷究到底，在人生中，有什么是我们自己可以完全控制，不需要依赖任何外在条件配合的吗？换句话说，有什么是自我的绝对责任，完全规避不了，找不出任何推诿借口的吗？

有，那就是“欲”，就是自己发心动念要做对的事，要遵照原则道理活着的意志。这纯粹靠你自己就能做到，而且谁也影响不了你，谁也没办法进到你内心将这个“欲”给夺走。到了后来，孟子的说法就是：“三军可夺帅也，匹夫不可夺志也。”再大的军力也无法保证一定会赢，不可能绝对保护指挥官不被掳走，但相对的，任何一个人的内在意志，比有三军保护的指挥官更稳固，谁能进到你心中夺走你的意志呢？

谁也阻止不了你做个有原则的人，下定决心做对的事，或下定决心“不贰过”，绝对不犯已经明白了的错误。一个人立意要行“仁”，要以“仁”的原则待人接物，其“仁”能带来什么样的效果，很大一部分不在自己控制之内，但请记得：决心行“仁”，“我欲仁”这件事完全不关别人的事，只和你自己有关，这份“仁心”是绝对属于你自己的。

12

孔子的教导

宋代的程颢回忆求学过程中曾“寻颜子、仲尼乐处，所乐何事”，一个简单的答案，那个“乐”在于理解并掌握自己所能控制的事。没有要去控制他人，也不依赖外在的结果来证明自己，要追求的是内在的自主。了解了这个“乐”的性质，我们就能进一步明白孔子的“诗之教”与“礼之教”。

孔子有一个名叫陈亢的弟子，在《论语》中，他前后只出现过三次，却每次都说奇怪的话，做奇怪的事。《论语·季氏》说：陈亢问于伯鱼曰：“子亦有异闻乎？”对曰：“未也。尝独立，鲤趋而过庭。曰：‘学诗乎？’对曰：‘未也。’‘不学诗，无以言。’鲤退而学诗。他日又独立，鲤趋而过庭。曰：‘学礼乎？’对曰：‘未也。’‘不学礼，无以立。’鲤退而学礼。闻斯二者。”陈亢退而喜曰："问一得三。闻诗，闻礼，又闻君子之远其子也。"

陈亢去问孔子的儿子孔鲤（伯鱼），好奇作为老师的儿子，孔鲤有没有得到特别的教导。孔鲤说："没有，我大多都是和其他学生一起听父亲教导。有一次父亲一个人在，旁边没有其他学生，我快步从庭中走过，被父亲叫住，问我：'你学《诗》了吗？'我回答：'还没。'父亲就说：'不学《诗》就不懂得如何说话。'听了之后，我就开始学《诗》。还有一次他又是一个人，也是把我叫住，问：'你学《礼》了吗？'我回答：'没有。'他就说：'不学《礼》就不懂得如何立身处世。'所以我就开始学《礼》。父亲单独只对我一个人说的，我记得的就只有这些。"

陈亢听了高兴得很，觉得自己真的赚到了：才提了一个问题，就学到了三件重要的事——知道《诗》和《礼》的重要性，还知道像孔子这样的君子不会私心偏爱自己的儿子。

还有一段是陈亢和子贡的对话，出现在《论语·子张》中："陈子禽谓子贡曰：'子为恭也，仲尼岂贤于子乎？'子贡曰：'君子一言以为知，一言以为不知，言不可不慎也。夫子之不可及也，犹天之不可阶而升也。夫子之得邦家者，所谓立之斯立，道之斯行，绥之斯来，动之斯和。其生也荣，其死也哀，如之何其可及也？'"

孔子死后，因为子贡在政商两界获得的成就，陈亢在子贡面前称赞说："你太谦虚了，仲尼哪有你厉害？"这马屁拍到马腿上了，被子贡严正地训了一顿："请你说话谨慎一点，说错一句话就会显现出人的无知。拿我和老师比？老师和我们之间有着决然的差距，就像不是拿个梯子就能爬到天上去一样。”

回到孔子说的“不读诗，无以言”，那不只是表面说话、沟通的训练而已，更重要的，是借由学会如何适当地表达来丰富自己。“诗之教”的核心不是去学诗人的语言，而是学诗中所呈现的丰沛感情，因而反射地让自己能够想得更多，感受更多。

那又为什么学礼？“不学礼，无以立”中的礼不是外在的礼仪规矩，不是我们一般认知的看到老师、校长要鞠躬问好。学礼学的是一套管辖自我行为的信念，尤其在那个封建宗法崩坏的时代，学礼只能够回溯礼的精神，弄清楚为什么人与人之间需要这些规范。把礼学好，你才能从信念中制定自己的行为准则，由此得到一种建立了生活秩序的“乐”。你知道自己过的不是混乱、浑浑噩噩的生活，而是有秩序、有意义的生活，因而得到衷心的“乐”。

从礼的原则上，我明白了“朋友之义”，决定了自己对待朋友的根本方式，虽然你无法要求朋友用同样的方式对待你，就算朋友待你“不义”，在最挫折、最悲郁的打击中，你至少仍然保有对得起自己的安慰。朋友怎么对你，不是你能控制的，但始终相信“朋友之义”，坚守自己所相信的原则，却绝对在你掌握之中，你不是单纯为了朋友而信守“义”，更重要的是为了自己。在近乎悲壮的情境中，你仍然拥有不违背信念的“道德之乐”，能够向自己交代的安心。

13

礼教的真义

当人们狂呼“打倒孔家店”，指控“礼教杀人”时，他们所批判、攻击的“礼教”，其实根本不是《论语》中孔子所认定、所教的礼。那个礼不是礼貌、礼节或礼数，很难用白话文的词语来代替。反而是英文中有一个词庶乎近之，就是 decent（正派、像样）。

这不是个冷僻艰涩的词，然而虽然常常出现常常遇见，却几乎无法找到贴切的中文，能够予以对译。勉强将这个词解释为“合宜”吧！说一个人 decent，意味着他不会做什么粗野、奸猾、欺瞒的事，也就是说他总是行为合宜。

不过，decent 有“合宜”无法涵盖的其他意义。第一，decent 意味着合宜行为不勉强，不是出于功利考虑或外力胁迫，所以才做的。因此 decent 有时候也被译成“优雅”。怎么会有优雅在其中？那是接近孔子说的“随心所欲不逾矩”，举手投足就自然合宜，所以给人优雅的舒服感觉。

第二，decent 一方面是很基本的人格条件，因而我的老友、台湾学者钱永祥将之译成“做人的基本道理”；可是另一方面，decent 却也是近乎高贵的称许评价。怎么会既基本又高贵？因为 decent 质地内在有人之所以为人的大家共同同意必具的成分，然而这成分真落实做出来却绝非容易，构成了高贵成就。

孔子的礼就是要追求人因为理解和信念而内化了规矩，随而散发出一种气质、一种气度，一种值得安心信任的优雅高贵。

《论语·颜渊》说：“子曰：‘足食，足兵。民信之矣。’子贡曰：‘必不得已而去，于斯三者何先？’曰：‘去兵。’子贡曰：‘必不得已而去，于斯二者何先？’曰：‘去食。自古皆有死，民无信不立。’”孔子列出了一个国成立的三大要素，但聪明的弟子子贡却坚持要弄清楚这三项要素的排名。孔子这样排名：第一是“民信”，第二是“食”，然后才是“兵”。

这意味着孔子主张人民饿死了都必须信任政府吗？当然不是。孔子着重的方向不在此，他真正表达的是自己有多看重“信”这件事，即人与人之间的彼此信任。当代英国社会学家齐格蒙特·鲍曼（Zygmunt Bauman）曾说：“没有了信任，我们连早上起床的勇气都没有。”这句话可以拿来当作孔子思想的脚注，人能过集体生活，靠的就是彼此信任，对于别人会做什么、不会做什么，有基本的把握。而礼就是这种把握的来源与保障。

因为有了孔子，礼与伦常从原来的封建宗法具体规范转型为一套抽象的思考与原则，因而在中国文明组构中占据了最核心的位置，要看清楚此后的中国文明特质，我们不可能忽略孔子，绕过孔子。

第九讲

重读《老子》

01

三支道家对“道”的不同理解

从西周到东周的巨变，重组了中国文明的“价值结构”，也就是后来中国人看待自己、看待社会、看待世界、看待宇宙的方式。新浮现的“价值组构”中，很重要的一块是由孔子开创的儒家，同时期发展的另一块，则是道家。从这个时期开始，往后中国人的价值系统中，出现了长久的儒道并列互动，时而互补、时而冲突的现象。

“儒”的起源溯自孔子，孔子之后而分流，但始终以孔子之教为依归，相对清楚。“道”却不然，其起源不明，而且后来的流变产生了许多混淆。在历史中，道家大致有三个不同的支脉，都以“道”为名，但强调、着重的思想内涵，大有不同。

其中一支是道教，或可以称之为“阴阳道教”。道教从汉朝以降在中国民间小传统中扮演了极为重要的角色。但若追索到春秋战国的脉络里，这一支真正的信仰源头，与其说是道家，不如说更接近阴阳家，应该放在阴阳家的变化发展中来理解。

“阴阳道教”之外，另外有一支，可以称之为“老道”，就是以《老子》为主的道家。再一支则是“庄道”，以《庄子》为主的道家。前者在历史上，有更响亮的名称“黄老”，拉了“黄帝”来和老子做伴。后者在历史上，有时也称“老庄”，名称中有“老”，但实际上是以《庄子》的理念来诠释《老子》。

这三支都是道家，因为他们都相信大自然有一套规律，人不能违背这套规律。知识与行为的开端，是掌握这套庞大的规律，而“道”就是这套规律的总称。

然而在这样的共通基础之上，三派对待“道”有很不一样的态度。“阴阳道教”由“阴阳感应”“五行相生相克”而发展出人可以介入改变“道”的法则。一直到今天，民间信仰里主张一个人如果命中缺水，应该给他一个带水字边的名字来补充，就是以人为来补自然，以人为来改变自然。“阴阳道家”着重的，是人借由理解、分析自然秩序的构成，找到对自己最有利的因应方式。

那庄道和老道这两支呢？让我试着用《庄子·秋水》里的两段故事来说明。

《庄子·秋水》中有一段故事，说惠子（惠施）在梁为相，庄子到梁要去见惠子。有人跟惠子说：“庄子来，是要取代你为相。”惠子担心了，就派人在梁国境内三天三夜大搜庄子的行踪。他们没有找到庄子，庄子按计划来见惠子。见了面后，对惠子说：“南方有一种叫鹓雏的鸟，你知道吗？这种鸟，从南海起飞，一路飞向北海，沿路只停栖在梧桐木上，只吃竹子的果实，只喝甘美的泉水。在鹓雏飞行的路上，有一只猫头鹰捡到了腐烂的老鼠尸体，发现鹓雏从他头上飞过，就抬起头看着鹓雏，威胁地发出‘吓！’的声音。唉，现在你就是为了护住你的梁相，而要‘吓！’我吗？”

《庄子・秋水》的另一段故事则说：庄子在濮水边钓鱼，楚王要来拜访他，先派两位大夫前行转达：“希望将楚国的国政托付给您。”庄子手里拿着钓竿，头都没有回，说：“我听说你们楚国有一只神龟，已经死了三千年了，楚王小心翼翼地把它包好藏在小竹箱里，供奉在庙堂上。你们觉得这只龟比较喜欢死了留下骨头得到尊贵待遇，还是宁可活着在泥里摇尾巴呢？”两位大夫回答：“应该是活着在泥里摇尾巴吧！”庄子说：“那就去吧，别烦我，我还要在泥里摇尾巴呢！”

这是庄子对待政治权力的基本态度。别人努力想要争取，随时担心失去的，在他眼中，那是“腐鼠”，根本不值一顾，遑论要抢夺或保护。权力带来的地位，在他看来只是窒息一个人的自然活泼的生命，把他桎梏在一个不是由他自己决定，也必然违背他本性的牢笼里。

老子就不是这样看权力的。老子和庄子都以“道”为本，都相信有一套自然的规律在所有现象变化之后，为其真宰，也都相信最重要的，是明了“道”的存在，追索“道”的规律。但两人的相同之处，也就到此为止。

在庄子看来，明白了“道”，就能洞视我们执守的许多价值，其实源自狭窄的自我中心眼光，那么我们就能看清楚不是所有人、所有动物都想要“腐鼠”，就可以不必陷入那些外在的标准，自在地活着。

对老子来说，了解了“道”，是为了将“道”拿来运用在处世与安排权力上。了解“道”的人，比不了解“道”的人，可以更有效地取得权力，运用权力，保有权力。

庄子了解了“道”，就必然有避世的态度。世俗的权力、享受、安逸，一般人汲汲营营计较的，其实不过是猫头鹰嘴里咬的一只臭掉的老鼠，我们干吗跟着人家去计较去争夺呢？老子了解了“道”，则采取了一种吊诡的态度——取得权力、保有权力的最好方法，就是好像没有权力，好像不在乎权力一样。

02

老庄有别

《庄子・天下篇》论战国诸子，是将庄子和老子分别处理的。

“芴漠无形，变化无常，死与？生与？天地并与？神明往与？芒乎何之？忽乎何适？万物毕罗，莫足以归。古之道术有在于是者，庄周闻其风而悦之。”恍惚暧昧没有固定的形状，没有规律地不断变化，这是生还是死呢？是和天地并存的吗？还是随着神明而来去的？茫然看不出要去哪里？倏忽匆忙看不出又去到了哪里？所有的事物通通各自罗列，无法归类整理。

这是庄周学问和思想的来历。看《庄子・天下篇》的写法，让人想起《楚辞・天问》，一连串的问题，而不是任何具体、坚实的主张。应该说，和“天问”一样，庄子的学说，问比答更重要，有些根本的问题，是不能回答的。一旦回答了，那答案就必然将原本“无形”的强解为“有形”，也就将原本“无常”的改写成“有常”。所以庄子表达其意见，“以谬悠之说，荒唐之言，无端厓之辞，时恣纵而不傥，不以觭见之也”。间接迂回、无稽悠远、大而无当、四处晃游，不偏在任何一边，才不会逆反自己的本心本意，把“无形”讲成“有形”，把“无常”固定为“有常”。

还有，“以天下为沉浊，不可与庄语；以卮言为曼衍，以重言为真，以寓言为广。独与天地精神往来，而不敖倪于万物。不谴是非，以与世俗处”。庄子没有真的要和同时代的人对话，没有要教他们什么。他不说正经的话，随机发挥，有时重复别人说的话来证明道理，有时用寓言来开拓道理的范围。他真正的思考友伴是开阔无涯的天地精神，但也不轻视万物。不否定世俗的是非，混居其间。

老子则不然。《庄子·天下篇》的说法是：“以本为精，以物为粗，以有积为不足，澹然独与神明居。古之道术有在于是者，关尹、老聃闻其风而说之。建之以常无有，主之以太一，以濡弱谦下为表，以空虚不毁万物为实。”认为本源道理是精微的，万物实体不过是这种本源道理的粗糙显现（所以不能执着于物体本身，要依照本源道理行事），认为有所积存反而是不足的，最好的方式是弃绝一切独自与不受物体拘限的神明共处。古代有强调这方面的思想，吸引了关尹、老子，以“无”“常”“有”三个观念为基础，以“太一”为其主导原则，主张表面上应该濡弱谦下（效法水），实质上则保持空虚状态，不破坏既有的万物。

老子这一派主张存在之物不值得我们耗费心神去追求，在物的背后有“本”，那才是真正重要的。“本”的规律，是吊诡的辩证。表面上越富有的，实质上越穷。所以最坚强、最能成功的，反而是最软弱、最谦下，看起来没有权力也不坚持的那种人。整个世界最宝贵的，不是任何一项具体的东西，而是什么都没有的“空虚”，因为“空虚”才可以包纳万物。

03

《史记》关于老子记录的糊涂账

《史记》是部伟大的著作，值得我们认真研读、理解，但这并不等同于我们可以相信《史记》中的每一句话，将太史公书中所写的都奉为史实。

很不幸的，《史记·老子韩非列传》中写老子的部分，就是一笔糟糕的糊涂账。

司马迁的史官职务是从父亲司马谈那里继承来的。司马谈的著作今天只剩下一篇《论六家要旨》留在《史记·太史公自序》里。在《论六家要旨》中，司马谈如此说道家："道家使人精神专一，动合无形，赡足万物。其为术也，因阴阳之大顺，采儒墨之善，撮名法之要，与时迁移，应物变化。"道家集合了阴阳家、儒家、墨家、名家、法家等其他五家的精华，光是这句话，司马谈就已经表明了他的思想立场，他是个道家，而且是从道家的立场出发来整理、评断“六家要旨”的。

更进一步，在司马谈的六家源流分析上，明显断定这种“使人精神专一，动合无形，赡足万物”的道家思想是相对后起的，所以能集合前面其他各家的优点。然而司马迁没有采纳父亲的这项主张，在《史记·老子韩非列传》中，将老子的思想写成了六家之中最先、最早的。

《史记》中写老子，一开始说老子姓李名耳，字摐，是“周守藏室之史”，然后就讲了孔子“问礼于老子”的故事。这件事在战国的文献中出现过好几次，《礼记》《庄子》中都记录过。依照这些记载，老子年长于孔子，是当时有名的智者。

但是讲完孔子问礼于老子后，司马迁突然笔锋一转，说：“或曰：老莱子亦楚人也，著书十五篇，言道家之用，与孔子同时云。”意思是：也有人说（有资料记录）老子是老莱子，也是楚人，写的书不是上下篇的《道德经》，而是另外的十五篇著作；老子也没有比孔子年长，而是差不多和孔子同代。

如此附笔表现了司马迁的诚实态度，他看过另外有老子是“老莱子”说法的史料，更重要的，他对于老子早于孔子，孔子曾经问礼于老子这件事，没有充分的把握。司马迁的存疑态度，一部分应该来自他对《论语》、对孔子的了解。

关于孔子事迹，最可信的材料是由他弟子编撰的《论语》，但《论语》中完全没有提到孔子到周去向老子问礼的事。还有，依照战国文献，孔子见老子这件事，发生在孔子50岁时，但《论语·为政》中记录了孔子的自述："吾十有五而志于学，三十而立，四十而不惑，五十而知天命，六十而耳顺，七十而从心所欲，不逾矩。"50 岁都到"知天命"了，怎么会因对"道之要"感到困惑而去求教于老子？

前面讲孔子时，引用过《论语·微子》中的一个故事："子路从而后，遇丈人，以杖荷蓧。子路问曰：'子见夫子乎？'丈人曰：'四体不勤，五谷不分。孰为夫子？'植其杖而芸。子路拱而立。止子路宿，杀鸡为黍而食之，见其二子焉。明日，子路行，以告。子曰：'隐者也。'使子路反见之。至则行矣。子路曰：'不仕无义。长幼之节，不可废也；君臣之义，如之何其废之？欲洁其身，而乱大伦。君子之仕也，行其义也。道之不行，已知之矣。'"

这个故事的关键在于老翁"以杖荷蓧"，而"老莱子"这个名字中间的"莱"字，是"锄草"的意思。显然，司马迁认为很有可能这位挑着除草工具的老翁就是"老莱子"，后世于是将孔子和这位隐士的相遇对话敷衍为"孔子向老子问礼"的故事。换句话说，司马迁明白《论语》里记录了许多孔子周游过程中遭遇隐士被质疑、被嘲讽的事迹，认为"孔子问礼于老子"的说法可能是从这些事迹中演化出来，不见得真有孔子刻意跑到周去找这位"守藏室之史"挨训的事。

04

《史记》中的好几位“老子”

说完了老子也可能是“老莱子”之后，司马迁又记录：秦献公时，有一位周的太史叫“儋”的，到了秦国，预言秦国在依附于周之下五百年后，会脱离周而独立，再过七十年，秦会出现统治天下的霸主。“儋”的发音和“聃”一样，又都是周太史，所以史料上就将这两个名字视为同一个人。

司马迁不知该不该接受这个说法。他的犹豫很容易理解。秦献公时周太史到秦，这是孔子死后一百二十九年的事。比孔子年长或和孔子约莫同年的老子，会在孔子死后一百二十九年去见秦献公？不得已，司马迁用补注的口气加了一段话，说：老子大约活了一百六十多岁，也有人说他活了两百多岁，因为他修道，所以特别长寿。没办法，老子就算活了一百六十多岁，都不够既当孔子的老师，又能去见秦献公。要那样，非得两百多岁才行！

老子到秦，依照《史记·老子韩非列传》上下文看，那是因为他“居周久之，见周之衰，乃遂去”。的确，他当周太史当了一百多年，是真久了，终于不想再干了。要出中原入秦时，过关，在关上遇到了一位守关的人，那人看他打算出关一去不回，又知道他是个有大智慧的人，于是勉强他将宝贵的想法写下来，如此才有了我们后来看到的《道德经》五千言。

这也是一笔糊涂账。后来注《史记》的人，以讹传讹，说老子过的关，是“函谷关”，但秦献公时，函谷关还不存在。还有，“关尹”在许多战国文献中出现过，包括前面引用的《庄子》，但都是将“关尹”当作一个人，一位思想人物，没有像《史记》这样将“关尹”照字面解释为“守关的人”的。依照出现较早的战国史料看，“关尹”活跃于战国时期，和老子大约同时发展“道”的概念。

《史记》中讲老子的部分，最后是一段老子（李耳）后人的世系流传。李耳的儿子李宗是魏国的将军。孙子李注，曾孙李宫，李宫的玄孙李假，曾经在汉文帝时当官。李假的儿子李解则当了胶西王刘印的太傅，所以住在齐。李假、李解的时代，就和司马迁很接近了。

这个世系记录，也不太对劲。首先魏独立成为封国，发生于“三家分晋”，那是公元前 403 年，离孔子去世已经超过七十年。老子的儿子要在魏为将，要么他得是老子一百多岁之后才生的，要么这个李宗也得跟他爸爸一样活过一百岁。还有，就算老子和孔子同年，从老子出生到汉文帝的时代，大约有六百年的时间，但依照世系表，这六百年间，老子他们家总共只传了八代。一般正常三十年传一代，他们家平均起来，却是七十多年才传一代，很怪吧？

05

老子年代的错置与楚文化

这笔糊涂账，怎么算？

传统的态度是不去算。反正抓住了老子和孔子大约同时期，理所当然地将《老子》的内容看作出于春秋时代，是和《论语》同样悠远的古文献。

另外一种历史研究的实事求是的态度，则是从司马迁的记录中，先判别其不同的可信程度。最可信的，显然是最接近司马迁时代，担任过胶西王太傅的李解。李解是李耳的八世孙，倒推回去，那么李耳的年代应该是公元前3世纪左右，也就是战国中期到后期。这个时间的推算，又刚好可以吻合从《老子》文本得到的证据。

钱穆先生在他写的四篇关于老子年代的考据文章中，清楚列举了《老子》行文出现的战国名物与词语，具体否定了《老子》成书于春秋时代的可能。而且《老子》直白陈述道理的风格，不仅和《论语》有太大的差距，甚至也不像《孟子》《庄子》那样带有雄辩意味，更接近《荀子》或《韩非子》。

外部证据与内部证据配合来看：第一，《老子》的作者应是战国时期的人；第二，《老子》成书很可能晚于《庄子·内篇》，到了战国后期。这位“李耳”迟至汉初司马迁时，其生平年籍已经被另外一位历史人物“老聃”混杂在一起了。

担任周太史，时代和孔子接近的“老聃”，比写《老子》的“李耳”，早了将近三百年。但不知有了怎样的过程，或许就是源自《老子》这个书名，“李耳”就被当成“老聃”了。《老子》这本书的年代，相应就被往前错置了三百年。

“老聃”和“李耳”一前一后，真正的联结，是古代南方的“隐者文化”。早在孔子的时代，南方就有了强烈不认同周主流价值的传统。孔子是彻彻底底的封建宗法文化的产物，出生并成长于封建宗法的核心区域，因而面对封建秩序败坏和瓦解时，他的态度是“知其不可而为之”，一定要尽力恢复、维持旧有的封建礼法。

《史记·老子韩非列传》中说，李耳是“楚苦县厉乡曲里人也”。春秋时代没有“楚苦县”，战国才有。公元前479年，陈国被楚国所并，后来称之为苦县的这个地方，原本属陈国，这时才为楚所有。这又是《老子》的作者不可能和孔子同时的另一条旁证。

无论陈国还是楚国，相对于黄河流域的中原各国，都在南方。

南方，尤其是楚，地理上位于边陲，没有那么深远的封建根基，更重要的，早在西周建立之前，就有了自身很不一样的文化传统，当然不会有像鲁人孔子那种对于封建宗法的情感，更不会有一定要卫护封建宗法的热情。对于孔子而言，他不忍心看到自己信奉的宗庙倾颓，他宁可以肉身去扮演最后一根支柱。但对于许多封建宗法边缘地带的人来说，他们关心的，往往只是这样一座大庙倒下来，会如何压到我、伤害到我而已。

《论语》中记录了孔子在南方遇到了长沮、桀溺、楚狂接舆，受到了反复嘲弄。这些人都是“隐者”，会嘲弄孔子，一点儿都不意外。他们的生命情调和价值选择，和孔子大异其趣。

“隐者”之所以成为“隐者”，在于他们采取了一种和封建宗法倾颓带来的乱世保持距离的态度。他们早早看穿了这套封建宗法已经是夕阳落日，不可能挽回了，他们的智慧运用在如何于乱世中自保，不仅不受伤害，最好还能保持平静自在。

这些南方“隐者”或“智者”也不是旧有王官学的追随者，不像孔子将《诗》《书》《易》《礼》《乐》《春秋》视为不可移易、不可抛弃的真理基础。他们不依赖在西周王官学经典上说话，所以也没有留下什么著作，只留下了片段的记录，凸显他们和主流价值间的冲突。

这些人背后的“隐者文化”，应该就是道家的渊源。他们没有参与东周中心地区正在发展的从王官学蜕化为诸子学的过程。这个过程的主角是“儒”，从孔子开始，他的门人如何分派流衍，留下了相对详细、明确的记录。从边陲发迹、从“隐者文化”蜕变出来的道家，相形之下，就找不到清楚的历史背景与变化脉络了。

06

考证《老子》年代的五种方法

如果不能尽信《史记》，又怎么考索《老子》成书的时代？

有清一代发展兴盛的考据学，到了民国加入了胡适所说的科学方法——其实就是理性归纳——还有更激烈的疑古风潮，打造出一套细腻的机制，多面向地重新检验文本的时代背景。

普遍使用的一种方法是考据文本中出现的专有名词。专有名词的成立若有确切的时间点，那么用到这个专有名词的文献，成书时间当然晚于这个时间点。

另一种方法是考察字词使用的变化。例如傅斯年先生写了《性命古训辨证》，将古文献中出现“性”“命”的段落拿出来仔细排列比对，看出这两个字、这两个观念在历史时间中变化的基本轨迹。反过来，我们也就能用这套整理好的资料当坐标，考察包含

"性""命"的文献，从文中这两个字的意思去推断文献的时代。

"道"这个字和"性""命"一样，都是春秋战国文献中经常出现，但随着时间其实有微妙而明确意义变化的字。"道"字出现在孔子的时代，带有高度的具体性，通常指的是"人之道"，是人际事务道理的总称。到了《庄子》，"道"的意义扩大了，不仅用来指称"人之道"，还用来指人和自然所有现象的共通原则，人属于自然的一部分，自然之"道"同时也就包纳了人的现象。

《老子》的"道"接近《庄子》，却又更抽象化。"道"不再只是一个方便的总称，而是有了神秘、无法描述、人无法充分掌握的本体。这样的用法贯穿了战国后期的各家文献，包括《荀子》《韩非子》，一直到《吕氏春秋》。整理了"道"字意义的流变，我们也就很难相信《老子》会是和孔子同时代的文献了。

还有第三种方法，是考察文本中出现的事物与观念，比对它们出现的时代。例如，从春秋到战国，改变最大的一个领域，是战争。战争的形式、战争中动用的器具，乃至于战争的观念，快速而激烈地发展。拿东周的战争史作为背景，对照看《孙子》和《老子》，我们就会知道《老子》的战争指涉与观念，明显是战国式的，不太可能出现于春秋时期。

还有第四种考据的方法，是察看、比对行文风格。文法的运用，表现论证的手法，一般都有时代的特殊性。《庄子》和《孟子》在主张上天差地别，但两本书共同展现了那个时代清楚的"雄辩"个性。战国时代是个雄辩时代，苏秦、张仪那些纵横家当然是靠一张嘴善言雄辩，穿梭于各国之间兴风作浪，但雄辩绝对不是纵横家的专利，甚至不是纵横家发明的。应该倒过来看：一个传统信念快速瓦解的社会，迫切需要寻找新的处世行为原则，一时之间涌现了众多不同的主张，嘈杂纷乱地争着要说服迷惘困惑的世人。在那样的多元言论环境中，主张要被听到，需要特殊的技巧；主张要被接受，更需要特殊的技巧。

雄辩就是在这种时代背景下产生的说话技巧。早从春秋时期开始，墨家就最早意识到说话、论辩技巧的重要性，在他们的派别知识中有了“墨辩”，那是一套很讲究的说话、论辩方法论。进入战国时期，言论更加热闹混乱，进而出现了专门探索语言规则，玩弄论辩盲点的名家，说话，不再是一件自然的事，而是正式成为一门技术、一个本事。

纵横家是将这门技术、这个本事特别用在国与国外交策略上的人。与纵横家约莫同时代的孟子、庄子，则将同样的技术、本事，用来沟通、传递价值判断。庄子向一般人传递超越人世的广大精神宇宙，孟子沟通的主要对象则是国君，传递的价值信念是儒家的人道主义。

《孟子》和《荀子》形成鲜明的对比，不只是传统上认知的“性善论”和“性恶论”的对比而已。更重要的，是文风，说话方式的对比。孟、荀同属儒家，两人有许多同样的基本信念，两人的书中也说了许多类似的道理，然而不管再怎么类似、接近的道理，由孟子说来，就是和由荀子说来，给我们很不一样的感受。

不是来自内容的差异，而是风格乃至于人格的差异。孟子的雄辩风格，一部分来自时代影响。孟子出生于公元前 372 年，荀子出生于公元前313年，虽然只相去六十年左右，但他们所处的时代气氛，有了根本的变化。孟子的时代，仍然是百家争鸣、言论互激、一切处于未定的情况，从国君到小民，大家都焦虑地寻访对于现实战乱不安的解决之道。到了荀子的时代，前面的长期多元激荡，开始收束整合了。荀子本身整合了儒家和法家，荀子的学生韩非更进一步整合了法家和道家。

换句话说，孟子身在言论的战场上，强敌环伺，必须随时打紧精神不断战斗；到荀子时，战场已经初步清理了，只剩下几个还站着的强者，不再必然战斗，转而想着如何重整彼此的关系，找出停战的办法来。

而很明显的，《老子》那种平铺直叙的“真理式”发言风格，不推理不辩论，只把结论拿出来，更接近《荀子》而不像雄辩时代的《孟子》或《庄子》。

还有第五种，更难更专业的，是语音学上的考订。《老子》大部分的文句是押韵的，“韵”来自语言的习惯，什么字念什么音，语言会随时代而改变，“韵”当然也就跟着改变。有一门“古音韵学”，从《诗经》以下，借由搜罗所有押韵文句，整理、分析“古韵”的变化。将《老子》放入“古韵”的规律中去考察，也可以发现其用字押韵的方式，在时代上比较晚。

从这么多不同角度进行的考证，显示《老子》晚于《庄子》的证据，远远多过《老子》早于《庄子》的证据。

07

老子论“道”

用这种方式在历史长流中重新摆放《老子》的位置，提醒我们两件事：第一，《庄子》和《老子》有着很不一样的精神境界、很不一样的人生观照，不能混为一谈，尤其不能随便“以老解庄”或“以庄解老”。第二，《老子》成书于战国时期，而非春秋，那是一种久居乱世看透了世局变化的洞见，教人如何在失序的社会里活下去。

《老子》最核心的概念，是“道”。第25章说：“有物混成，先天地生。寂兮寥兮，独立而不改，周行而不殆，可以为天地母。吾不知其名，强字之曰道，强为之名曰大。大曰逝，逝曰远，远曰反。”形容在万物生成之前，有一样东西就已存在，一个独立的本体从不变动，那是万物的始源。一切之始、万物之先，我们当然不可能知道它叫什么名字，勉强用“道”来称呼它。也无法确切地形容它，只能勉强说它极其广大，是最大的东西，至大无外。它的广大在于不断变动，始终在持续扩大，越走越远，却又无所不在，不管走到多远，都还会回来，都还一直包纳着我们近身所有的一切。既远又近，我们离不开它的范围，却又不可能在同一个层次上接近。

第16章说：“致虚极，守静笃。万物并作，吾以观复。”“道”最大的特色，是内在空无一物，其本身是不变动的，却从中生出所有万物来。我们观察、理解万物，从而明白、归纳“道”的规律。“道”不是物，甚至不是现象，而是一套规律的抽象集合。如果从有形的角度去看，那么“道”是“至虚极”，没有任何形体可供掌握。同样从有形的角度去看，“道”自身也没有任何现象变化，是“守静笃”，因为“道”也不是现象。我们如何知觉“道”的存在，从万物、现象的变化规则中，管辖“变”的不变规则，也就是“复”，那才是“道”。

第16章接着说：“夫物芸芸，各复归其根。归根曰静，静曰复命。复命曰常，知常曰明。”各种事物，最终都要回到根本上来。不是说变回原来的样子，而是万变不离其宗，逃离不了变化规则本身。“变”的背后，遵从的是不变的法则，那是变化的“根”，那是永远拉住万物与现象的终极力量。法则本身是“静”的，回到这样的根本规则上，那就是“常”，而我们最需要的智慧，甚至可以说唯一的智慧，就是了解“常”。

“常”不是“经常”，而是“总是”，不是often，是always。

所有的变化背后，都有总是不变的规律。面对这个世界，我们应该分辨清楚，看起来纷纭繁杂的变化相对都不重要，重要在于找出管辖、规范纷纭繁杂的总是不变。“不知常，妄作凶。”如果不能理解“常”的道理，就想要做什么，那一定是危险的坏事。因为你无法掌握因果规律，你不知道做了这件事会带来什么样的结果，会启动怎样的连锁反应，这多么危险，多么可怕！

“道”是个集合总称，由一切变化规律构成，统纳了所有事物变化的道理，因而有时《老子》会改用“一”来表示“道”，强调“道”的唯一性、完整性，没有任何规律不在“道”之内，因为包纳了一切规律，所以“道”当然也就只能有一个，不会有第二个，不可能有复数的“道”。

第 42 章说：“道生一，一生二，二生三，三生万物。”这句话其实没有什么神秘的，不过就在形容“道”是始源，是一切规则的总和。在逻辑原理上，一切都离不开“道”，由“道”而有万物。第 39 章也说：“昔之得一者：天得一以清；地得一以宁；神得一以灵；谷得一以盈；万物得一以生；侯王得一以为天下贞。”“道”是不能被违背的“常理”，在“常理”运作下，才有“正常”的天地宇宙，因而，如果想要让人世间也能“正常”宁定，做领导的别无选择，也只能想办法得到此“一”，总和、唯一的本体。

08

老子论“自然”

《老子》第25章说：“人法地，地法天，天法道，道法自然。”在战国时期的文献中，出现“自然”二字，指的不是我们今天说的“大自然”，而是字面上的意思，本来如此，也就是“顺其自然”的“自然”，没有被人为介入、改变，依照其本有的规律而发生的，叫作“自然”。

“道”是什么？在这里，《老子》又换个方式强调：“道”就是“自然”，就是事物自身内在的道理、规律，就是一种客观的自主秩序。这种秩序或规律，因为是自主的，不是谁去设计出来的，也不是谁控制得了的，所以才超越一切，成其不动的本体地位，所以是“独立而不改”的。

那么，“道”如何影响我们的人生？统纳的“道”，有其辩证的完整性，这是我们应该特别注意的。《老子》第2章说：“有无相生，难易相成，长短相较，高下相倾，音声相和，前后相随。”一切都是对偶、辩证存在的。对应“无”，才会有“有”；对应“易”，才会有“难”；对应“下”，才会有“高”。就好像有声音才会有回声，同时有回声就必然有本源的声音一样，俩俩并存，不可能单独分离。

当我们说《老子》的道理好“难”，就必然意味着我们心中有其他书、其他道理比较“简单”的比较。当我们说“这杯子好大”，一定是我们心中认定有其他的杯子比较小。这些都是彼此配对的，也就都是相对的。相对于“易”而有“难”，相对于“小”而有“大”。

接着《老子》就提醒：“自然”的基本机制就在“高者抑之，下者举之；有余者损之，不足者补之。天之道，损有余而补不足”。“自然”是循环的，在相对之间来回变动，自然有一个动力，管辖“变”的“不变”法则——“高”的不可能一直变高，到一定程度就被压下来；“多”的不可能一直变多，到一定程度就会变少。“自然”是一套平衡律。

察觉了自然的规律、通则，我们的看法与选择就会很不一样。第40章说：“返者，道之动。弱者，道之用。”“道”的基本方向，就是“拉回来”。“高”的高到一定程度，会被反向拉低；“低”的低到一定程度，会被反向拉高。因应这样的根本机制，我们可以有什么样的自主选择？最好的选择，就是刻意将自己维持在“弱”的位置上，那是我们处世最合理的方式。

第5章说："天地不仁，以万物为刍狗……天地之间，其犹橐龠乎？虚而不屈，动而愈出。"天地、自然是没有感情的，就是一套固定的机制。这套机制是自动的，不只是不受感情影响，更重要的，是没有感情的。西周的王官学中主张，"天"长养万物，所以本质上是"仁"的，《老子》直截了当地反驳：不，"天地不仁"，既长养也摧毁，"天"不是为我们而存在，不会配合我们的主观期待，而就是一套有来必有往，有去必有返的自动机制。

09

老子的生存之道

彻底掌握了“天”或“自然”或“道”的运作，我们才能做出对的因应选择。我们可以找到方法来“利用”这套机制，产生对自己最安全、最有利的结果。这种因应选择的智慧，叫作“微明”。第36章说：“将欲歙之，必固张之；将欲弱之，必固强之；将欲废之，必固兴之；将欲取之，必固与之。是谓微明。”为什么是“微明”，因为从表面上看起来不合理，不像是“明”，要绕了弯才迂曲显现其“明”，透彻聪明之处。

《老子》的“微明”，就是逻辑上的“吊诡”、paradox（悖论），似非而是的论证。对于想要削弱的，故意去助长；想要废除的，故意大张旗鼓去提倡；想要夺走的，故意先给予。表面上看，这太荒唐、太没道理了！你的手段和你的目的不是刚好相反吗？这样的手段怎么可能达到那样的目的?

“微明”的关键就在于看出表面荒唐的，放入“道”的运作中，反而才最能达到欲求的效果。面对一个你讨厌的人，你去请教老子：“我该如何对付他、除掉他？”老子的回答是：“你就每天恭维他、敬爱他、崇拜他。”你的第一个反应必定是：“这在胡说八道什么！”但老子有他幽微迂回的道理——用这种方式把他捧得越高，到了一定程度，“道”的不变运作原则就会把他摔下来。你打击他不见得能让他掉下来，因为你用的是自己的有限力量，追求的是人事不确定的结果，但如果倒过来一直捧他，最终是“道”而不是你的力量在作用，“道”是明确的、必然的。与其依赖自己不可靠的力量，何不更聪明些，善用“道”的法则呢?

如此我们才能理解“弱者，道之用”，“柔弱胜刚强”。在“道”的变化法则中，弱的必然会变强，反过来，强的一定会变弱，我宁可处于柔弱得以变刚强的状态，而不要刚强而必然要没落、沦丧。只要维持自己不要刚强超过一个程度，就能躲过“道”的逆转力量，被往下压“返”到柔弱。只要维持自己不要“高”到超过一个程度，反而可以不被无可抗拒的“道”打落谷底。

第 42 章说：“强梁者不得其死，吾将以为教父。”深记：最刚强的人，最终都没有好下场，以此作为一切教训的本源，无论如何都不要忘记这件事，以及这件事背后的基本法则。第 22 章说：“曲则全，枉则直，洼则盈，敝则新，少则得，多则惑。”一切都朝相反方向发展，句子里的“则”就是联结现实与未来动向。现实是“曲”，未来就会朝“全”发展；现实是“枉”是歪的，未来就会朝“直”发展；现实是欠缺的，未来就会朝满盈发展；现实是破旧的，未来就会朝更新发展。现在“少”的不可能再“少”了，就必然有所得而变“多”；现在“多”的，则会由“多”中生出困惑，不可能珍惜“多”、保持“多”而开始变“少”。

第 45 章说：“大成若缺，其用不弊。大盈若冲，其用不穷。大直若屈，大巧若拙，大辩若讷。”真的“多”不是“多”的状态，而是比“多”少一点，没有“多”到会开始变少的，那才是可以维持、保留的“多”。所以，真正的“巧”不能反而是看起来“拙”，才不会引来“巧”的副作用；真正有说服力的言辞，是让人家觉得你不是太会说话，才不会引来对于“辩”的反感与不信任。

10

老子的处世法则

《老子》总是以辩证的观点来理解人世，所以“知其雄，守其雌，为天下溪……知其白，守其黑，为天下式……知其荣，守其辱，为天下谷”。什么是处世的智慧？我明白什么是光荣的，于是故意让自己居于屈辱的地位，在最低的地方，“为天下谷”，不要爬到山上去。并不是因为你是个弱者，赢不了人家，那是你聪明的选择，“知其雄，守其雌”，“知其白，守其黑”，因为你知道在高位具权力维持不了多久，不去干这种会被打下来的事。

第 24 章说：“企者不立；跨者不行；自见者不明；自是者不彰；自伐者无功；自矜者不长。其在道也，曰：余食赘行，物或恶之，故有道者不处。”自己看自己永远看不清楚，相信自己是对的就反而无法彰显道理让别人接受，一天到晚夸耀自己的功劳只会阻碍别人认知、承认你的成就，骄傲于自己的身份也就失去了增加影响力的机会。这就是为什么站到高处去的缺点。从“道”的原理上看，最糟的就是“有余”，满出来了必定惹来讨厌、抵拒，甚至仇恨，对自己一点好处都没有，必须想尽办法避免。

第9章说：“持而盈之，不如其已；揣而锐之，不可长保。金玉满堂，莫之能守；富贵而骄，自遗其咎。功遂身退，天之道。”“道”的机制一定是成功了、到顶了就开始没落，这叫作“功遂身退”，和后来成语的意思不太一样。《老子》是用来描述必然的变化现象，往上爬的过程，你自己志得意满，错觉以为可以一直向上走，但那是不可能的。到一定程度，或许你都没有自觉，“天”已经将你朝下拉了。

因而聚积东西把房子填满，不如把东西丢掉。越是贵重、有价值的，越是守不住；炫耀自己的财富与地位，将给自己惹来破坏和伤害。因为“天之道”会把上面的人拉下来。

第15章说：“古之善为士者，微妙玄通，深不可识。夫唯不可识，故强为之容。豫兮若冬涉川，犹兮若畏四邻，俨兮其若客，涣兮若冰之将释，敦兮其若朴，旷兮其若谷，浑兮其若浊……保此道者不欲盈。夫唯不盈，故能蔽不新成。”

厉害的人依循这种“微明”行事，所做的和一般人大不相同，让人感到高深莫测。这种人无法用世俗的看法来描述，只能勉强将他们的模样刻画出来。他们随时小心翼翼，做好万全准备，绝不冲动莽撞。看起来畏畏缩缩、犹豫不决，连周遭的邻居都不敢信任。处于任何环境，都严阵以待，像到人家家里做客一样，丝毫不敢放松。反应很慢，什么都愿意接受，似乎什么都搞不懂。这种人才是真正的厉害角色。

第 67 章说："我有三宝，持而保之：一曰慈，二曰俭，三曰不敢为天下先。慈故能勇；俭故能广；不敢为天下先，故能成器长。"最重要的秘诀是"不敢为天下先"，别跑到太前面去，冒出头来引人注目。引人注目也就成了别人要打击的对象，躲在后面，反而才能长久保有自己手上的。"慈"和"俭"也就帮助你降低和别人之间的竞争，别要那么多，可以给人家的就给人家，"慈"和"俭"不是出于利他的动机，而是让自己能"持而保之"的手段，这样反而对自己最好。

第 63 章说："为无为，事无事，味无味。大小多少，报怨以德。"保持低调，尽量别让人注意到你。做不会引人注意的事，吃没有特别味道的东西。不计较不比较大小多少，所以别人得罪你了也就放过。相关的是第 12 章说："五色令人目盲，五音令人耳聋，五味令人口爽，驰骋畋猎令人心发狂，难得之货令人行妨。"为什么要"味无味"？要小心地节制自己的欲望，还要小心保护自己感官的敏感度。

看了太多炫丽的颜色与形象，听了丰富变化的声音，吃了酸甜苦辣的食物，都会改变我们的感官，必须有更强更大的刺激才能满足。奔马打猎，追求贵重难得之物，则放纵了我们的欲望，收不回来了。

第 63 章接下来又说："为大于其细。天下难事，必作于易；天下大事，必作于细。是以圣人终不为大，故能成其大。"只有将难做的事看得简单，将大事拆分成小事，才能成就难事、大事。一开头就觉得自己很了不起，在做别人做不到的难事、大事的，一定完成不了。真正了不起的是连对自己都不炫耀做难事、做大事，反而才能成功。

那圣人是怎么成功的？第 51 章说：“道生之，德畜之，物形之，势成之。是以万物莫不尊道而贵德。道之尊，德之贵，夫莫之命而常自然。故道生之，德畜之，长之育之，亭之毒之，养之覆之。生而不有，为而不恃，长而不宰，是谓玄德。”圣人让“自然”来作用，顺着“道”的原理来进行，而不是自己去做。圣人懂得观察、分析时势与变化，找到一种方式，将自己和要做的事放在对的位置上，通常就是一个“卑”的位置，这样的位置自然的动向是朝上变化的，于是“道”的作用就替你完成了你所要的。“道”管辖万物，但“道”没有主观意志，是纯粹的变化规律，我们也该学习、模仿“道”，抛却主观意志，顺从固定的变化规律。

11

老子论“圣人”

《老子》第81章说：“圣人不积，既以为人己愈有，既以与人己愈多。天之道，利而不害；圣人之道，为而不争。”这就是《老子》的处世之道，因而《老子》文中所说的“圣人”，也就是最擅长处世的人。对于《老子》来说，“与人”不是要做慈善事业，将自己拥有的捐给别人。“与人”是出于一种对于“道”的洞识之后而选择的策略。将拥有的紧紧抱住，“道”的运作中就会让你抱不住，使你丧失你拥有的。于是相反地，你应该“不积”，将有的散发出去，也是依照“道”的规律，没有的会变有，你给得越多越慷慨，自己反而可以一直得到更多。

因而《老子》的“道”有其暧昧性质。一方面“道”是绝对的规律，但另一方面，人，至少是聪明的“圣人”却又可以利用

“道”，借由了解“道”、利用“道”而给自己带来好处。这里面当然有一份狡诈，更有一种功利主义的态度。了解“道”，是为了得到算计把握，算好“道”的运行轨迹，相应找好自己的位子和态度。如此当宇宙、世界都在“道”的规律中变化时，你就能操控“道”的变化带给你的影响。

“知雄守雌”，“知白守黑”，既然明白“道”如何运作，于是就巧妙地在“道”要带来下沉压力前，先让自己躲到底下去，然后等着“道”的循环变化，将我抬上去，抬到一定程度，还没到高处时，又赶快自己躲下去，这种方式能得来最安全又最有利的人生。

因而从《老子》的眼中看去，这个世界主要有两种人——了解“道”的和不了解“道”的。从这种分辨中，《老子》改写了原本“圣人”的定义。《老子》中提到“圣人”，有时也会用旧意思，例如第 19 章说：“绝圣弃智，民利百倍；绝仁弃义，民复孝慈；绝巧弃利，盗贼无有。”这里的“圣”用的就是王官学里的旧义，指的是道德完美而且为人民制造出最大福祉的人。

但《老子》真正推崇的，当然不是这种“圣”，而是另一种“圣人”——和他一样洞察“道”的法则，因而得以找到最好的处世方法的人。这样的“圣人”和儒家孔子所形容的“圣人”刚好相反，是“圣人不仁，以百姓为刍狗”。“圣人”太聪明了，看穿了动机和结果之间的必然差异，于是选择依循“道”的“自然”，不勉强去照顾百姓，甚至不偏爱人，将人看得和其他万物一样，将百姓置放在“自然”变化之流中，不偏爱不强求，反而能得到更好的结果。

孔子谈“圣人”谈“圣贤”，前提是“圣人”或“圣贤”的原则是人人都可学的。孔子的“有教无类”不只是不分身份都愿意教，而且是愿意将同样的教育内容与教育目标施行在所有的学生身上。没有人不能学做“圣人”。到了孟子，这个态度就更清楚，孟子主张“性善”，意味着我们每个人内在都有“成圣”的基本条件。在现实中，你再怎么糟糕，都不必放弃成为圣贤的机会。

到了王阳明，又有了“成色分两”说。“成色”指的是我们每个人内在的“善性良知”，其成分都是一样的，都是“九九纯金”。圣人的“良知”是“九九纯金”，你我的“良知”也是“九九纯金”，没有丝毫差别。你我和圣人的差别，不在“成色”，而在“分两”。圣人有比我们丰富的“良知”，或说圣人将他的“良知”开拓扩充到比我们多得多。

儒家的立场，一贯是将人内在美好的“圣贤之质”挖掘出来，使人不断变得越来越像“圣贤”。儒家的理想，是建立一个“满街都是圣人”的社会，或至少是努力不断让现实社会趋近于“满街都是圣人”的状态。因而，每个人都可能成为圣人。对于儒家来说，这不仅是可以想象的，而且是应该坚持的目标。

在这点上，《老子》完全不同。《老子》的“圣人”厉害的地方，就在于他看到了其他人看不到的，领悟了别人领悟不了的。当大家都相信要往上爬，要为自己多争多抢一些利益时，唯独“圣人”看出了这种做法落入“道”的绝对变化法则中，只会给自己带来灾祸，所以他反其道而行，采取“不争”的态度，举世皆“争”，于是反而“不争”的人才能“有”。

换句话说，这套智慧是建立在其他人的执迷或愚蠢上的。必须有举世滔滔的“不明者”盲目地在“道”中流转，才会相对有“明者”“圣人”可以利用这种局势选择相反的策略，得到他们所要的。如果每个人都“明”，每个人都用这种方式处世，那么这套道理就发挥不了作用。因而《老子》的世界观，建立在“道”的吊诡性、反常识的基础上，假定一般人、大部分人没办法理解“道”，只能浑浑噩噩地活在“道”的摆弄中，也就是假定了只有极少数人能得到这套知识，能成为洞彻的“圣人”。

12

老庄结合

《老子》的整套论理，依循“手段—目的”的联结而成立。一般人看到这样的目的，用那样的手段去追求；《老子》告诉我们，别笨了，在“道”的作用下，那种手段实现不了这样的目的。真怀抱着这样的目的，你得迂回甚至依循“道”的规则而朝看起来相反的方向，反而才到得了。

在这点上，《庄子》和《老子》决然不同。《庄子》追求的是觉悟本身，而不是要拿这样的觉悟去干什么。看清楚“道”是怎么回事，扫除了阻挡我们领悟“道”的种种拘执、障碍，对于庄子来说，本身就是目的，就是成就，甚至就是享受。他不问：那然后呢？他没有把这套领悟运用在为人处世的权谋中。

《庄子》中有一个饶富趣味的故事，说庄子将死，弟子围着他，庄子特别吩咐：“天、星辰、大自然陪伴我就够了，千万不要帮我准备棺椁。”弟子不答应，说：“不行啊，没有棺椁的话，在野地里，鸟兽会将你的尸体吃掉。”庄子就笑说：“你们为什么那么不公平呢？没有棺椁，会有鸟兽来吃；那有棺椁呢？还不是被虫吃掉！为什么你们要夺走鸟兽的食物，保留给虫呢？”

这是庄子的态度，认识“道”，所以就将自己也化身为“自然”的一部分，一体公平地看待万物。庄子选择的，是精神上的解脱自由，从各式各样“不齐”的计较中解脱出来，走向一种彻底不计较，将自我中心都解消的“齐物”境界。物各付物，我不是为他物而生的，那为什么他物要为我而生呢？尊重万物的自体，用这种方式活着，是为“逍遥”。

《老子》的精巧智慧，迂回吊诡的算计，如何“逍遥”？汉朝道家的主流是“黄老”，也就是一种政治上、权力上的道家，然而到了汉末魏晋，“黄老”一转而为“老庄”，变成了个人的道家。由“黄老”而“老庄”，有一部分原因，也就在受到儒家价值的影响，越来越多人对于《老子》的权谋算计感到不安，于是拉了《庄子》进来，冲淡并转移了《老子》权谋的部分。

魏晋时期出现了《老子》王弼注，王弼大量援引《庄子》乃至佛家的概念来解释《老子》，补充《老子》，成功地将《老子》朝《庄子》的方向拉了一大步，多了本体观察与描述，相对降低了应用算计的成分，决定了后人阅读《老子》的基本方式。

13

《老子》是不折不扣的“乱世之书”

回到战国的历史脉络，原始的《老子》是不折不扣的“乱世之书”，还有，《老子》明白是给国君而不是一般人的策略指导。

第 31 章说：“夫佳兵者，不祥之器，物或恶之，故有道者不处……”好的兵器，都是不祥的东西。这里“佳”和“不祥”明确对比，使一件兵器“佳”的理由，也正是使它“不祥”的因素。“不祥”正来自兵器的“佳”，兵器有多“佳”，它就有多“不祥”。兵器是破坏性的、毁灭性的，其“不祥”就在于威胁、伤害其对象，所以“有道者”不会要和兵器在一起。

“君子居则贵左，用兵则贵右。兵者不祥之器，非君子之器，不得已而用之，恬淡为上……”证据就在于君子平日起居以左为贵，但要动用兵器打仗时，却反过来以右为贵。很明显，君子和兵器处于相反的位置，兵器不是“君子之器”，而是“不祥之器”。周朝礼仪中，和活人有关的，左边的位子比较高、比较重要；相对的，和死人有关，丧祭之类，则倒过来，右边的位子比较高、比较重要。这是周人安排分别生死领域的原则，老子提醒我们：显然战争是被归类在“死”的那一类，不是“生”。

日本的礼俗中，保留了这种严格的左右分野。到日本温泉旅馆里换穿浴衣，不管你惯用右手还是左手，一定要穿成左上右衽，如果反了，右上左衽，那件衣服就不再是浴衣，变成穿在死人身上的寿衣了。左和右、生和死，紧密对应。

兵器、战争，不是生活的一部分，不是活人领域的正常行为，只有在万不得已的情况下才动用，所以应该尽量少用，尽量减省（“恬淡”）。能不打仗就不打仗，能少用几件兵器就别用那么多，数量、规模、频率，都是越减越好。

“胜而不美，而美之者，是乐杀人。夫乐杀人者，则不可得志于天下矣。”动用兵器就算打胜仗了，都不是好事。赞扬战争，是战胜为好事的人，本质上等同于以杀人为乐。喜欢杀人的人，不可能得到天下民心，也就不可能遂行其意志。

这点上，老子和孟子的态度一致。《孟子・梁惠王》中，孟子就明白地对梁惠王说“不嗜杀人者能一之”。在大家打仗打成一团，各国杀红眼的时候，反而只有不喜欢杀人，不以杀人为乐，不以战胜为“美”的人，才能统一天下。更进一步说，老子和孟子反映了战国中后期同样的普遍心情。各国彼此征战打得太多太惨了，人民受不了，必然厌战，渴望和平。

“吉事尚左，凶事尚右。偏将军居左，上将军居右。言以丧礼处之。”这是对左右礼仪进一步解释：礼中，喜事左高于右，凶事右高于左。而在军事仪式上，地位较低的偏将军在左，地位较高的上将军却在右，表示是以丧礼的态度来对待战争的。

“杀人之众，以哀悲泣之。战胜，以丧礼处之。”战争一定要杀人，打胜仗一定要杀很多人。依照道理，杀了那么多人，当然应该用哀伤悲凉的心情面对，该哭泣而不该兴奋大乐。这就是为什么战争就算打赢了，礼仪上仍然用丧礼的方式来安排。

这一章很重要，因为明确凸显了《老子》思想及主张的背景。其核心概念“无为”，是回应战国纷争而产生的。反复规范国君要“无为”，强调要“无为”才能“无不为”，正是因为那个时代的国君都汲汲营营要“有为”，抱持野心扩张对人民的控制，动员人民去打仗，不停歇地追求更大的国土、更多的财富。

人民累了，社会想休息了。《老子》将这种心情转化为人生哲学与处世道理，逆转过来伸张自然“无为”，巧妙地宣称：恢复自然状态，用减法而不要用加法，反而才能得到更多权力，更安全保有权力，更有效运用权力。

将《老子》所言视为一套超越时空、放诸四海而皆准的真理，令人不安，因为里面有太多太明显反智、反文化的主张。让一般人都吃得饱饱的，什么都不想，当然是“反智”的态度。要求“损之又损”，弃绝文采、财货，当然是“反文化”的态度。

但若是将《老子》放回战国中后期的乱世背景里，我们看到的、理解的，会很不一样。其实那是拿来对应非常、极端人间状况的一套智慧。那个时代，权势者欲望高涨无所节制，而一般百姓小民无力对抗被驱使去满足权势者的这些欲望。《老子》巧妙地找到了一种方式，试图对这种潮流踩刹车。

他用一种比国君更权威的口气，同时却又采取了一种教国君运用权力的态度。他不是反对国君，只是他比真正的国君更了解如何当国君，以这个立场来批判他们运用权力的现实方式。他还用了一种令人眩惑、“正言若反”的吊诡论证风格，来表达要求国君不再“进”、不再增长野心，倒过来应该“退”、应该俭省的主张，因为如果不是这种口气、这种论辩风格，面对欲望高涨的战国国君，这些话是不可能有人愿意听的。

14

老在庄前还是庄在老前?

回到一开头，对于《老子》成书年代的讨论。为什么要先说明“庄在老前”,《庄子》成书早于《老子》的考据看法？因为如何断《老子》的时代，对于我们了解《老子》太重要了！

除第31章之外,《老子》中少有关于战争的内容，加上过去将年代断在和孔子大约同时的春秋时期，人们就自然地假定老子和孔子一样，是在讨论、规范普遍的处世法则及治国道理。忽略了老子面对、因应战国乱世，用“无为”来对治那个局势的用心，轻易地将老子的观念运用在正常、太平社会中，就变成一套不折不扣的“反智”“反文化”的政治哲学了。

纯粹从统治上看，君王最容易接受的，不幸的是往往也真的最有效的《老子》信条，是维持人民“无知无欲”，在统治上最有利、最方便。后来的历史发展很清楚：帝国形成的过程中，《老子》被和讲究全面权术的《韩非子》连在一起。汉武帝时，司马迁写的仍然是《老子韩非列传》。汉朝思想中，“老子”和“黄帝”摆在一起成为“黄老”，强调“无为清静”，那是帝王家的统治指导原则，与一般人无关。要到汉末大乱，社会解纽，魏晋以降，《老子》才改而和《庄子》结合，成为“老庄”。

“庄在老前”，时代弄对了，我们就明白，老子的时代比庄子的时代更严峻，征战杀伐延续得更久了，国与国的你死我活局面更僵硬了。老子就是在这样的时代，提出了非常状态下的非常说法。他的时代，不仅周朝礼制早已彻底崩坏，而且似乎除了以武力兼并分出输赢之外，没有其他可信可行的规则。老子没有要为未来设计一套可长可久的文明方案，而是要对应眼前，说服君王停止积极争夺，转而用减法、“无为”来行使权力，如此至少能够降低变乱，给人一点通往平静的亮光。

《老子》学说有其现实性。从这种现实性上理解《老子》，一方面我们对书中内容及这位作者，会有更深的同情；另一方面我们也就能避免将老子说的一些道理无限上纲，当作处理人事、处理权力的最高指导原则。没办法，这是我的价值偏见，我总认为真要用《老子》的学说来组织社会、运作权力，那必然是文明的灾难。恢复其历史背景，还原第 31 章的现实考虑，明白了他对当时现实问题的智慧，我们可以有更好的自我选择和判断，拿老子的时代和我们自己的时代参照对应，有所信有所不信，有所遵循有所扬弃。

《老子》并没有立即说服战国君王，这套学说确实发挥作用，要再等上百年，等到秦国将武力征伐原则发挥到极致，统一六国，然后又有秦末再乱，一直到汉初，社会、人民迫切需要休息，汉朝皇帝相信了“黄老”，部分实现了“无为政治”，终于结束几百年的残酷动荡，才奠定了汉朝的统治基础。

第十讲

重读《庄子》

01

"君君臣臣父父子子"

《论语·颜渊》中，齐景公问政，孔子给了有名的八字简洁回答："君君臣臣父父子子。"文法上简洁，四组两个字两个字重复，第一个字当动词，第二个字则是名词，如果换成用白话讲，就得讲得很啰唆——"做国君的像个国君，做臣子的像个臣子，做父亲的像个父亲，做儿子的像个儿子。"

另外，在意思上也很简洁，简洁到甚至八个字都嫌多，或换个方向看，八个字能涵盖的，还超过字面意思。孔子提出的，是"各归其位"的道理，是什么样的身份，就依照那样的身份行事。不只是君臣父子，所有的身份都一样，都该按照身份的规范来做。

能用如此简洁的文法，给如此简洁的答案，背后有个重要的时代背景——那是一个普遍"君不君，臣不臣，父不父，子不子"

的时代。大家都能够感觉到，原先身份规范的“应然”和当下行为的“实然”，不再是同一回事了，而且差距越拉越大。

这是春秋战国时期的大问题——“名”与“实”之间的分离。叫爸爸的，看起来不像爸爸，做的事情也不是我们觉得爸爸该做的；叫儿子的，看起来不像儿子，做的事情也不是一般同意儿子可以做的。从这样的行为混乱上，更进一步，产生了那个时代普遍对于“名”与“实”的困惑与省思。

叫什么就是什么，是我们对于“名”与“实”的根本认定。叫作“桌子”的，就是个桌子；叫作“杯子”的，就是个杯子。有其“实”方有其“名”，“名”和“实”一直在一起，这是我们使用语言并以语言来知觉世界的根本原则。“名”所指涉的“位份”，又是封建宗法最要紧的一环。

封建宗法的核心，是用亲属关系来决定人与人应有的互动行为。在封建宗法中，没有单纯的两个人互动，如何互动，甚至为何要互动，都是由这两人在封建宗法中的相对地位决定的。我要知道的，不是你是谁、叫什么名字，而是你和我是什么关系，最容易让我掌握你和我关系的，则是：我该如何称呼你？

叔叔、舅舅、表弟、堂姐、伯公、姑婆、姨婆……每一种称呼，同时也就带着一种互动模式。针对这样的称呼，什么是可以做的，什么是不可以做的，什么是必须要做的，什么是不一定要做的。任何两个人，或两个人以上，都是在这庞大却紧密的宗法关系中互动。

封建宗法维持正常运作时，没有“君君臣臣父父子子”这种句子。那就是单纯的“君臣父子”，叫什么就是什么，没有“叫什么就该是什么”的问题。孔子会说“君君臣臣父父子子”，因为现实中不再是如此理所当然地叫什么就是什么，有了“名”与“实”的分离断裂。

02

先理解庄子的时代背景，再读《庄子》

封建宗法中，对于“君”有一套固定的应然规定，现实的每位国君就该依照这套规定行事。孔子说：“久矣吾不复梦见周公！”为什么要“梦见周公”？因为孔子念兹在兹要恢复周公那个时代的状态。什么样的状态？“名”与“实”严谨合而为一的理想状态。

在卫时，孔子就说“必也正名乎”。“正名”的意思也一样，你有什么样的关系称呼，就应该依照那个“名”来行为；相反，你有什么样的关系位子，我们就用精确的名称叫你。这是孔子面对“名实分离”问题所提出的最直接、最简单的解决方式，认定“名实分离”就是错的，想办法结束“名实分离”的不正常现象，坚持“名实合一”的原有理想。

不只有孔子感受到“名实分离”的时代新课题，不是每个人都选择以回归“名实合一”为解决之道。比孔子更现实、更认真对待“名实分离”现象的一代，出现了名家，他们和孔子最大的不同，在于没有那么深刻的宗法记忆和对于礼的信念。他们出生、成长时，礼就已经只剩下表象了，孔子还看到并珍惜礼的尊严，他们却只看到、只记得礼的虚伪。

所以他们采取的态度，当然就和孔子大相径庭。他们的前提是认知并承认，“名”和“实”本来就不是同样的东西。“名”是偶然的、约定俗成的，并不是本质上有什么必然，因而当我们看到“名”、听到“名”，就假定“名”的背后有必然的、不变的“实”与其相应，那是错觉，甚至是误解。

“桌子”只不过是我们对一样东西约定俗成的称呼，我们也可以将之称为“杯子”或“狗”。“桌子”这个名字和被称为“桌子”的那样东西，彼此之间没有必然关系。换个角度看，当我说“桌子”时，并不表示就有一种东西和“桌子”这个名字必然呼应存在。

对于名家，或者这种“唯名主义者”来说，孔子的态度，是不折不扣的错误，误将“名”和“实”混同了，看到“名”就以为一定有“实”。“名”是“名”，“实”是“实”，“名”和“实”的联结是方便的、偶然的，因而“名”和“实”之间的关系，本来就是会变动的，没有道理坚持某一种“名”“实”关系就是绝对的、不可变的。

名家一度是流行的智识运动。在这个运动潮流中聚集了一群最聪明的人，他们以各种方式挑战常识上的“名实合一”错觉，凸显“名”与“实”的分离，进而提醒：相信“名实合一”是使人受骗，看不清楚真相的最大原因。

从一个角度看，名家是一群耍弄语言的人。但从另一个角度看：为什么他们如此热衷于耍弄语言，制造各种“诡论”？那么我们就会从而看到战国时期的特殊氛围——一个人们越来越不知该相信什么的错乱困境。

我们应该从这个时代环境中来理解《庄子》。为什么要特别强调现代考据学“庄早于老”的主张？就是为了将《庄子》和《老子》尽可能放回对的时代环境与脉络中，去掌握他们思想确切的内容，这是历史研究不能逃避的挑战与责任。《庄子》处于战国纷乱的核心环境中，在著作里和那个时代里的其他派别、其他思想有着很密切的互动。晚于《庄子》的《老子》就不一样了，《老子》运用的是极权威、极抽象的语言来陈述道理，书中看不到太多其他思想的踪影，从头到尾自说自话。

03

《庄子》的风格

《庄子》采用的，是战国中期流行的对话雄辩风格。明确地与《庄子》同时代的，是惠施。惠施是梁惠王身边的一位权臣，同时也是名家的代表之一。《庄子·徐无鬼》中有一段故事，说庄子在送葬的过程中经过了惠施的墓，庄子很有感慨，就对旁边的人说："以前有一个人，在工作时不小心将白漆沾上了鼻头，怎么洗都洗不掉，于是就去找了名叫'石'的匠人来。'石'拿着大斧头一劈，斧头准准地将白漆刮掉，没有碰到皮肤，甚至没有让那个人有一点点惊吓。一位国君听说了这件事，就去把'石'找来，要'石'表演也将他鼻子上特地漆上的白漆用斧头削掉。'石'拒绝了，他对国君说：'我是曾经有那样的本事，但不幸的是，让我发挥那种本事的对象已经死了很久了。'"

真是深厚的感情啊！用斧头削鼻头的白漆，靠的不只是运斧的本领，还有对方的信任。没有那样的安稳信赖关系，光靠斧头上的功夫是做不到这种事的。庄子以此比拟，表达了惠施对于他的意义。那是值得信赖，并且可以互相刺激出最精彩思辨的对手。这种对手，比朋友更难得，更值得怀念。

《庄子》中有很多庄子和惠施抬杠的记录。前面提过《秋水》中的故事说惠子（惠施）在梁为相，庄子要到梁去见惠子。有人跟惠子说："庄子来，是要取代你为相。"惠子担心了，就派人在梁国境内三天三夜大搜庄子的行踪。他们没有找到庄子，庄子自己按照计划来见惠子。见了面后，对惠子说："南方有一种叫鹓雏的鸟，你知道吗？这种鸟，从南海起飞，一路飞向北海，沿路只停栖在梧桐木上，只吃竹子的果实，只喝甘美的泉水。在鹓雏飞行的路上，有一只猫头鹰捡到了腐烂的老鼠尸体，发现鹓雏从他头上飞过，就抬起头看着鹓雏，威胁地发出'吓！'的声音。唉，现在你就是为了护住你的梁相，而要'吓！'我吗？"

这故事还有后续。庄子还是去见了梁惠王，但他穿得破破烂烂去的。封建礼法中，对于不同场合的穿着，有严格的规定，见国君尤其是庄重的场合，但庄子却连像样的鞋带（绚）都没有，随便用麻绳绑着鞋就去了。梁惠王看了皱眉头，说："何其蔽也！"怎么会这么破烂不像话呢？结果就被庄子顶了回去："一个人有权力却不知善用，那才叫作'蔽'，穿着破烂和'蔽'有什么关系？"很显然，这样一个人，国君不把他杀掉已经是万幸了，怎么可能用他？

庄子和惠施之间，还有最有名的“濠上之辩”。两人在濠上往下看，看到水里有鱼，庄子就说：“这些鱼游得多快乐啊！”惠施就立刻顶他：“你不是鱼，怎么会知道鱼快乐不快乐！”庄子也顶回去：“你不是我，怎么知道我知不知道鱼快乐？”惠施又说：“我不是你，不知道你知不知道；同理可证，你不是鱼，所以你不知道鱼的感受。”

这一来一往，尤其是惠施的响应方式，就成了逻辑上而不是现实上的辩论了。惠施会成为庄子那么重要的对手，正因为他娴熟于当时名家的逻辑技法，从名家的角度不断挑战庄子，也就刺激了庄子想出更深刻、更巧妙的表达方式。

04

《庄子·天下篇》的惠施十条（一）

《庄子》全书最后一篇，是《天下篇》。这篇绝对是晚出的文献，在里面将战国流行的知识、思想，做了一番系统的整理。《天下篇》中也提到了惠施，并且记录了惠施学说最有名的十条。

这十条很简略，很难光从字面理解其意思。加上秦汉以降，名家快速没落，其思想内容大部分都被遗忘，这些文字内容就更像天书了。要等两千年后，从西方传来的逻辑论理系统，才得以帮助我们重建这些简要文字可能的意义。虽然我们仍然无法彻底、仔细地解释这十项论理的内容，不过概略地掌握其轮廓，对于我们把名家摆回战国思想地图上大有帮助。

《天下篇》里列出的第一条是："至大无外，谓之大一；至小无内，谓之小一。"这不难理解，数学里有"无限大"和"无限小"。

“无限大”的定义是没有任何数比这个数更大，“无限小”则是没有任何数比这个数更小。惠施将我们理解的“无限大”称为“大一”，“无限小”称为“小一”。

这也就意味着这个时代的人开始思考“无限”了。这是一个全新的观念，没有现成的名称，所以要予以命名。“大一”“小一”都有“一”，又显示了战国时代运用“一”、思考“一”的方式，回头看《老子》中也有很多谈“一”的，我们一方面可以更加确认《老子》的思想不可能在春秋时期出现，另一方面也才能更准确地掌握《老子》所说的“一”的意思。

惠施主张的第二条：“无厚，不可积也，其大千里。”关于这条，可以借助《庄子》来了解。《庄子·养生主》中有“庖丁解牛”的故事，庖丁说他用同一只刀用了十九年，解了数千头牛，但刀刃看起来却好像刚刚磨过的一样。为什么能如此，关键在于“彼节者有间，而刀刃者无厚；以无厚入有间，恢恢乎其于游刃必有余地矣”。这是个寓言，指的是在绝对的、理想的状态下，薄薄的刀是一个平面，有面积而无体积；牛的骨节是有厚度的空间，以绝对的平面进入有厚度的空间，不管厚度多小，除以“0”得出来的都是无限大。没有厚度的刀进入在概念中无限倍大的空间里，当然是“游刃有余”了。

“无厚不可积也，其大千里”，就是几何学上定义的“面”，纯粹的、理论性的“面”。几何学上的定义，“点”只有位置，没有大小。任何一条“线”都是由无限多个点所构成的，“线”只有长度，没有宽度。以此类推，“面”只有大小，没有厚度。一个

“面”在概念上可以无限延伸，所以说“其大千里”。

惠施的第三个主张是“天与地卑，山与泽平”。从前面两个概念延伸下来，这也可以理解，仍然和“无限”相关。差异牵涉尺度，以不同的尺度衡量，会看出不同的差异；换个角度看，不同的尺度也就抹杀了差异。以肉眼的尺度，我们不可能察觉“5 纳米”和“10 纳米”的差别。在这个尺度中，“5 纳米”和“10 纳米”就是一样的。同理，不管天与地、山与泽在我们常识尺度中看去有多大差别，如果将尺度一直扩大，大到一定程度，天与地的差异相对变得像“5 纳米”和“10 纳米”之间那么小，那么天与地也就没有差别了。

惠施说的第四件事是“日方中方睨，物方生方死”。太阳一升起来，就立刻落下；东西刚出生就立即消亡。这不过是将前面第三条的观念，从空间上挪移到时间上来运用。“久”还是“暂”，也是相对的，看我们用什么样的尺度去衡量。将时间的尺度放大到一定程度，“一天”相对就变成了“瞬间”，再继续加大，总会到达任何东西的“一生”都是“瞬间”的地步。

第五条：“大同而与小同异，此之谓小同异；万物毕同毕异，此之谓大同异。”这条说的是分类，可以用“集合”的概念来理解。不同的分类有不同的集合，因应不同的分类标准而有大小不同的“集合”，有的“集合”比较大，有的“集合”比较小。但在“集合”中有两种重要的区分，一种是“相对的”，一种是“绝对的”。相对的集合，像是“男人”和“女人”，“男人”和“男人”一样，所以在同一个分类集合中，“男人”和“女人”不一样，所以在不同的集合里。惠施将之称为“小同异”。相较于“小同异”，另有“大同异”，那就是绝对的集合。泯除了所有的“异”，将一切都包纳进来的绝对大集合，是“大同”；相反，泯除了所有的“同”，集合中只有一个成员，那就是“大异”。

这条碰触到了名家从“名”出发，和《庄子》会有的交错。“名”其实就是分类，就是以不同的标准形成的集合。用不一样的标准分类，就会产生不同的“名”；改变了分类标准，同时也就改变了“名”的意义，“名”岂有“常”？“名”怎么可能是固定不变的呢？那么，我们又何必为了人为、任意的“名”而烦恼呢？

和孔子的“正名”彻底相反，名家看到的是，依照一种“小同异”的标准，你是“君”他是“臣”，换作不一样的标准，尤其是在“大同异”的标准下，哪里还有“君”“臣”？要么你们通通都是“人”，甚至都是“万物”，要么你们通通都是“个人”“个体”。那么计较“君”“臣”关系有意义吗？又何必将自己局限在单一分类标准所产生的“君”“臣”行为规范里呢？

05

《庄子·天下篇》的惠施十条（二）

《庄子·天下篇》里记录惠施主张的第六件事是："南方无穷而有穷。"其意义可能在于指出"南方"这个词语所包括的两种不同意义。作为抽象的方位，"南方"是无穷的，那个方向永远在，不管你走到哪里，都有一个"南方"存在。但作为现实的地理指示，有一个"最南方"的地点，到那里，你没办法再往南边走了。在这个意义上，"南方"是"有穷"、有限的。

这牵涉那个时代的地理知识。他们相信天圆地方，相信世界是有尽头的。惠施要指出，虽然现实的"南方"是有尽头的，但抽象的、方位观念的"南方"却不受现实限制。即便是站在世界最南端的那一点上，那里仍然存在着观念上、方位上的"南方"。

第七条是"今日适越而昔来。"今天出发去南边的"越"而昨天就到了。这是什么意思？是要凸显我们用来指涉时间的词语，都是相对的。“今日”“昨日”“未来”“过去”等都是以现实当下来决定的，但现实当下的时间持续改变，于是所有这些词语也就不可能有固定的意义。现在很快就成了过去，明天很快就成了今天，从现在看是“明天”的，到了后天就成了“昨天”。从时间词语的变动不居来看，今天去昨天到，毋宁是正常的，句子里的“今天”和“昨天”本来就不具备确定不移的意义。

十条中字数最少却也最难解的，是第八条：“连环可解也。”在缺乏其他更清楚的线索情况下，这五个字还真的无法强解，顶多只能从字面上猜测，这条应该是和几何原理有关的。

第九条是“我知天下之中央，燕之北，越之南，是也”。“燕”是当时一般人认识的最北的地方，“越”则是最南的。“天下之中央”在哪里？在燕的北边，越的南边。有人以为这一条，以及前面第六条，证明了中国人在战国时期已经知道地球是圆的——从燕一直往北，从越一直往南，终究会遇在一起。这样的看法和文献的性质不相符，毕竟惠施这十条的重点，在于探讨“名”，也就是探讨内在逻辑与常识间的落差，而不在于展现任何特殊的、具体的知识。

这条比较合理的解释还是要凸显“名”的不确定性。当看到“燕”的时候，我们自然认为指的是那个北方的国，看到“越”就觉得是那个南方的国。但其实“燕”和“越”都只是“名”，都是约定俗成的称呼。没有必然“燕”只能指北方那个国，同样地，没有必然北方那个国一定要叫作“燕”。一旦摆脱了对于“燕”和

“越”名称的执着，让两个名字和确切的地方分离开来，那么反过来，“燕”在南，“越”在北，有什么不行？天下的中央在燕之北、越之南，有什么不对？

最后一条是“泛爱万物，天地一体也”。这是从反省“名”而来的价值结论。孔子的“正名”带来的价值观，是分别的，君和臣不一样，父与子不一样，彼此要按照这样的“名”来对待。惠施破除了“名”的必然性，指出了“名”不过是一时的、方便的、会不断变化的，从这样的观点看，依照“名”来区别行事，很没道理。

“名”是“小同异”，是一个人为规定的分类，不同的人会依据不同的标准而有不同分类，创造出种种的“名”，并因为没有“常性”的“名”而争执。要能止乱，最好就是扬弃所有这些“小同异”，诉诸绝对的“大同异”。从极端的角度看，万物都在同一个大集合中，万物又都是自身独一无二的个体，天地、万物都是一体，我们就用同样的态度对待一切。

06

理解名家，更能理解《庄子》

以惠施的名家主张为背景，我们更容易了解《庄子》。庄子不是名家，然而他的许多看法，尤其是他表达看法的方式，却是在那个时代和如惠施这样的名家长期相处、反复辩论而形成的。

通过名家的立场，我们就知道《庄子》的“齐物”是什么，又是怎么来的。“齐物”的根本就是“大同异”，从“同”的角度看，万物皆同，没有道理区别对待；而从“异”的角度看，万物各有各的特性，通通不一样。

《庄子·齐物论》中说：“天地，一指也；万物，一马也。”天地、万物都是由“道”形成的，却由人来命名给予称呼，有了称呼而变成那样东西。马为什么是马？因为我们把它称为马，被叫作马，马就成了马。马为什么不是马？当我们不那么称呼马，马就不再是马了。

我们将天地命名为“指”，天地就变成了“指”；将万物命名为“马”，万物就变成了“马”。手指，不等于“手指”这个名称；马，不等于“马”这个名称。物可以被用不同名称称呼，名称和物是分离、不相等的。

命名是主观、任意的，和物体本身并没有必然关系，可以不断改动。物体本身有其性质，有其道理（“物固有所然，物固有所可”），然而在命名与语言上，却没有必然的联系限制（“无物不然，无物不可”）。

用这种方式，庄子显示了语言的不可靠，进一步澄清了从语言而来的是非争议是无谓且无妄的。“物固有所然，物固有所可。无物不然，无物不可。”这就是“齐物论”的根本。“齐物”，不是要把所有的东西都变一样，会都看成一样。而是要我们看出“无物不然，无物不可”的道理。我们概念中的“然不然”“可不可”，往往不是来自“物固有所然，物固有所可”，而是我们自己从称呼、命名、主观规范执着而来的偏见。如此而有分别，如此而有了“不齐”。

因而“齐物”就是看破分别偏见，看出从主观的角度，其实要把什么东西叫作什么都可以。摆脱这种人为的分别偏见，还原“物固有所然，物固有所可”，于是每种东西都有它自己自然的道理，也就都是平等的了。苹果有苹果的本性，橘子有橘子的本性，尊重苹果和橘子各自的本性，不去区别比较，苹果和橘子当然就是“齐”，就是平等的。

07

庄子的名实之辨（一）

《庄子·知北游》说："东郭子问于庄子曰：'所谓道，恶乎在？'庄子曰：'无所不在。'"东郭子问"道"，"道"究竟是什么，哪里可以找得到"道"？庄子的回答是："无所不在。"东郭子当然还是不懂，请庄子至少说个可以找到"道"的地方。庄子就说："在蝼蚁。"在最小最低阶的虫身上。东郭子很惊讶，以为"道"是很了不起的东西，怎么会在那么卑下的地方呢。庄子就又说："在稊稗。"在杂草里面。然后又说："在瓦甓。"在尿盆里。东郭子抗议了："怎么越说越低下了？"庄子还没完，干脆就再说："在屎尿。"东郭子这下没有反应了，他一定觉得庄子在作弄他。

但庄子是认真的，他解释："你这样问，就只能得到这样的答案，越低下反而越有利于你了解。你之所以觉得我说得越来越卑下，那是因为你心中有固定的高下区别，这样你就无从领悟‘道’的无所不在。‘道’没有这种分别，若有任何东西可以没有‘道’，那就不再是‘道’了。”

“道”不是东西，不是物体，而是万事万物共通的道理。既然是共通的，当然也就没有一事一物可以没有“道”，我们以为的“高”或“下”都在“道”之中，由“道”的共通性来看，哪有什么“高”“下”？以人的执念中以为的卑下物体为答案，才更能够使人打破对于“道”的误会，理解“道无所不在”的真相。万事万物有其存在及变化的原理，这些原理就是“道”。

在这个看法上，庄子和惠施是一致的。在一个意义上，“名”站在“道”的对立面，阻碍了我们认知“道”。“名”是人主观任意的分类，例如将事物分别为“高”和“下”，并且误以为这样分类的“名”后面，就有相应的“实”。换句话说，误以为在这个“名”下的事物，就会一直是那样，不会改变。而且也就看不见真正主宰所有事物的共同力量，一套变化的规律与道理，那才更重要、更真实。

庄子也参与了打破“名”的执念的时代潮流，然后在这样的新观念中，建立起他自己的世界观。这一点，他却又比名家走得更远，想得更广、更深。“名”是不可靠的，“名”后面并没有本质存在，看这个世界不能以分类本质的方式来看，不能看不变的本质。变化比不变更重要，或说，变化才是根本，唯一不变的是变化的规则，除此之外，世界上没有任何不变的现象或物体。

这不变的变化规律，就是“道”，因而我们需要了解的，不是那些虚假的、不真实的种种分类分别，而是统辖一切变化的道理。真正的智慧，首要在于分辨什么是“人为”的，什么是“自然”。

“自然”就是“自我本然”，依循着内在变化道理，没有外在主观任意的干扰，也没有人为自欺的扭曲。《齐物论》中说：“夫吹万不同，而使其自己也，咸其自取，怒者其谁邪！”每一种东西都有其自身的声音，自身的性质，依照其个性、成分任其自然发展，没有阻碍，没有扭曲，也就没有什么好彼此怪罪的。万事万物都依其自我规律而存在而变化，那就是最理想的状态。

《秋水篇》说：“物之生也，若骤若驰，无动而不变，无时而不移。”万物随时都在变动，没有什么离开了时间，离开了变化的本质。想要将任何事物或现象、关系固定下来，取消其变化，都是违背“道”，违背自然的。

《寓言篇》说：“万物皆种也，以不同形相禅，始卒若环，莫得其伦，是谓天均。天均者，天倪也。”没有不变之物，任何时刻万物所呈现的面貌，都只是假象，真正的物不可能静止地被我们领受、掌握，前一刻与后一刻随时不同，一直在连环变化中，那我们怎么能欺骗自己，以为眼前或想象的固定、静止模样，就是那物呢?

去掉了变化，就不真实，甚至就不是。庄子要我们抛弃这种静态的、本质的世界观，去体认变化，不要阻止变化，更不要想干预变化。《马蹄篇》说：“彼民有常性，织而衣，耕而食，是谓同德；一而不党，命曰天放。故至德之世，其行填填，其视颠颠。”理想的人世，是不受外在的干预干扰，人民按照自己本身的“常性”而活着，没人管，也不需要人家管。于是“山无蹊隧，泽无舟梁；万物群生，连属其乡；禽兽成群，草木遂长”。人依照人的规律过活，物依照物的规律存在，彼此不相隶属，不相干扰，人不破坏物，不役使物。“夫明白于天地之德者，此之谓大本大宗，与天和者也；所以均调天下，与人和者也。与人和者，谓之人乐；与天和者，谓之天乐。”都依照本性变化存在，人与人就没有“不和”，人与外界万物也不会有“不和”，前者就形成了“人和”“人乐”，后者则是“天和”。关键就在于“明白于天地之德”，明了自然运作的规律，依循而不破坏。

《在宥篇》说：“闻在宥天下，不闻治天下也。在之也者，恐天下之淫其性也；宥之也者，恐天下之迁其德也。天下不淫其性，不迁其德，有治天下者哉！”这是从概念上根本反对并推翻“治”。哪有“治天下”这回事呢？君王能做的，绝对不是“治”，不是以外力去管理，而是“在宥天下”，包容，宽容，依随，保护。“治”是用一套自以为是的、外在的道理和秩序加诸天下，“在宥”却是依照天下自身本有的现象与规律，维持其运作不改。

“在”的作用不是去改，而是去保护让它不改，去抵挡会“淫其性”——扰动本性——的外在影响。“宥”则是小心不让天下离开了原有的“德”，以自己的本性为依归。只要能“不淫其性”“不迁其德”，这样的天下哪需要“治”呢？

08

庄子的名实之辨（二）

庄子的妻子死了，惠施去看他，发现他大咧咧地坐着敲瓦盆唱歌。这样的态度，连惠施都看不下去了，就说他："好歹也跟你一起生活了那么久，她帮你生的儿子也长大了，这样一个人死了，你不哭也就罢了，为什么还唱歌呢？"

庄子回答："她刚死之时，我心中若有所失，觉得少了什么。但认真寻问：少了什么呢？她原本不存在，没有形体，没有任何踪迹，偶然地有了这个人的'形'，有了这个生命，存在一阵子之后，此刻这个生命又消失了。这就如同天地间春夏秋冬的持续变化，她现在不过是回到了'道'的大房子里去，我哭什么呢？哭不是反而才奇怪吗？对于她这个生命来说，出生或死去都是'自然'，'自然'地从无生命中变化出生命来，又'自然'地从有生命变化为无生命。生是我们无法控制、无法干预的，那又为什么要去干预死？”

将“生”与“死”如实看待，不加入我们的主观分别情感，这就是庄子所强调的。而他凸显这种态度的方式，是通过许多故事和寓言。在这一点上，表达的形式与手法，他和名家就确切分道扬镳了。

名家如惠施、公孙龙子等人，曾经风光一时，然而后来留下的著作和记录却很少，尤其他们的思想很快就被忽略、遗忘了。一部分就牵涉他们运用语言、文字的方式。名家思想的根本是怀疑语言，要揭露语言中潜藏的种种迷思，打破由语言而来的执念。然而他们毕竟还是必须通过语言来传递对语言的质疑与批判。这不是件容易的事。要怎样一方面挖这套语言的根底，另一方面运用这套语言来说明语言不该被信任呢？

因而名家留下来的，大部分都是“诡论”，似是而非或似非而是的片段论题，点破语言的运作迷障。庄子的巨大成就与贡献，就在于他彻底了解名家对于语言的不信任，而又比这些名家聪明得多，懂得如何让这种讨论不陷入在逻辑打转的情况，和人生实存联系上。

让我们回头再看一次“濠上之辩”。庄子说：“这些鱼游得多快乐啊！”惠施呛他：“你不是鱼，怎么知道鱼快乐？”庄子以子之矛攻子之盾：“你不是我，怎么知道我知不知道鱼快乐？”惠施又说：“我不是你，不知道你知不知道；同理可证，你不是鱼，所以你不知道鱼的感受。”

辩到这里，庄子下一段话说出了两个重点，他先说：“请循其本。”意思是我们别这样继续绕圈圈，这样是绕不完的，回到什么样的“本”呢？回到惠施原来的问题，问的是：“怎么知道鱼快乐？”而不是“知不知道鱼快乐？”你既然问我“怎么知道”，就表示你认为我知道，所以问我如何、用什么方法知道的。于是庄子回到这个问题上，然后给了直接的答案：“我知之濠上也。”

“我知之濠上也”，就脱离了逻辑上的辩论，而诉诸直觉、感受，也就和人的实际生活联系起来。在此当下，我站在濠上看着鱼游来游去，能真切地体会它们的自在，就是这样“知”的。对于惠施这种名家来说，“知”只有一种，由分析、推论而来的“知”，但庄子提醒：“知”不只如此，直觉、感受、体会也是“知”，而且是更根本、更有价值的“知”。

名家停留在这样的逻辑层次上，只关心分析、推论的“知”，以玩弄、批判语言为其目的。但对于庄子来说，借由对于“名”的检讨批判来洞视语言，是手段，是要让我们离开语言所造成的阻碍，回到更真实的知觉、感受、体会。庄子有吊诡的一面，但他不停留在吊诡上，吊诡是他用来让我们摆脱原有执念的方法，摆脱了，更重要的是去理解“道”，感受“道”，依照“道”而自在地活着。

09

庄子的名实之辨（三）

可以说，庄子将名家所开创的知识进行了“存在的转化”。名家始终停留在语言、逻辑上，但“濠上之辩”标示得清清楚楚，庄子不停留在那里。对于他来说，那不是“本”，“请循其本”的话，就要回到生命、生活的实践上。我们是为自己而了解这些事，不是像名家那样，是为了去挑战别人，戏弄别人，和别人辩论。

名家都是破，到处去戳语言的漏洞，拆解语言。但庄子从他们那里往前走，一方面，找出一种不信任语言，却还能用语言来表达生命经验的方式，那就是充满寓言故事、上下纵横的文字风格。另一方面，他让我们看到拆解了语言，跳过语言魔障，我们可以看到更鲜明的事实。

在这个意义上，陈鼓应先生将庄子称为“中国古代的存在主义”者。“存在先于本质”，借用名家的手法，庄子将种种本质上的规定扫除，带人往前到当存在就是存在，还没有那么多本质描述与规定的那种状态。那应该就是近似于在濠上直觉地感受、分享“鱼之乐”的经验吧！

濠上之乐，无法以逻辑推翻，那不在逻辑思考或讨论的范围。但那又不是完全与逻辑无关。语言逻辑的作用，应该是协助我们破除原先的分类壁障，认为人是人，鱼是鱼，两种不同的“名”，就属于两种不同的分类。理解了“名”的不可靠、不可信，我们就有机会直觉地体认人和鱼的共通之处，一种都属于“自然”、源自“自然”的相关性，在这里找到了感知“鱼之乐”的理由。

庄子受名家影响，也承袭了名家的问题。他找出了一种策略来应付既有语言受到名家质疑、破坏后的困境。他的策略是不直接用语言来说道理，而是说故事，说寓言。绕个圈，从不同方向，不是用肯定、直接的方式，换以否定甚至是层层否定的方式，来表达自己的思想。

名家说“至大无外，至小无内”，庄子说的却是大鹏鸟的故事。“北冥有鱼，其名为鲲。化而为鸟，其名为鹏。”创造了一个巨大无朋的尺度，从那个尺度对照去看极小的尺度，产生了接近“无限”的观念。在这点上，庄子要表达的，和惠施说“至大无外，至小无内”基本上是一样的，但他让读者去“感受”而不是单纯“知道”。此外，感受无限本身不是目的，而是要让人得以超脱有限的尺度分别，接受“齐物”的生命态度。

10

回头再问庄子是谁

庄子到底是谁？他是怎样的人，《庄子》这本书又是如何写成的？这个问题很难回答，因为我们能有的庄子资料，几乎都来自《庄子》这本书。那是一个内在封闭的文献，少有外来的对证。

而且，《庄子》这本书明显不是让人拿来当作历史事实记录用的。它里面充满虚构的故事与寓言，“庄子”经常也化身成为故事或寓言的角色，简直无法区别出其中事实的部分。

不过还好，庄子不是孔子。孔子所说的话，和他这个人的遭遇、处境有非常密切的关系，了解孔子是怎样的人，大有助于我们掌握他话中的意思。拿掉了背后的人格与精神，孔子的话就变成了空话，其价值与力量就大打折扣。庄子不然，庄子的信息是要每个人体悟自己的标准，寻找一种允许差异发展的自由。他是谁，他做过什么事，就算不知道，相对无碍于我们接收他要传递的信息。

庄子可能来自宋，但大部分时间居住在楚，当过“漆园吏”或其他一些小职位。《庄子》一书分为“内”“外”“杂”三大部分。《汉书·艺文志》中收录的《庄子》中的文章，一共有52篇。从汉到晋，一般认定52篇的分布，是“内篇”7篇，“外篇”28篇，“杂篇”14篇，再加明显是后人加上去的3篇“解说”和3篇字音解释。晋代郭象重新校订，只留下33篇——“内篇”7篇，“外篇”15篇，“杂篇”11篇，这个版本就一路流传至今。

《庄子》书很早就分“内”“外”“杂”篇，显示编辑者清楚意识到这些内容不是出于同一个作者的手笔，也显示去庄子时代不远，庄子思想就有了重大的分歧流衍。

郭象版将传统版本中的“内篇”7篇全数保留，表示他认为这7篇最接近庄子的原始思想，很有可能是真正由庄周这位单一作者所撰写的。“外篇”的风格和“内篇”没有太大的差距，而且部分篇章或段落直接联系“内篇”的想法或论辩，不过“外篇”15篇的内容比“内篇”芜杂，中间有更多的故事与寓言，看来有可能仍然是庄周所撰，或是和他时代相近的弟子写的。

“杂篇”中有几篇，看来和“外篇”很像，另外有几篇——如“说剑”——则明显离开了庄子原来的思想脉络，纯粹只是淋漓发挥的寓言。另外还有《天下篇》，那一定是战国后期甚至汉初才完成的文本，以“道”的基本立场，对于诸子做了精彩的分析整理。

从“内篇”看，庄子应该和儒家有一定的关系，文中经常出现孔子，将所要表达的道理用孔子的话去说。但是到了“外篇”“杂篇”，孔子继续出现，然而基本上就变成被嘲弄的对象了。由此可以看出道家原先与王官学和儒家有相近的渊源，后来才在态度、立场上分判得越来越清楚。

庄子和南方的文化，尤其是“隐士”的传统，有一定的关系。“内篇”中提到孔子时，并没有明显的敌意。显然在庄子的时代，孔子仍然是个巨大的存在，是个知识与智能的偶像，因而庄子会刻意将自己想说的话用孔子的话说出。例如《德充符》中有很多“仲尼”的话：“仲尼曰：‘死生存亡，穷达贫富，贤与不肖，毁誉、饥渴、寒暑，是事之变，命之行也。日夜相代乎前，而知不能规乎其始者也。故不足以滑和，不可入于灵府。’”这段话基本上没有违背我们从《论语》中所认识的孔子，只是用语不一样，强调的重点不一样。

“死生存亡，穷达贫富”不是个人能控制的，是属于“天”、属于“命”的，干吗去担忧、去在意呢？这和《论语》里说的“富贵在天”“仁者不忧”是相通的。只是《论语》里不会有“滑和”“灵府”这种词语，还有，《论语》中在不担忧“命”的同时，孔子一定会强调要将精神与注意力放在自己能控制的、能自我修养完成的部分。孔子否定“命”的重要，是为了建立“德”的自主修养，到了《庄子》中，负面的内容保留了下来，正面的却消失了。

孔子说：“知其不可而为之”，庄子只取了“知其不可”，扬弃了“而为之”。庄子强调的重点是人活着要有“知其不可”的基本认知，自然有其变化道理，不是人可以否定、逃避、改变的。“知其不可”，也就能够找到对的生活态度，那就是顺应自然变化道理，去除人为的、主观的偏见，放弃愚蠢的控制动机，随着自然而动静，随着自然而生活。

另外，在“外篇”“杂篇”里出现了许多以庄子为主角的故事，看起来不像是庄子写的，应该是出自庄子的弟子或追随者。庄子门下的师生关系，一定和孔门状况大不相同，然而不幸的是，我们找不到这方面的明确记载。从文本上看，庄子一门传承中的最大特色，是保有了清晰的文字风格与说故事的方式，使《庄子》全书不只有哲学思辨上的价值，还有文学史上的深远意义。

11

庄子哲学的重点

从“内篇”“外篇”到“杂篇”，一路看下来，我们可以发现一种“庄学”内在发展的倾向。庄子运用故事、寓言，其中一个目的，是要让人离开知识性的理解，不要将他说的当作知识，离开抽象的道理，回到直觉上，回到体验上。如果我们光是知道不能体验，那知道再多都没有用，甚至知道越多越是阻碍我们离开知识去体验，去生活。这是庄子哲学的重点。

然而，要教人体验，比教人知识困难得多。一路下来，庄子哲学无可避免地逐步“知识化”，知识探讨的成分越来越浓，相对存在体验的部分就越来越稀薄了。庄子自身很可能是个很会说故事、有魅力的老师，能够让人体会不在语言中的“真意”。然而一旦这个老师不在了，他的弟子不可能用同样充满魅力的方式传达老师的教诲，于是慢慢地，体验就变成了知识，领悟就变成了教训。

“外篇”“杂篇”里已经有知识化、系统化的趋势了。一套可以用话语讲明的智慧教训隐约浮动着。这样的发展再往前推，就推到了《老子》式的风格了。《老子》有比喻，却没有寓言，简要地整理出一句句、一段段结论，要求读者遵循。这和庄子当然很不一样。庄子反对所有能够简单归纳的结论，反对人不去体验，直接接受教训。庄子故意将“道”说得广大放肆、汪洋浩荡，就是不要人觉得“道”那么容易可以用知识的方式来掌握。

而《老子》最特殊的成就，就是讲一套清清楚楚的“道”的教训，有吊诡却没有暧昧、模糊。庄子运用“非语言”“反语言”的种种策略，叫人不要轻易相信语言，《老子》却回到一种可以理解、可以背诵的语言风格，权威地宣讲似非而是的真理。

都叫道家，但从中国文明组构的关键时期——春秋战国时代，“庄”和“老”就有着基本的差异。“老”是对于“道”的运用，以“道”来操控人生；“庄”却是反知识，更反人世间任何操控、算计形式的，追求的是一种体验的安慰、体验的豁达。

从此以降，如果是和政治、权力有关，放在实践的层次上，中国的道家就都是以“老道”或“黄老道家”为主。相对地，如果是在乱世，个人寻求安慰与解脱的情况，那么流行的就会转而为“庄道”或“老庄”了。